田野史学指归

叶成勇 著

西南交通大学出版社
·成 都·

内容提要

本书提出并论证了"田野史学"的学术书写实践和乡土人才培养模式,也是对贵州民族大学历史系十多年来相关探索的总结和反思。我们之所以有如此推进,最主要的是我们做到了依靠群众、相信群众、尊重群众、书写群众、服务群众,运用历史学、人类学、社会学等知识体系,面向活态社会,转识成智,自觉践行"大地学术"精神。

图书在版编目(CIP)数据

田野史学指归 / 叶成勇著. —成都:西南交通大
学出版社,2021.6
ISBN 978-7-5643-7848-6

Ⅰ. ①田… Ⅱ. ①叶… Ⅲ. ①史学 – 研究 Ⅳ.
①K0

中国版本图书馆 CIP 数据核字(2020)第 240553 号

Tianye Shixue Zhigui

田野史学指归

叶成勇 著

责 任 编 辑	郑丽娟
封 面 设 计	原谋书装
出 版 发 行	西南交通大学出版社 (四川省成都市金牛区二环路北一段 111 号 西南交通大学创新大厦 21 楼)
发行部电话	028-87600564　028-87600533
邮 政 编 码	610031
网　　　址	http://www.xnjdcbs.com
印　　　刷	成都蜀通印务有限责任公司
成 品 尺 寸	170 mm × 230 mm
印　　　张	16.5
字　　　数	237 千
版　　　次	2021 年 6 月第 1 版
印　　　次	2021 年 6 月第 1 次
书　　　号	ISBN 978-7-5643-7848-6
定　　　价	98.00 元

"田野史学丛书"序

　　当代史学已经在传统的文献考证、现代史学理论和书写范式基础上有了新的启程，着力于主动面向社会发展需求，与民众对话，为民众着想，在学埋与常埋之间寻求平衡。只有下到人民的社会的汪洋大海中去搏击，史学才可能得到具止的繁荣发展，这越来越成为史学界的共识。

　　基于十多年的教学与研究实践，在上述认知的启示下，我于2014年底提出田野史学的理念。经过多年的实践，这个理念得以不断丰富，其基本内涵是：以社会现实问题为起点，发挥历史认识主体的历史文化根底、人文视野、认知能力和通识智慧，借助人类学、社会学、考古学等多学科的知识和现代信息技术手段，与民众一起，对活态社会的历史文化进行系统调查、记录、书写、传播与研究。在学理与常理之间对话，合理评估并发挥其价值，形成一定的文化自觉、文化担当和文化批判精神，主动参与社会文化建设。田野史学不仅要眼光向下，更要自觉践行"从群众中来，到群众中去，一切为了群众，一切依靠群众"的原则，强调学术服务于人的实践性，故又具有自己的人才培养模式。

　　学问在自得于心，非求苟同。现代学术研究的分途异畛，理路精深，需要去洞察。但各种理论方法之间，各种学者之间，阈见我执，高下相倾，前后相随，音声相和，纷然杂陈，莫衷一是。或有学而不术者，或有术而不学者，更有不学无术者。这或许是一种有代价的进步，也是一种现代性陷阱，我们身在其中，逃离是何其之难。田野史学不是为学术而学术，为研究而研究，但决非不学无术。学与术皆关乎大道，必有所本、所由、所处、所务。民心与人情，小以识大，近以致远，末以归本。道不远人，不舍小者、近者、末者，能与民并用，可以知古，可以察今。为此，我们在努力"学"的同时，将"术"也进行了多角度的尝试，试图在平庸中悟出道之所在，寻求到新知识、新观念、新方法。现在学界强调的学理，包括学术的话语、思维和表达范式等，是辩证逻辑与学术问题的结合，是现代学术文化的一部分。而常理则是更大众的，是经历长期历史的变迁而积淀在人们生活规范中的客观规律。如何将理论知识的有效性与历史中积淀下来的延续的"理"实现对接和互补，是"学理和常理"对话方法突破的关键。我们现阶段的田野史学，仍然没有完全逃出既有学术话语体系的窠臼，而"学理和常理"的进一步结合，才是田野史学接下来的重点。

顺数既往，则可以逆推将来。我们似乎在模仿孔子带着学生周游，口宣其诚，笃行其道。孟子、荀子、韩愈、慧能、朱熹、王阳明、顾炎武、黄宗羲、章学诚、陶行知、钱穆，等等，一路下来，都影响着我们的抉择。《礼记》礼运篇以为圣人耐天下为一家，"必知其情，辟于其义，明于其利，达于其患，然后能为之"。顾炎武说过："'君子居则观其象而玩其辞'，观之者浅，玩之者深矣，其所以与民同患者。"我们当今所观之象，乃社会之实，非深不可，所玩之辞，则远超学术之文，非广不可。在观玩之间，则必须知人情，辟人义，明人利，与民同患同乐，为真向善，以前民用。我们深信这才是传之久远的正道，也是田野史学所追求之本义。居之久，则知之深，知之深，则行之切，而左右能逢其源。希望这是一种正能量的集聚，成为逃离现代性陷阱的一种新的可能。

伴随着一批批的学生，我们一如既往，走到了2020岁末，也还将继续走下去。走过很远的路，爬过很高的山，穿行在蜿蜒盘旋的小道上，总是路转溪头，山外有村。在一座座的山寨里，总是有百年乃至数百年的家族落地生根，开花结果，迁徙繁衍与朝夕耕耘；在大山的深处，总是有独特的故事静静地等着被发现和书写；在特殊的时节里，总是有精彩的仪式活动吸引我们去拍摄；在逼仄的门庭内，总是有德高望重的老人触动着我们的灵魂。没有经费支持，就自己掏腰包，所到之处，只求有个吃住，有时候，一天只吃一顿饭。颠沛之中，造次之间，师生总是满足的快乐的。

我们都很享受这种游走的状态。寻碑铭、访故老、观民情，徜徉于山水之间，边听边看，边想边说，怀思古幽情，品人世沧桑。把书斋里的历史放下，走进当下的活态社会，悟对古今，究问天人，侃谈中外。累了就坐下来，大家慢慢聊天。和乡亲们一起，朝夕相处二三十天甚至更长，都成了不期而遇的老朋友。晚上，大家要总结调查的内容，相互讨论，讲事实，摆故事，引证理论，回应心灵的关切。每天还要写出调查日志，整理调查资料。什么是人？人何以存在？什么表示人？所有人对此都可以有所感悟。诉不尽的喜怒哀乐，悟不尽的人世沧桑，理性者崇势利，劳碌奔波，感性者闲庭雅致，皆不免滑稽而又心酸，愚昧而又狂欢，固执与偏见无处不在。什么是善？什么是真？什么是历史？未来在哪里？是我们每天不可回避的追问。

贵州民族大学田野史学的理论与实践探索，已经走过了十年，总算有了一些小小的积累。除了老师们关于史学学术与社会、时代关系的思考，更有与我们一起成长的学生们的一批作品。这些作品都是基于长期的活态社会调查而形成，并都在很大程度上得到乡亲们在生活与情感上的回馈，思想上的感召，既有记录性质的村寨志和乡土调查报告，也有区域社会变迁的个案书写与研究。第一批成果分别是《田野史学指归》《历史学观念变迁探析》《清代至民国时期贵定县碑刻研究》《贵安新区马场镇平寨村布依族历史文化变迁研究》《互动与整合：镇远县辽家坳村历史文化变迁研究》《区域社会史视野下花溪清代碑刻调查与研究》。《田野史学指归》主要论述田野史学的理论与方法，《历史学观念变迁探析》主要讨论中国历史学观念的发展与变迁，对当下史学的发展提出建设性思考。其他作品则是在田野史学理论方法启示下，对具体村落的历史文化进行调查研究。理论思考是对多年来田野调查的小结和概括，解决田野史学是什么及如何做的问题，而具体的碑刻调查、村落文化书写等则反映了我们的实践内容，是将理论初步融入实践的尝试。总体而言，这套丛书是我们在常理和学理之间寻找共识的产物。

当然，第一阶段的成果总体上还是既有学术框架下的仿作，显示我们还处于田野史学人才培育的摸索阶段，与田野史学的真正目标相差甚远。现在把师生的部分作品结集出版，以求栖身于学术百草园，热切期望学界给我们真诚的批评。希望越来越多的史学爱好者和乡村社会建设的知识青年，加入到田野史学的研究和创作中来，努力创造出更多适应乡土社会需要的历史文化书写成果。让田野史学走进民众生活，展现乡村社会历史上不同的精彩瞬间，揭示乡村社会历史文化发展逻辑，从而成为以史为鉴并推演未来的重要催化剂。这对于史学来说无疑是一种尝试性的推进，是我们力主史学惠及大众的学术呼吁。

叶成勇

2020 年 12 月

序 言

历史学是一门基础性人文性学科，是系统知识，也是理论方法，更是感性体验。注重史料的搜集、考证、辨析，通过对史料的精察明觉获取历史事实，可以升华对历史本质的认知。同时，也需要能够分享别人的故事，品悟人生的多彩情趣，感知人类不同情感经历与道德修养，发现不同群体的生活方式与文化价值。也就是说，历史学既要讲整体化视野、大理论思维、普遍性知识、确定性事实，也要能够感悟、体察、辨识精致的生活意义和复杂多样化的文化色彩。

对于青年人而言，学习历史学不只是专业知识和技能的获取，更应该是人生智慧的提升与情怀的开拓；不只是生存的一种工具，还应该是一种温馨的生活操持。学习历史学，要融哲学的高度、历史的宽度与人文的温度于一体。

当代史学必须在传统的文献考证和现有的史学理论范式基础上有所超越，实现其价值转向，即除了对故纸堆的考索及为当代提供治国理政的智慧参照，更主要的还是要主动面向社会发展，跟活人对话，为活人着想。从实际的社会生活和社会活动的表象出发，把握历史如何发生，理解其真实性和丰富内涵，形成新的知识和认知，以满足普罗大众的文化需求。要自觉地通过传承优秀历史知识和思想文化，滋养、启迪、补益大众生活，参与塑造大众的现代性生活，参与思想文化的时代性创建。

让史学在经世致用中得到繁荣发展，这越来越成为学界的共识。中国史学有强烈而独特的家国情怀和经世担当精神，田野史学正是秉持着这样的传统。它是服务社会建设的经世致用之学，以社会现实问题为起点，发挥历史认识主体的历史文化根底、人文视野、认知能力和通识智慧，借助人类学、社会学等多学科的知识和手段，对活态社会历史文化系统进行调查、记录、书写、传播与研究，合理评估并发挥其价值，形成一定的文化自觉、文化担当和文化批判精神，主动参与社会文化建设。田野史学这种独特的研究旨趣会给当代史学研究和新乡土人才培养带来新的启示。以田野史学为理论依据，在现代大学体制内培养新乡土人才，就是培育当代青年自觉担当乡邦建设的文化力和行动力。田野史学这种取向植根于中国历史的底蕴，又是对当前社会文化建设需求的回应。

贵州民族大学历史学系自1983年开设以来，立足于历史学学科特点，以历史学综合性学科知识为基础，结合实际，逐渐走出一条适合贵州省情的历史学科建设和人才培养之路。2009年以来，我们积极适应新的时代需要，注重实践教学，立足于地方历史文化知识的传授和科学认知，着重以田野史学理念，为社会培养史学应用型人才，服务区域社会文化建设。具体可以概括为以下几点。

第一，形成了史学基本理论方法与地方历史文化调查研究紧密结合的学科特色和人才培养团队。以侯绍庄、史继忠、杨庭硕、顾朴光等老一辈史学专家为代表，一直在西南民族社会形态、西南民族史、民族关系史、族别史等方面进行艰辛的探索，形成了自己的学术传统和特色，培养了大量地方文史研究人才，在省内外享有较高的声誉。最近几年来，本学科团队不断开拓新的研究领域，在西南民族文化史、土司社会史、文化遗产保护等方面齐头并进，已取得重要进展。至今已扩展至文书整理、地方志修撰、谱牒整理与修撰、文物研究与博物馆建设等应用层面。

第二，融学术研究、课程教学、人才培养、文化传承与公众服务为一体，推动学生专业素养提升与服务地方文化建设双向并进。一是培养学生对于基础知识的掌握能力，重点以"中国通史"和"世界通史"两门通史课程进行基础性知识的培养，让学生具备宏大的历史文化视野；二是通过田野史学特色课程群，全面培养学生调查、搜集、记录、整理、书写并向社会传播、展示、普及地方历史文化知识的能力；三是要求学生比较熟悉西南地区民族文化和历史文化，科学合理评价并发挥其价值。

具体是通过课程课堂教学与田野实践教学相结合，以传统村落和特定历史文化区调查研究为切入，搜集整理乡土历史文化，书写活态历史。通过课堂教学，学生受到过硬的专业教育；又通过对地方历史文化的实地调查研究，培育师生热爱乡邦、建设乡邦的文化力和行动力。

第三，探索出以保护传承优秀民族历史文化为核心的实践教学与人才培养模式。以全程渐进式第二课堂为抓手，具体实施优秀民族历史文化"一馆一志一谱一片一教材"建设方案。一馆，即村落（城市社区）博物馆；一志，即村镇（城市社区）史志；一谱，指新型家谱或人物年谱；一片，指历史文化纪录片；一教材，指乡土教材。我们为此建设了相关特色课程群及相应的实践教学模式。特色课程群包括"贵州简史""乡土历史文化调查""方志研修""乡土教材编撰""乡镇志编撰""村寨志编撰""家谱修撰""文物调查与社区博物馆建设""历史文化视频制作""历史文化数据库建设"。这10门特色课程构成田野史学第二课堂教学的主干，在大学四年分阶段开设。全程渐进式实践教学环节包括课程实践教学、年度寒暑假家乡历史文化调查与汇报、以传统村落调查与地方文献整理为中心的毕业实习、基于调查资料或地方文献的毕业论文写作与答辩。特色课程群和全程渐进式实践教学环节互为表里、相互促进、互相嵌入，按照"五个一"方案，面向社会需求，扎实有效地推进面向地方的史学专业人才培养。

田野史学的理念和实施方案是我们从研究实践和教学实践中提出来的，是贵州民族大学历史系近40年来几代师生共同寻求到的治学求真与治心求善的总结。其基本含义可概括为三点：一是自觉融哲学的高度、历史的宽度与人文的温度于一体，坚信在活态社会中能够感知、体察、认知历史本质和人类的真实状况，把握人与社会、自然的关系；二是强调区域社会调查研究，多学科多元化对话，对活态社会进行历时性变迁分析和共时性结构意义分析，提出符合当地需求的新识见；三是主动参与活态社会的文化创建，与本地民众展开学理与常理对话协商，共同寻求通往未来的合理进步之路。

田野史学的理念使我们走进了正统历史学的"后门",这注定我们必须要去探求一条生路,我称之为中国新史学的"井冈山道路"。这本《田野史学指归》就是对我们最近 10 来年实践教学的总结和反思,旨在更好地推动实践教学,提升学术水平,担当社会文化建设的使命。这一新的史学人才培养模式还不够成熟,具体的实践工作还有很多不足。恳请读者们批评指正,提出更多更好的建议,共同推动新的史学人才培养。

叶成勇

2020 年 12 月 29 日

目 录

导论　关于田野史学的几点思考

理解田野史学，首先要探讨它的基本内涵，这涉及田野史学的取向、理念与理论方法，学术价值和学术意义，以及这样一种学术推进有没有更高的人文追求和突出的时代特性。既然说它是一种"学"，就要回答这些问题。在此谈谈我关于田野史学的一些思考，希望大家多讨论，别局限在已有的认知状态上，每个人都应当有一些开拓性的思考。

一、田野史学的基本取向——经世致用之学

田野史学作为一种学问探究或者说研究范式，有其独特的内涵取向，我以前的文章中也有涉及。现在稍做调整，界定如下：

田野史学是历史认识者从书斋走向活态社会，探求服务社会、建设社会的经世致用之学。以社会现实问题和需求为起点，发挥历史认识主体的历史文化根底、人文视野、认知能力和通识智慧，借助多学科的知识和手段，面向活态社会，与当地人一道，对其历史文化系统进行调查、科学记录、多元书写与跨学科研究。专业学者与民间人士共同评估并发挥传统价值，互学互鉴，达成一定的文化自觉、文化担当和文化批判精神，共同推进社会文化建设。田野史学这种取向根植于底蕴深厚的中国历史和史学书写传统，是从中国传统中来，又是对当前社会文化建设需求的回应。田野史学这种独特的旨趣会给当代史学研究和新乡土人才培育带来新的启示。

这是关于田野史学的基本认识，关键是凸显田野史学的当代性和实践性价值，下面分开来说一说。

二、田野史学的研究对象——活态社会

目前，田野史学还不能说是一门学科，而只是一种研究范式和行动方案。它是而且必须是史学的一部分，但要面对的问题不再局限于以纯粹的文献作为基础的这个史学范畴，重心在活态社会。在此我们先来回顾一下前人的一些认识。

1924 年，李大钊在《史学要论》中关于"什么是历史"这个问题，有几段经典的论述：

> 历史这样东西，是人类生活的行程，是人类生活的联续，是人类生活的变迁，是人类生活的传演。是有生命的东西，是活的东西，是进步的东西，是发展的东西，是周流变动的东西；他不是陈编，不是些故纸，不是僵石，不是枯骨，不是死的东西，不是印成呆板的东西。我们所研究的，应该是活的历史，不是死的历史；活的历史只能在人的生活里去得，不能在故纸堆里去寻。①

> 什么是活的历史，真的历史呢？简明一句话，历史就是人类的生活并为其产物的文化。因为人类的生活并为其产物的文化，是进步的，发展的，常常变动的；所以换一句话，亦可以说历史就是社会的变革。这样说来，把人类的生活整个的纵着去看，便是历史；横着去看，便是社会。历史与社会，同其内容，同其实质，只是观察的方法不同罢了。②

> 历史不是只纪过去事实的纪录，亦不是只纪过去的政治事实的纪录，历史是亘过去、现在、未来的整个的全人类生活。换句话说，历史是社会的变革。再换句话说，历史是在不断的变革中的人生及其产物的文化。那些只纪过去事实的纪录，必欲称之为历史；只能称为记述历史，决不是那生活的历史。③

---

① 李大钊：《史学要论》，上海古籍出版社，2014 年，第 1 页。
② 李大钊：《史学要论》，上海古籍出版社，2014 年，第 2 页。
③ 李大钊：《史学要论》，上海古籍出版社，2014 年，第 6 页。

按照李大钊的看法，历史就是活态社会，因为"历史与社会，同其内容，同其实质，只是观察的方法不同"。那么历史学是什么呢？当然不是研究故纸堆，而是研究活态社会的行程，过去、现在、未来的整个的全人类生活。基于李大钊的认识，我们可以进一步认为：当前的社会生活不等于活态社会，而只是活态社会的横截面，一定时段的面相，包含着活态社会的因素和要素。既然研究历史就是研究活态社会，那么，进入方式应该可以有多种路径。过去传统史学主要通过文献这个中介去触及，现在我们换一种路径，就是从当下的社会生活入手，兼顾文献这个中介。这样就更能够理解活态社会的真实性。在田野史学看来，研读传世文献与调研现实社会是读两种形态的历史书，都可以触及活态社会本身，而且调研现实社会，从眼前现象和问题逆推，这样能够更直接地进入历史的本质。这一点在中国"华南学派"那里已经有很成功的案例。

19世纪末20世纪初，德国历史哲学家李凯尔特在自然科学昌明的时代，为历史学寻求存在的合理性，认为相对于自然科学，历史学是文化科学，研究人类历史的特殊性和人生的心理。历史学通常希望而且能够撰写的仅仅是关于人的历史，这必须接受价值指导；没有价值，就没有任何历史科学。"历史学家首先要研究的只是那些个别特性中或者体现出文化价值本身或者与文化价值有联系的对象"，因为"可叙述的历史的个别性概念"只能通过"文化所固有的价值"以及"与价值的联系"才得以形成。这种有价值或者与价值有关的个别性历史事件，就是人们有意义的重要的文化创建行为。历史研究就是在确认这种文化创建行为。当我们从个别的和特殊性的观点来观察现实时，现实就是历史。现实本身就是特殊性和个别性的展开，价值关联性行为的创建，这种展开与创建就是历史的再现过程。①

李大钊对李凯尔特的思想有过评述："历史一语，则仅能表示其形式的方面，而其内容的方面，非用文化一语表示不可。"相对于自然不含有价值，"文化则含有价值……对文化则不能不取价值关系的方法……而文化科学即历史学或历史的科学，则以依价值关系的方法，决定只起一回

---

① 参考侯钧生：《西方社会学理论教程》，南开大学出版社，2006年，第77-88页。

的事实为其任务"①。大意是说，历史学是研究对人类有价值、有意义的文化行为。

当文化不再具有价值时，就转化为自然的东西沉积在过去，人类不需要它，也不会再去研究它。但当这些沉积的自然的东西被人类需要时，就会被激活，而转化为文化，我们就会去再发现、再研究。这里的核心就是价值关系的评估，所以历史在不同时代不同社会中都有本质的成分与非本质的成分。历史学研究总是在特定社会时代去追溯历史事件中本质的成分，通过研究复杂的、个别的、特殊的历史事件，评估其价值关系。这与实证研究不矛盾，也不排除运用科学的方法。真正的历史不会死去，因为"历史是在不断的变革中的人生及其产物"，只要人类有生活，它永远是活的；而文化会死去，沉积下去，文化为活的历史需要服务。

这一点与意大利历史哲学家克罗齐"一切活历史都是当代史"很接近。活历史本质上就是活态社会的进程，但不局限于李凯尔特所谓的文化价值关联式的创建活动，还包括马克思主义所强调的经济活动、人口生产、科学技术探索、国家政治管理等。以此而言，我坚信：生活的历史，才是真正的活的历史，历史学家就是要做"古今之变与天人之际"的凝合贯穿者。历史学要随着时代需要不同而改变，文化是历史的外在形式，通过这个形式可以去把握活的历史。田野史学就不只是为了记录在案的历史和学术研究的历史，更是为了生活的真的那部分历史。新文化史的取向是从文化的角度去理解社会历史，强调对事物或事件的意义探究，实际上是在不断走进的活的历史之中。有时候人类为了走得更快，会扔下文化的包袱，甚至挣扎逃避文化的束缚，轻装上任。中国五四时期的新文化运动就是这样一种选择，这个惯势延续到了20世纪80年代，但如今，我们又反躬自省，重新审视中国漫长的文化传统。我们现在越来越明白需要激活过去的文化，而不是驻足于两三百年的时段里，去欣赏外在于我们的西方的思想文化"美景"。新的时代，我们更要自觉地在寻求古今中外的大视野大逻辑中再出发。

① 李大钊：《史学要论》，上海古籍出版社，2014年，第117页。

　　"田野"这个词我们经常用，这里把它理解为活态社会的断面，即现实生活的社会，可以是农村、乡村，也可以是城镇、大学或城市社区等。从这个角度而言，这种现实生活是狭义的、具体的、区域性的活态社会，简称为"狭义活态社会"；前文所述及的李大钊所称的"活历史"可以称为广义的、本质性的、普遍性的活态社会，简称为"广义活态社会"。田野史学就是从现实生活的社会（狭义活态社会）出发，研究具体的、区域性的活态社会的历史逻辑和文化特性，进而上升到对广义活态社会的理解。

　　田野，从广义上来说是人们生存交往形成的特定的互动区域，即具体的、特定区域内的活态社会。中国的活态社会是植根于农耕文明的，"田"代表中国社会文化生存的基本生计系统、经济技术系统和生态系统，"野"代表建立在农耕系统之上的普遍意义的社会文化与居住生活方式。"田"和"野"是中国农耕文明发展形成的根基，整个国家制度建立在这个基础上。即使是古代的城市史，也离不开乡村社会，它是农耕文明的高级形态。当然，中国历史中还有游牧文明和海洋文明因素，但都依附于中国几千年的农耕文明。中国特有的社会运行模式，在今天以至于未来仍然还会延续，这是理解我们自己所生活的活态社会的基本点。因此，田野史学研究的重心或重要的切入点，应该还是在承载着中国社会历史底蕴的广阔的乡村。代表工业文明的现代城市要不要研究？当然要研究，但中国现代城市社区历史时间相对较短，对史学而言还不够。比如贵阳市花溪区的城市社区，我们可以研究，但它的历史也就几十年，深刻的社会问题并没有形成，复杂性并不凸显。应该说在我们这里它还不是田野史学的重心，但在东部地区可能就是一个重心。研究现代都市社会，要超越一些传统史学的方式，吸取人类学、社会学的方法，寻求多种路径去理解城市社会历史，理解工业文明的活态社会。这在历史学里面并不是没有，但要系统地去回答和理解它，找到一种方案和理论方法，还仍在探索中。

　　田野史学的终极目标就是要在具体的活态社会中去认识历史的发生与发展、把握历史的真实性，其实就是在过去和现实的对比观照中对人类存在形态的终极关怀。历史有没有真实性，如何去认识把握这个真实性，一直是历史哲学家试图理清的问题。中国的传世历史文献书写是世界上最发达的，但我们能够看到二十四史，就能理解中国真实的历史吗？就能把握中国历史的真实性吗？我们读了贵州的那么多方志，就能把握贵州历史的真实性吗？尽管我们可以用文献学、史料考证等各种方法，但是文献毕竟是有局限性的，它能记载多少历史的片段？而通过仅有的残缺的文献去理解历史的真实性，这是一个大问题。我始终认为，历史的真实性不在书本中，而是在社会自身，在活着的人群的生活中。反过来，我们完全可以离开书斋，在既有历史常识的基础上大踏步地融入活态社会，从它自身呈现出来的文化现象，从当地人的观点、思想、情感、需求去把握这个活历史的真实性。过去发生的事实和眼前所见的文化，是构成历史的元素，而不是历史本身，只能辅助我们去理解这个活态社会的本质。如果认可这样一种路径，那么田野史学就是超越传统的，也就能在传统史学的基础上走得更远、更坚实。所以田野史学给理解历史的真实性、把握历史文化的价值增加了一种方案，增加了一种可能性。我们不再是把文献当成认识历史最核心、最主要的东西，而是通过走向活态社会去窥探活历史，把握活态社会自身的历史，从其运行逻辑去看其真实性，去理解人类发展的一些东西。

三、田野史学的理念——从社会现实问题和需求出发

其实自孔子以来，中国的史学就是从现实和需求出发不断发展的，只不过过于关注和服务于国家现实政治需求。中国现在的史学主流还是为国家政治服务，这当然是必要的，这本身就是中国史学的传统。但社会现实需求，特别是人民群众的社会文化需求也应该是当代史学要去回应的。宋代以后，历史话本、历史小说以及大量蒙学读物（如《三字经》《弟子规》《四字经》《千字文》等）就已经在这样实践了，只不过一直是下层知识分子的苦差事。20世纪四五十年代，开始了史学大众化的学术探

讨，在欧洲有年鉴学派，美国有新史学，在中国现在有历史人类学、公众史学、公众考古学等。这些都在不同层次上丰富了大众社会的文化生活。

但在这个过程中，人们还是没有摆脱一个观点，就是历史离不开文献。很多人做田野调查的目的还是回到文献所载的历史中去，为了印证文献或修正文献的某些东西。我认为应是恰恰相反的，文献反过来要为走向田野、走向活态社会服务。我们的问题意识和学术关怀来自社会本身，而不是来自文献，不是来自书斋。也就是说当代人做这件事情，更应该去把握这个社会所面临的问题和文化的、思想的需要。

我们研究的动力本身不是来自文献，也不是为了完成一个什么课题，而是来自当下这个社会出现的一些文化问题。历史没有理清楚，历史的真实性或是历史深层的问题我们没有更多地去理解，所以田野史学的根本动力不是来自书斋，而是来自活态社会，即乡村和城市的发展。

以社会现实问题与需求为起点，其理念和理论方法在传统史学研究的基础上就要大变了。文献其实并不是最重要的，等我们把文献全部读完了再去理解和研究历史，这是行不通的。边读书边实践，尤其是直面现实社会的挑战，围绕历史的真实性，去探求历史的本质、逻辑，这恰恰是我们的一种捷径，也是当务之急，是我们服务社会、走向社会的重要切入点。比如，针对现实社会中"不孝"的行为问题，与社会学者、人类学者一起去调查研究，探索某个特定社会里"孝"的观念演变和行"孝"方式的转换，与当地人一起去理解当今社会"孝"的内涵，一起讨论，参与重建当地社会尽"孝"的新方式。

四、田野史学是对历史文化根底和认知能力的充分运用

我们学历史很多时候找不到方向，选了好多问题就是在书斋里打转，去解决一些所谓"学术问题"。我认为这些可以部分人去做，更多人要去面对现实问题。怎么面对？关键是发挥我们认识主体的历史文化根底和认知能力。

　　学历史的人最大的一个优势就是有比较综合的文化根底，至少在很大程度上从教科书里了解了中国是一个伟大的文明国家，有王朝的历史变迁逻辑。我们从初中就开始接触中国悠久的优秀历史文化，经历本科，到了研究生阶段，其实对历史的很多大的东西都有所感知，这就是我们的根底，这是一个起点，也是我们的优势。学历史的人视野相对开阔，所学涉及天文地理、各种文化现象、人们的活动与事件、历史变迁中一些正反教训，等等。有艺术的、宗教的、法律的、经济的、政治的和科学技术的，这种广阔的人文视野，正是历史学人的一种独特优势。

　　特殊的认知能力亦是史学的优势。历史学的认知能力，最重要的就是一种时间感知力，认知系统中有很长的时间轴线，通过时间轴来把握人类的历时变迁序列，这跟其他学科也很不一样。学历史越深刻的人对时间的感知能力越强，通过很多的时间轴、时间节点去把握个人、把握事物、把握当下。这种认知能力是其他学科很难培养的。其次是善于广泛地收集处理各种材料，这也可以说是比较独特的。我们在解决问题之前，要收集各方面的材料，辨伪材料、考证材料，辨别材料的真实性，这样一套功夫也体现了我们重要的认知能力。从一堆材料到事实判断再到推理得出结论，这个训练过程非常复杂，而且是很独特的。最后是我们的通识智慧，通识智慧跟广阔的人文视野是有相关性的，在很长的中学教育、大学教育阶段可以积淀起来，达到较高的水平。当我们有了这样一些历史文化根底和认知能力以后，就更应该考虑学术要往前面发展，发挥文化根底性作用。这就要求我们走另外一条路，不能再在书斋里面打转，不能只是吸收装在肚子里，而一定要面对现实问题，把十多年积累的东西用起来，用到社会中去。

　　所以我一直希望学历史的人能够去做更多实在的工作，这并不是降低历史学的地位，恰恰相反，是提升历史学的地位。具备了前提，又加上这个思路的转换，我们在当下的开拓就具备了一种可能性。如果历史学老是在传统的文献里打转，历史也就真的没辙了。通过多学科的知识和手段去系统调查一个社区或者一个区域，最后的目标就是弄清社会历史发展逻辑和变迁的规律性。

五、田野史学的历史主义倾向

田野史学有一个特点，就是很看重历史主义。历史主义是什么？广义而言就是理解人类历史文化的多样性，它不认为有放之四海而皆准、一以贯之的真理。历史学的一个观照点或者兴趣点就是历史的多样性，包括历史存在的多样性，历史现象与过程的多样性，历史发展的多样性，历史运行规律的多样性。这就给我们提供了一个理解或者是从事区域或社区研究的合理性。它的意义在哪里？就是要去理解人类的多样性，历史不可能是一种套路，具有同样的发展节奏，我们更应该关注人类存在的多样性，它是多彩的。就像你的家乡和他的家乡，你们几个人的家乡都不一样。通过系统调查研究以后，就会发现每个地方经过几百年的发展，里面的人、里面的事、里面的文化选择、里面的生活方式等，都既有各自的逻辑，又有紧密的关联性。

《史记·货殖列传》把当时汉王朝版图分成很多个经济文化区，分别讲述它的生态、植被、物产、商贸往来，以及各区域的文化特点及民众的性格，凸显了农、虞、工、商活动对各地经济文化区域形成发展的独特意义。以此阐述了活态社会里客观存在一种"无利不往，利以义合"的价值导向，对商贾作用给予充分肯定，指出其"尽椎埋去就，与时俯仰，获其赢利，以末致财，用本守之，以武一切，用文持之，变化有概，故足术也"。治国者应因势利导，实现政治与经济良性互动，满足民情日用。司马迁对汉王朝各地经济文化区的形成发展所展开的生动论述，非常成功地表达了历史主义的思想，其思想立意之高，分析之精妙，足以让今日学者敬仰！人的合作、人的生活一定是在多样的条件下做选择，去筛选，最终形成一套相适应的观念与行为方式。所以我们做区域调查研究，既有历史的底蕴，也符合我们时代的需要。

六、田野史学与文化自觉、文化担当、文化批判

通过我们的历史文化根底、人文视野、通识智慧和认知能力，可以

去判断，推理活态社会未来会朝哪个方向走，未来可能会是什么样，并提出合理建议。所以对一个活态社会历史文化的价值评估非常关键。某个社会在它的实践过程的选择有没有合理性？这种合理性价值在当下有什么作用？还有没有其他价值？通过观察研究、价值评估，才能慢慢形成文化自觉。我们尽量去理解它，在此过程中也激发当地人对自己历史的回忆。

当地人在当下对自己的历史与文化可能会迷失方向，但当我们去接触和触动他们，他们的历史记忆神经会慢慢苏醒过来，形成一种对过去的反思，往深度去想，往时间长度上去想。我想这就是文化自觉的过程。对当地人，要去促进他们自觉。在这个过程中，文化自觉是双向的，既对研究者，也对当地人。德国生命哲学家威廉·狄尔泰（Wilhelm Dilthey）曾经说过："只有将自己同他人进行比较时才能认识自己的个性。"而且要从感性资料的外部标志去认识他人的内心世界。在特定的社会文化体系内，通过"历史的感受"才能真正了解他人内心世界和准确把握精神普遍性，从而实现个体之间真正的相互理解，这个过程就是双向的文化自觉。社会工作者提倡"自助助人"，佛教精神也追求"度人度己"，去普度他人实际上是在度自己，去爱他助他实际上就是助己爱己。我觉得田野史学也要坚守这种精神，即在我们的调查研究互动中，文化自觉也是双向的，既对自己同时也对他人，让他自觉的同时我也自觉。通过系列活态社会的研究，我们的阅历越加丰满，一些价值观、人生观肯定也会变得更具包容性和合理性。所以，通过调查而促成的文化自觉，是非常珍贵的，会让人终身受益。调查的目的不仅仅是完成一篇论文，写出一篇报告，或者形成其他的文本形式。一篇研究生的毕业论文，自然是一种产物，但还是要有特别的人文追求和人文关怀在其中。

除了文化自觉，还要有文化担当。光自觉不够，还得行动。行动就是担当，就是后面要讲的怎么实施的问题。还有文化批判，不是说各种历史文化都好、别人都对，历史的发展、区域的发展是有一定局限性的。西方传统人类学的口号是"到离欧洲中心甚远的世界边缘地带去，在那里发现能够深刻地校正我们观念的最为异己的文化，使我们自己获得应付陌生事务的信心。严肃的文化批评的挑战在于，把我们在边缘地区所获得的洞见带回到我们生活的中心地区来，对我们的传统思考方式进行刺激"①。在此基础上，20世纪80年代，人类学家提出作为自我反省的"实验民族志"方案。人类学不只是研究异域社会文化，更要面对本土社会的问题。而要更好地发现自己的问题，就必须对异文化和本土文化分别研究，把对异文化的研究洞见带回到本土文化并进行深入比较。这种"实验民族志"方法大概包括三个程序：首先，通过对异文化的挖掘和比较评估，探讨不同异文化深刻而多元化的模式，形成所谓超越我们/异己二元对立特性的"第三种透视"；其次，对本土社会也要做民族志研究；最后，通过这种比较客观的"第三种透视"来反省、批评我们自身社会（本土社会）也存在的问题，并进一步对这些问题提出原因解释或解决方案。也就是说，研究异文化的目的除了理解别人，更要反思自我，反观自我的文化缺陷，就是通过"看别人来看自我"，所以文化批判也是双向的。这是一种泛文化并置中的"变熟为生"。"最强烈的文化并置法，需要的是双重的民族志研究及对异文化和本文化的不同场域的同等分析和同等批评。""在此思考中，民族志作者把他的研究兴趣回归到本土社会，并提出了把其自身社会的成员视为与异文化的成员同样有问题的研究对象。可见，从异文化的研究中，人类学者悟出并开始讨论本土社会所存在的问题。"②

西方"实验民族志"方案有一些理想化的成分，至今真正的成果还很少，但具有非常重要的理论与实践意义，田野史学的实践方案对此肯定会有所参照。如果历史都是各自平行发展，那就没有联系，没有更高层次的发展。我们调查一个区域毕竟有限，它的局限性在哪里，为什么会形成这些局限性？在评估它的价值的时候，既要看到优秀的一面，

---

① [美]乔治·E.马尔库塞、米开尔·M.J.费彻尔著，王铭铭、蓝达居译：《作为文化批评的人类学：一个人文学科的实验时代》，生活·读书·新知三联书店，1998年，第192页。

② [美]乔治·E.马尔库塞、米开尔·M.J.费彻尔著，王铭铭、蓝达居译：《作为文化批评的人类学：一个人文学科的实验时代》，生活·读书·新知三联书店，1998年，第193-195页。

也要看到缺陷的一面，这种批判精神不是简单的对错是非问题，更应该是在这个特定的时空里面，去把握它那种历史趋势。这种批判应是更长远的、更有历史深度的比较性的批判，更有人文关怀，而不是一己一时之见。

应该说，通过对活态社会调查进行合理的评估，对特定社会做出判断，最后是能够形成双向的文化自觉、文化担当和文化批判的。通过这个过程，我们是不是可以认识历史，或者说参与到历史中去呢？田野史学这种方案，一定程度上是可以走的。就是通过多学科参与，系统调查，然后去评估它的价值，发挥它的作用，最后形成文化自觉、文化担当和文化批判，这就是田野史学最后的落脚点。

七、田野史学的人文精神——寻求有意义的人生

田野史学自觉践行从多维度理解人类历史的多样性，这本身就是一种人文性。总结人类历史上的人文精神内涵，其最重要且最具普遍意义的含义就是特定条件下人的合理性选择与适合的社会存在方式，主要体现为维护人的生命延续、尊重人的主体性、承认不同人的价值取向、关注人的多层次需求、追求人的全面发展等。

孟子讲自觉，本质就是对人性本善的自觉回归与坚守。觉悟到自己是"善"的本性存在，才是真正的自觉者。自觉到了这个地步，做什么事情都心安理得。现在一般讲自己管理自己即自觉，这是相对肤浅的。自觉，第一，人的生命是高贵的，人是天地万物中最高贵的一种生物；第二，人的生命是有使命的；第三，这个使命需要经过艰难的过程才能达到。这就是北宋张载讲的"四为"命题。我们的人文追求一定要回归到格物、致知、诚意、正心上来，以达到修身、齐家、治国、平天下的目的，这才叫人的自觉。

我们不是为了制造什么，而是为了塑造人格。我国著名的史学思想家何兆武先生在讨论历史学与历史学者的心灵关系时，特别强调史学者

自己的生活体验、心灵感悟和人文价值观。"对历史学家而言，看来理论思想的深度和心灵体会的广度要比史料的积累来得更为重要得多……对历史的理解是以历史学者对人生的理解为其基础的。或者说对人生的理解，乃是对历史理解的前提。对人生有多少理解，就有可能对历史有多少理解。"①对人生的理解核心应该是对人文精神的感悟。在做田野调查、做论文、做报告的时候，不知道各位能不能往这个高度去想。这种人文精神我们能悟到多少？我们把这个高度定型，能有这样几分自觉，做事的精神面貌是不一样的。通过格物、致知、诚意、正心、修身，悟天地本道、大道，与人道互通。在田野史学实践中，我们跟活态社会互动，去悟到生命的本质、人生的意义和存在的根本价值。这个儒家讲得非常多，诸如："达则兼善天下，穷则独善其身"；"君子务本，本立而道生"；"士不可以不弘毅，任重而道远。仁以为己任，不亦重乎？死而后已，不亦远乎？"等等。

田野史学应该要有这种追求，但很多人不理解。我一直强调我们都要去读四书五经，这跟我倡导田野史学是相关联的，也希望它是相通的。我觉得人文精神最重要的追求就是人生的意义，修己敬人安人达人。至于文化批判、文化担当，都是从这里衍生出来的。自己首先悟了，才能觉他，如果自己都是稀里糊涂的，表面上在做调查，心里又想到别处去，心不安，能悟道吗？能觉他吗？真的要把田野工作和入世的精神贯彻下去，寻求人生有意义的活法。

八、田野史学的学术追求——记录与书写活态社会的"历史之道"

历史之道贯穿于人类社会的过去、现在与将来的行程之中，这个历史之道就是活历史的本质，它是活态社会真正的灵魂。历史学的使命是藏往智与推明大道，方式则是记录史事与书写活的历史。在史学多

---

① 何兆武：《对历史学的若干反思》，《史学理论研究》，1996 年第 2 期。

元化发展的今天，中国历史书写的理论方法问题，越来越成为学界的关注点。

顾炎武的《日知录》卷十九有一篇《文须有益于天下》的短文，其核心思想是："文之不可绝于天地间者，曰明道也，纪政事也，察民隐也，乐道人之善也。若此者，有益于天下，有益于将来。"顾炎武的观点很鲜明，认为文章乃会通天地之物，必须明大道、纪政事、察民隐、道人善，贵在有益于现实社会与将来。顾氏所谓文章"明道"的核心，可以理解为记录与书写活态社会的"历史之道"，而政事、民隐、人善，则是指书写之内容与范畴，是道的具体表现，书写这些就是发挥"藏往智"的功能。从中国史学发展的角度看，顾氏的观点渊源于孔子所开创的《春秋》家学，是对这个史学书写传统的高度凝练。在中国历史上，孔子兼顾究天人与通古今，记录与书写活态社会的"历史之道"，开创了《春秋》家学传统，此后撰史者在对此传统的延续中不断丰富发展。《春秋》家学这个表述由唐代刘知几在《史通·六家》中提出并加以明确界定。所谓"六家"包括《尚书》家、《春秋》家、《左传》家、《国语》家、《史记》家、《汉书》家，实质上是六种前后相因的史学编修体例。本文借用其说法，但认识有所不同。在此欲略加推演，说明其精神实质，并思考《春秋》家学传统对当代中国史学书写的意义。

（一）孔子开创的《春秋》家学传统

章学诚认为六经皆史，六经皆三王政典之记录，王官世传之学。王国维先生曾经在《释史》中考证指出，史即为掌书之官，持书者谓之史，"史之本义为持书之人，引申为大官及庶官之称，又引申为职事之称"①。故吏事二字，皆从史取义。以此而言，王官所形成的六艺之学皆是史，也是职事所掌，所以史最早的功能就是记录王官职掌之事。《周礼》有太史、内史、外史、小史、御史，乃周王室之史官，各诸侯国也有史官。

① 王国维：《释史》，见《观堂集林》，中华书局，1959 年版，2004 年第 8 次印刷，第 270 页。

春秋后期，王室衰微，王官之学散落，学术渐渐下移，且有新的拓展，遂有诸子百家。

据《史记·孔子世家》，孔子传序六艺，晚而喜《易》，又修《春秋》，"据鲁、亲周、故殷，运之三代"。孔子在传序六艺基础上修成的《春秋》，除了记录与书写发生的事与文，又暗涵了"史义"，从而开创了中国史学的重要传统。《春秋》"史义"是对历史之道的自觉，即对活态社会的天人之际与古今之变的认知，这比我们现在讲的史学思想要深得多，包含有现在所谓的史法、史识、史论和史观等方面。就是说历史书写相对于以往的历史记录，增入了"史义"这个新的内涵。所谓《春秋》以道义，就是通过史法和史识，在史论和史观上解释活态社会的古今天人之道。从这个角度讲，《春秋》包括记录学与书写学两个层次，但又往往融合难分，而"义"以贯之。按照班固《汉书·艺文志》的分类，史学在东汉时期尚未独立成一门类，包含在《春秋》和《书》的部分，而《太史公书》被归于六艺略的《春秋》略，说明汉代人高度认可当时的史学本源于六艺之学的《春秋》范畴。正是从这个意义上说，孔子的《春秋》笔法就是中国历史学的家学传统，奠定了中国史学的根本特性。

对《春秋》家学的真正理解，不能局限于其书本身。所谓《春秋》以道义的"义"绝非孔子所凭空而起，实质上是孔子在传述六艺的基础上形成的是非善恶观，更是对时政的批判，故"《春秋》之义行，则天下乱臣贼子惧焉"。这当是孔子"正名"思想的具体体现与运用，即正名字、定名分、寓褒贬。①司马迁对孔子修《春秋》颇为崇敬，将《春秋》之史义概括为："上明三王之道，下辨人事之纪。别嫌疑，明是非，定犹豫，善善恶恶，贤贤贱不肖，存亡国，继绝世，补敝起废，王道之大者也。"司马迁的这几句话，传自治《春秋》的董仲舒。司马迁加以引用，既讲孔子的书写精神，也在讲他自己的追求。"三王之道"当是对国家政治而言，以过去的传世典章制度为主，所谓"周之旧典"，故称为上，也才有存亡继绝之需求。"人事之纪"当是对现实社会而言，以现时人们互动产

---

① 参见胡适：《中国哲学史大纲》第四篇第四章，中华书局，2018 年。

生的事件和关系为主，故称为下，也才有补敝起废之需求。"上"与"下"既有时间性质的过去与现在的关系，也有上层国家制度（王道）与下层社会生活（人事）的对立统一性。而王道必以人事之纪为根本，又超越人伦日用。"上明"与"下辨"之间存在的这种互动性，在古今之变中，表现为基于古今客观的人事所进行的嫌疑、是非、犹豫、善恶、贤不肖等不同性质的明辨判定。基于人事之纪的王道皆以有裨益于当下社会而加以取舍，这是"上明"与"下辨"之准绳。所谓辨人事之纪，不外乎修六礼（冠、婚、丧、祭、乡、相见）、明七教（父子、兄弟、夫妇、君臣、长幼、朋友、宾客）、齐八政（饮食、衣服、事为、异别、度、量、数、制）。董仲舒和司马迁的这种判断很可能受到《墨子·非命》所载"上本""下原""发用"的三表法的直接影响。所谓"上本"，即本之于古者圣王之事，实质就是《春秋》"上明三王之道"的层面；所谓"下原"，即察百姓耳目之实，实质就是《春秋》"下辨人事之纪"的层面；所谓"发用"，即以为刑政，观其中国家百姓人民之利，实质就是《春秋》的"别嫌疑，明是非，定犹豫，善善恶恶，贤贤贱不肖，存亡国，继绝世，补敝起废"。当然，《墨子》重在语言逻辑上的言之有序，而汉代对《春秋》的评价重在事实上的言之有据与义理的发掘，但都是基于历史与现实的"发用"维度展开。

在对待历史文献方面，孔子强调"述而不作，信而好古""好古敏求"，提倡"君子以多识前言往行，以畜其德"。在现实面前，则要自强不息，终日乾乾，不仅能够见天下之动而观其会通，以行典礼，更为重要的是能够推而行之，举而措之天下之民，以成就一番事业。孔子周游列国前后 14 年，晚年回到鲁国后，正礼乐、序传诗书，即所谓"述而不作"，而又着意于修《春秋》，特喜《易》，作《周易》十翼，即所谓"作为"也。可以认为，孔子对历史之道的感悟和书写，一是修《春秋》，二是传《周易》，二者互为补充涵容，这正是其所"作为"的根本所在。

理解《春秋》须与《周易》十翼对读，二者有内在关联，宜合而观之。顾炎武说孔子之文章莫大乎《春秋》，其为圣人性命之文，义在性与天道。又说《系辞》固然为孔子言性与天道之书，而又"教人学《易》

者，无不在于言行之间"，以典常率人行道。①《春秋》以"见之于行事之深切著明"者历载春秋时期的盛衰成败得失，与《周易》十翼提倡通过"观天地人心所感而见天地万物之情"来实现"知进退存亡而不失其正""明于天之道而察于民之故"的基本思想取向互为补充，完全相通。可以说，读《春秋》而不识《周易》十翼，必以为"断烂朝报"，则不知其真义。只不过，《周易》十翼重在明三王之道，而兼有人事之纪，别嫌疑，明是非，定犹豫，以指导现世人事不失其正，是"逆知来者"。《春秋》重在辨人事之纪，善善恶恶，贤贤贱不肖，存亡国，继绝世，补敝起废，以此而及于王道之大，是"顺数往者"。《论语》里讲孔子主张"叩其两端"，《中庸》讲其推崇"执其两端，用其中于民"。由此可知孔子晚年修《春秋》与传《周易》，虽各执一端，但皆兼顾述作，其根本在于通过顺数既往与逆知将来寻求古今天人之"中"，开物成务，以前民用。这正是其所开创的《春秋》家学的精神实质内容。

中国古代的学问本质上是究天人，通古今，表达的是人类社会的古今道器关系。这种思想的诉求和实践的自觉在西周时期已经开始，《尚书》就是在究天人通古今，但具体的表述还不够宏大，人类的道、器关系不足以展开。《左传》所载孔子之前的贤智们继续探索，主要是通过史官汇集人类社会的各种道器关系，并在古今与天人两个维度不断拓展，子产、晏婴、叔向、游吉等人为其中的代表。孔子晚年独喜《易》，因为《易》是最能展示天人、古今和道器三个维度的现成作品。但孔子并不满足于《易》的书写方式，故修《春秋》，进一步探索究通古今天人的新路径，终于决出一条学问大道来。关于《春秋》书写之道，刘知几在《史通·六家》中结合左丘明、司马迁、班固、杜预等人的剖析，做了较为准确全面的归纳："仲尼之修《春秋》也，乃观周礼之旧法，遵鲁史之遗文，据行事，仍人道。就败以明罚，因兴以立功，假日月而定历数，籍朝聘而正礼乐。微婉其说，隐晦其文，为不刊之言，著将来之法。"这里有几层含义：一是史料来源和选择史料所遵循的原则，"观周礼之旧法，遵鲁史

---

① 顾炎武：《日知录》卷7"夫子之言性与天道"条。

之遗文""据行事,仍人道"是也;二是书写的主要内容和核心主题,就是"别嫌疑,明是非,定犹豫,善善恶恶,贤贤贱不肖,存亡国,继绝世,补敝起废",即明兴衰成败与"定历数、正礼乐"是也;三是文字表达方式,"微婉其说,隐晦其文"是也,属辞比事,正名而已,①具体而言;四是书写的宗旨,"为不刊之言,著将来之法"是也,颇有"祖述尧舜,宪章文武"的意味,后世二十四史都在行《春秋》此义。因此可以说,刘知几《史通·六家》的归纳是对《春秋》最为全面准确的把握,既如实地说明了孔子书写《春秋》是对时代的理解与回应,又分辨出孔子在继承中创造性书写的重大价值。其中最为紧要的"据行事,仍人道"(此语实出自班固"据行事,因人道"),是求真与求善的高度统一,预示着中国史学寻求书写本体的自觉,至今仍是历史学书写历史之道的基本准则。

孔子之后,战国时期诸子百家都把眼光和智慧投向了当世时务,关注时下的社会,建功立业,也确实贡献了很多思想。在儒学内部,重史倾向远不如孔子,六艺之学零落,儒者汲汲乎功名,但仍有对《春秋》家学精神明确的传承。如《周易·系辞下》定义《易》是具有原始要终,彰往察来的大义之书,以象事藏器,以占事知来。又如《中庸》讲君子得道的途径及次第依次为:本诸身、征诸庶民、考诸三王、建诸天地、质诸鬼神、百世以俟圣人。其中,"考诸三王而不缪"和"百世以俟圣人而不惑"是重史崇智的传统延续,又通过对"本诸身"和"征诸庶民"的个人实践与民众生活的互证方式,参以天地鬼神运行轨辙,重在掌握知天知人的达德达道。这很可能是对《墨子·非命》篇所归纳的辩言所应遵循的"上本""下原""发用"的三表法的运用,并向着达致义理之法的转换与拓展。《中庸》中类似的表达还有"尊德性而道问学,致广大而尽精微,极高明而道中庸"。这就比《周易》讲大人之事偏重"天人之际"的倾向显得更为综合浑厚而切实可靠。其实,《大学》《中庸》《礼运》《乐记》《学记》《系辞》等虽然表面上着重于究天人之际这样的性命之学,

----

① 胡适曾说:"一部《春秋》,便是孔子实行正名的方法。"参见胡适《中国哲学史大纲》第四篇第四章,所论颇有见地。

使知天知人之法得到深入全面的总结提炼，但其更深层次的蕴意则是充分发挥自身和庶民的理性思考和实践经验，把历史上形成的礼、乐、刑、政、仁、义、智、信等国家与社会的实践体系，放在更为广阔的时间（三王与百世）和空间（天地、鬼神）里去论证其合理性，分析其必然性，丰富其内涵价值，把通古今之变融合到了究天人之中，进一步明确了《春秋》家学究天人与通古今的统一。这是孔子之后的儒者在急时务中的理论升华。

（二）司马迁对孔子《春秋》家学的开拓

《春秋》家学的史学书写传统，在孔子及其后学那里形成了基本雏形，但真正定型是由司马迁完成的。司马迁写《史记》明确地说是"绍明世、正《易传》、继《春秋》、本《诗》《书》《礼》《乐》"（《太史公自序》）。绍明世，即司马迁为所在的汉世而作，其所正、所继和所本者，正是孔子的述作事业，尤其是以正《易传》和继《春秋》作为学理的延续，展示了司马迁对《春秋》家学的通透觉悟，但把目标推进到更高的层次："究天人之际，通古今之变，成一家之言。"①天人之际，承敝通变，在其"八书"中有全面综合体现，分门别类归纳社会运行之制度体系和天人观念体系的内容和变迁过程，着眼于当下社会需求之制度，战国诸子之学即重于此；录秦汉，重近世今世的人事之辨，对于五帝与三代，略推而已，述始终盛衰之大概。古今之变，即通过本纪、世家、列传、表来体现，疏通过去的人物事迹，着眼于人事往迹所蕴含的兴替成败得失之理，彰显嫌疑、是非、犹豫、善恶、贤不肖之辨。体系完备，史事鸿富，史识卓异，史法严谨。《史记》中所疏通的史实和表达的史义，不仅仅是从过去的文字典籍里获得，更是获益于他对其所处的活态社会所进行的长期而广泛的游历和体察。从文字里来，就是司马迁讲的旧闻与王迹，"厥协六经异传，整齐百家杂语"，融旧的史文、史实、史法和史识于一体。而司马迁更为看重游历与体察，他在《自序》中特详加说明："南游江、淮，

---

① 此语见《汉书·司马迁传》所载《报任安书》。

上会稽，探禹穴，窥九疑，浮于沅、湘；北涉汶、泗，讲业齐、鲁之都，观孔子之遗风，乡射邹、峄；厄困鄱、薛、彭城，过梁、楚以归……奉使西征巴、蜀以南，南略邛、筰、昆明。"又在《五帝本纪》中说其"西至空桐，北过涿鹿、东渐于海"。这个途径类似于《周易》的"仰观俯察，近取远譬"。①如果说"厥协六经异传，整齐百家杂语"是一种历时性的"疏通知远，属辞比事"，那么长期的游历与体察就是一种共识性的"仰观俯察，近取远譬"。前者是探验"人事往迹之常"，"智以藏往"，当以敬与静之心态对待，是对所闻世和所传闻世的考信。后者则是于变化日新的现实社会中"逆以推之于后"，"神以知来"，当以实与动之心态对待，是对所见世之观玩。②也就是说，历史之道既可以从现实去获得，《周易》十翼与《老子》之法是也；也可以从历史上的人事中去获得，《尚书》《春秋》之法是也。前者是司马迁历史书写之体，后者为其书写之用。

综合起来看，司马迁是从历史的和现实的人事与制度中选取蕴含古今天人大道者，通过"拾遗补艺，成一家之言"。《史记》正是继承了孔子开创的《春秋》家学获取历史之道的两种方式，故既要究天人之际，又要通古今之变。究天人之际居于首，是《周易》十翼及《老子》"神以知来"的传统，而通古今之变居其次，是《尚书》《春秋》"智以藏往"的传统。所谓一家之言，则是藏往与知来的自觉统一，是以"行事"为载体，以其所创立的本纪、年月表、书、世家、列传为明辨书写体系，在古今与天人的广阔时空里加以展开，寻求一个"中"来。

司马迁究天人与通古今并重的史学书写思想显然受到了孔子晚年同时修《春秋》和传《周易》的影响，但由于其能够对孔子之后的六经异传和百家杂语做疏通，故书写体系大大地超越了《春秋》本身，形成了更有利于历史书写的表达范式。《史记》内涵也更加丰富，如吸收《礼记》

---

① 《周易·系辞下》："古者包牺氏之王天下也，仰则观象于天，俯则观法于地，观鸟兽之文与地之宜，近取诸身，远取诸物，于是始作八卦，以通神明之德，以类万物之情。"

② 关于所见世、所闻世、所传闻世有很多说法，此处引用参考顾炎武《日知录》卷4"所见异辞"条。

中的《王制》《曲礼》《礼运》《大学》诸篇的思想，①儒家主张的仁、义、礼、智、信及格致诚正与修齐治平，成为他思想上的宗旨。其文风明快俊爽，是对《春秋》隐晦干枯风格的突破，明显受到战国至秦汉之际诸子思想的散文化表达的影响。但其方法和表达方式与诸子百家各不同，又主要是继承《春秋》和《左传》的"见之于行事之深切著明"的方法，并加以创新发展。就是他自己所说的"网罗天下放失旧闻，王迹所兴，原始察终，见盛观衰，论考之行事"，以"稽其成败兴坏之纪"。以本纪、世家、列传、书、表等体例具体展开论考，这一史学编撰体例的创建当然会受到《墨辩》名辩方法和荀子正名思想的影响，②把名辩方法和正名的社会需要创造性地加以结合，用于对放失旧闻的分类排比和类例的判定与归纳。班固评其"善序事理……其文直，其事核，不虚美，不隐恶，故谓之实录"，可见司马迁历史书写手法达到了"文质兼备"的高度。更重要的是，《史记》自觉继承了《春秋》及《周易》十翼的大义，最终升华为"究天人之际，通古今之变，成一家之言"的历史书写逻辑体系。可以说，身在东汉儒家思想走向固化背景下的班固讥《史记》"是非颇缪于圣人"的说法就显得很狭隘，也不明司马迁的深义。这里"一家之言"，是在六艺之后，诸子之外，循着《春秋》家学路径开辟的新的"据行事，仍人道"的载道之文，治政安邦之术。比如，顾炎武曾总结的"于序事中寓论断"的方法，褒贬在其中。③司马迁还担忧时人不知其义，写到最后特别强调要使其书"藏之名山，副在京师，俟后世圣人君子"。这句话实际上的意义是《史记》正如《春秋》与《周易》十翼，是明王道之大与辨人事之纪者，必须有圣人君子来继承与开拓。

---

① 《礼记》或以"礼"为核心，来实现"定亲疏、决嫌疑、别同异、明是非"；或以卜筮使民"决嫌疑、定犹与"（《曲礼》）；又提出六礼（冠、婚、丧、祭、乡、相见）、七教（父子、兄弟、夫妇、君臣、长幼、朋友、宾客）、八政（饮食、衣服、事为、异别、度、量、数、制）为王制的范畴，"上贤以崇德，简不肖以绌恶"（《王制》）；又说"礼者君之大柄也。所以别嫌明微，傧鬼神、考制度、别仁义，所以治政安君也"，"礼义以为器，故行事有考"（《礼运》）。

② 《墨子·小取》论"辩"及其方法。"夫辩者，将以明是非之分，审治乱之纪，明同异之处，察名实之理，处利害、决嫌疑。"整篇注解详见胡适《中国哲学史大纲》附录二，中华书局，2018 年。

③ 顾炎武：《日知录》卷 26 "《史记》于序事中寓论断"条。

（三）后世的丰富与发展

　　《汉书·艺文志》把《太史公书》归于六艺略的《春秋》略，说明汉代人高度认可当时的史学本源于六艺之学的《春秋》范畴。班固在这个前提下来定位从孔子修《春秋》到司马迁撰《太史公书》的逻辑联系，他自己撰《汉书》的宗旨和方法也是由此而延伸出来。这一点在《汉书·叙传》中有非常充分而自信的表达。班氏对西汉二百三十年之史，"综其行事，旁贯《五经》，上下洽通，为春秋考纪、表、志、传，凡百篇"。这些内容具体包括："叙帝皇，列官司，建侯王。准天地，统阴阳，阐元极，步三光。分州域，物土疆，穷人理，该万方。纬《六经》，缀道纲，总百氏，赞篇章。"在最后，班固很自信地说《汉书》实现了"函雅故，通古今，正文字"的宗旨，继续了《春秋》家学传统，期待被后世学林所重视。汉以后，又经过几百年的发展，南朝后期目录学家阮孝绪编《七录》，以经典录纪六艺、记传录纪史传、子兵录纪子书和兵书、文集录纪诗赋、技术录纪数术，外有佛录、道录二篇。至此，史学始独立于经学，《春秋》留为经部之书而与史学分离。《隋书·经籍志》设有史部，《史记》为首，并明确定位史官与史学的使命和要求是：识前言往行、察天文地理、达人事之纪。史书的独立成类，是"世多务，其道弥繁"的必然结果。司马光在进《资治通鉴》表中说道："删削冗长，举撮机要，专取关国家兴衰，系生民休戚，善可为法，恶可为戒者，为编年一书。"这些都是对孔子《春秋》家学精神的继承，大致还是孔子、司马迁的路径。但从这个过程也可以看出，历史文献越来越多，撰史者不得不专务文字，渐行疏离了《周易》十翼究天人、明性命天道的本原，而这则成了经学必须担当的使命。司马光正是由于传世文献繁多，下自布衣，上至人主，无暇周览，才有删削、举撮、专取之法，努力回归到兼顾究天人与通古今的大传统，《资治通鉴》正有兼经史之气象。此后，天人性命之学则由理学承担，而朱熹注四书，撰《通鉴纲目》，欲兼天人古今之学，实为最后一人。王阳明、顾炎武、黄宗羲、戴震等皆有其心，意有所及而力不能逮，乾嘉学派以下则多专精而少博通，各尽一筹而已。而司马光以后之撰国史者则更难以兼顾，国史书写呈固化衰落趋势，必待史体开拓，如宋以来的纪事本末体、纲目体、学案体、地理志、方志、史考与史论等。明清史学之精华实在于方志学，灵活地融诸体于一方之史。到章学诚著《文史通义》，又回到究天人通古今的正道上。遂大张《春秋》家学，尤其聚精聚力于方志学的理论方法与实践，扭转成了偏重今人现世的记录与书写，以考信实录的基本方法，运王道于一区，求人事之纪。章学诚所论方志学的核心是回归兼顾究天人与通古今，牢笼一定区域的天人、古今、家国往迹与当务，重点仍是不离"别嫌疑，明是非，定犹豫，善善贤贤，存亡继绝，补敝起废"。而近代百年以来，中国方志学未有断绝，然其精神实质却长期隐而不显。整个中国史学的大统遂为西方学术所淹没，而马克思主义史学在中国的发展很可能构成《春秋》家学的新传统。

其实，史者的记录与书写，必须紧扣着国家运转之法和老百姓的生计道理，可统称为"活态社会历史之道"，这才是史者的关键着力处。顾炎武有句话说得好："知保天下，然后知保其国。保国者，其君其臣肉食者谋之；保天下者，匹夫之贱与有责焉耳矣。"[①]天下兴亡之根本在道在民，也是在上层知识分子和地方精英手中，但绝不是在少数统治者手中。旧时代的统治者是"肉食者"，谋国之权位，行国事而已，治天下谋大道定国是的一定是明天人古今大义的知识分子，一定是掌握历史道义之人，因为他们是站在现实社会的立场、多数人的立场、大众的立场、古今之变的立场。"存亡继绝，补敝起废""据行事，仍人道"，任何时候，都是撰史者的当下急务。保存什么，继承什么？补什么敝，起什么废？当天下汹汹，亡绝敝废比比而然，何以据行事来坚守人道之"中"？"补敝起废""存亡继绝"与"因事守道"，我们在记录历史和书写历史时一定要遵循，这实质上就是章学诚总结的"纲纪天人，推明大道"。

---

① 顾炎武：《日知录》卷 13 "正始"条。

章学诚在《文史通义·答客问上》说：

史之大原，本乎《春秋》。《春秋》之义，昭乎笔削。笔削之义，不仅事具始末，文成规矩已也。以夫子"义则窃取"之旨观之，固将纲纪天人，推明大道。所以通古今之变，而成一家之言者，必有详人之所略，异人之所同，重人之所轻，而忽人之所谨，绳墨之所不可得而拘，类例之所不可得而泥，而后微茫杪忽之际，有以独断于心。

在这样的认知体系中，历史的嫌疑、是非、犹豫、善恶、贤不肖之辨别明定，都是与时而变的，而且都是在互为参照系中综合的、辩证的把握，但又有一个道义在其中永恒存在。

（四）《春秋》家学传统对当代史学的意义

《春秋》家学传统中最为紧要的是"据行事，仍人道"，赋予了史学对求真与求善高度统一的追求，至今仍是历史学书写历史之道的基本准则。何为"行事"，如何"据"之？何为"人道"，如何"因"之或"仍"之？行事与人道之间各种关系又如何疏通？对这些问题的深入探索仍然是当代史学的重要议题，通过马克思主义史学理论方法加以条贯疏通，可以寻求与西方的新史学对话。《春秋》家学传统对于当今史学的意义，至少有两点：一是以基于现实社会的知天知人为首务，以通古今之变为其所用；二是勤于历史"大道"的思考和独识心裁是史学的灵魂，方可成一家之言。在当代历史学的系统内，在人文关怀驱使下，史学亟需解决一个问题，即记录历史和书写活态社会的"历史之道"。

历史与现实都具足一个理，历史学知识体系既建立在文献之上，又来自常识之中，属于经验性质的"闻见之知"。其独特的关注点是历史的事与理，即具体的历史逻辑关系。过去的事理需要与现实的生活常识对话，只有在理解当下、应对当下、启迪未来的真实过程中，历史才是活的，有意义的，所以历史学的起点和落脚点都在现实。这应该是孔子开创的《春秋》家学传统对当今史学最大的启示。而社会生活中自有古今天人常理，不待历史学家指引，人人皆有所辨识。唐代大诗人李白不是历史学家，却能写出蕴涵历史事理的诗句："今人不见古时月，今月曾经照古人。古人今人若流水，共看明月皆如此。"他的这种感悟不是从故纸堆里来的，一定是在现实生活中"仰观俯察，近取远譬"而得到的。孟浩然《与诸子登岘山》这首诗中也有深刻的天人古今之理："人事有代谢，往来成古今。江山留胜迹，我辈复登临。水落鱼梁浅，天寒梦泽深。羊公碑尚在，读罢泪沾襟。"历史学家的书写方式当然不同于文学家，但应尽可能在现实社会中做足了"仰观俯察，近取远譬"的知天知人工夫，积累了大量的常识以后，才能够更好地去面对历史典籍，"整齐百家杂语"，考镜源流，通古今之变，书写史家之言。

记录和书写活态社会就是在悟道、在传道。"文武之政，布在方策"，但大道更在活态社会之中。当代史学的学术追求和学术价值，应该定位在记录历史和书写活历史，在记录和书写活历史的过程中去悟解和传承历史的大道。但当今史学往往不是去"究天人之际，通古今之变"，而是强调去解决某个历史事实方面的难题或具有争论性的学术性问题，进行大量细碎的学术化研究和书写，推崇历史研究的所谓"问题意识""话语分析"，习惯于依赖理论化和学术化的范式表达。这很大程度上乃是我国史学界长期对西方式学术生产模式的模仿，而形成的根深蒂固的路径依赖。这样，写那么多文章也无济于事，开那么多学术会，搞那么多所谓"成果"，又有多大的意义？最多是做到一定程度的"疏通知远，属辞比事"，这不过是末技，根本不通大道。

近年来我们所提倡的田野史学，就是基于以上的认识而着力于突破这种过度学术化的史学桎梏，通过具体的区域性活态社会的实地调查研究，实施优秀民族历史文化"一馆一志一谱一片一教材"的建设方案。田野史学理念和方案根植于中国历史的底蕴，是从传统中走出来的，是在对孔子、司马迁的《春秋》家学学统的回溯中对当代史学社会意义的追寻。也就是说，田野史学在自觉继承孔子、司马迁、司马光、章学诚等人所坚守的书写历史和传承历史的大道。在当代中西方广阔的时空参照和现代知识体系中，通过我们对活态社会的实践调查，发挥历史学的通识智慧和人文精神，回应当下的社会文化需求，担负文化自觉和文化批评角色。我们希望能够坚守"补敝起废""存亡继绝"与"因事守道"这样一个高悬的价值观，透过活态社会的人事之"幽"与"隐"，悟解其中蕴含的"明"与"道"，灵活运用古今中外诸史体史法，为当今我国社会文化发展之需而书写历史。

九、田野史学的理论方法与实施方案

田野史学的理论方法应该是多学科的，既包括历史哲学、历史编纂学、历史文献学、考古学，又要自觉吸收人类学、社会学、宗教学、民俗学以及现代技术手段，这些都是其理论方法来源。但是田野史学最重要的方法是"活态社会历史文化调查研究方法"，可简称为"活态历史研究法"，这一点应该是我们特有的，但还很不成熟。

我们的理论方法首先要具有开放性。历史学基本的看家本领就是史料学、文献学。在中国研究历史，离开文献是不可能的。这就是史料学的重要性，这个功夫我们不能丢，而且要在田野中强化。在田野中读懂文献，也是读历史的一种重要方法，"华南学派"在漫长的继承与交流发展中，已经积累了非常成熟的经验，比较有效地探索出了基于田野调查和文献阅读相结合的中国区域社会史研究的路径模式[①]，完全可以借鉴吸收。同时还要有区域社会史的调查方法，这套方法怎么讲，还在慢慢形成中。这就要借鉴文化人类学、社会学、民俗学、宗教学等学科的方法，如参与观察、体验、访谈、跨文化比较、文化相对论等。更具体的一些操作，比如在活的社会中如何找到时间轴，如何确定历史事件，然后对历史事件的发生和文化的变迁逻辑做一些推理，这个就不是单一的文献学之类的方法能够实现的，需要创新活态社会历史文化研究。又比如墓碑怎么去调查整理，家谱怎么去调查整理，文书怎么搜集整理，口述史、

---

① 参见王传:《华南学派史学理论溯源》,《文史哲》,2018 年第 5 期。

民俗等与其他资料怎么比较，进行综合分析，这些都是在区域社会史调查方法中来讲的。这些方面主要是解决如何面对活态社会，从材料搜集到整理、推理的一套方法和研究范式，是形成学科共识的，可以共享的，也不难学会。

"活态社会历史文化调查研究方法"是我们田野史学所独有的，是吸取多学科知识，在上述所言及的调查研究实践中综合而成的，已不再是某一学科的东西，大有"似是而非"之感。其中既包含史料学、编纂学的方法，又有文献学、考古学的方法，还有参与观察和社会行动方案在里面，是面向活态社会的理论方法和行动的综合，要在调查研究者与民众之间形成开放包容的充分交互的一种方案和共识，可以说是"无法之法"。积极吸收不同学科已有的理论，将相关的方法融会贯通，去解决乡土社会资料的问题、分析的问题、如何呈现的问题、书写和编纂的问题、文化创建的问题。但更为重要的，是要形成一整套服务社会文化建设的方案，促成调查研究者与民众之间的平等交流，通过共同的参与来书写历史，以培育双向的文化自觉和文化批判精神。总之，田野史学的理论方法，就是这个"活态社会历史文化调查研究方法"。

田野史学怎么实施呢？现有的方案，也就是我们经常讲的"一馆一志一谱一片一教材"，再加一个"一图集"，再有一个"数据库"，实际上就是"多位一体"。现在任何一种记录，包括我们的书写，一定要有数字化的东西，即数据库。馆、志、谱、片、教材、图集、数据库实际上都是历史的记录和历史的书写方式，也是一种对历史文化表达和呈现的新探索，很大程度上超越了传统的单一的文字书写方式，让我们的历史记录书写更立体多元而有时代性。田野史学的成果应该为谁服务，能够为哪些人服务，哪些人能够参与其中，这直接关系到如何实施的问题。我们当下做得相对成形的就是"志"；"片"在摸索中；"馆"曾经做过，这两年没有做了；教材也做了一些。现在最成熟的、有积累的就是"志"，村寨志或者叫作乡土志，不是单纯的志，而是史志合一。这是我们在相当成熟的传统史与志基础上的探索，也在自觉吸收民族志的理论方法。"志"的做法本身就涵盖了我们对于历史的认识，对人文精神的追求，对学术的定位，对活态社会特有的书写，对特定文化形态的解读，对人性的同情式理解。我们以后写"志"也就要围绕前面的几个问题展开，田野史学的理论方法将会在志的书写中有真正的突破。关于这方面的问题，本书其他部分还有具体的论述。

理论探讨篇

第一讲　乡土历史文化透视

一、乡土、乡土历史文化的内涵

乡土其实不是一个严格的专业术语。民国时期费孝通先生写过《乡土中国》，描述了乡土中国的熟人社会关系、生产生活方式与礼治形式，但没有对"乡土"做明确的界定。我们的定义是：乡土是在特定的自然环境与社会人文环境下人们活动所形成的稳定的乡村活态社会。它具有三方面的属性：一是自然属性，二是社会人文属性，三是自然性和社会性的融合。我们常说"一方水土养一方人""入乡随俗""乡里乡亲"，其实这些话的背后讲的是特定的自然环境和人文环境及其融合。

乡和土这两个字都具有自然属性，费先生把土理解为土地，是乡里人的命根子。先有土后有乡，人群在一定地理范围长期生活，慢慢形成小型社会，这就是"乡"。乡字在古代写成"鄉"，是两个人面对面跪坐饮食，反映的正是小型社会的生活样式。特定人群总是居住于特定的地理环境或自然区域，是山坡，还是平原？是河流区域，还是盆地？是河谷地带，还是草原？它的土壤怎么样？旱地多，还是稻田多？植被构成如何？该区域的气候怎么样？是寒带还是温带？不同的纬度区域和地形差异，会造就各种气候类型。海拔越高，受季节影响越大；海拔越低，则受季节的影响越小。这些自然景观是人类所赖以生存的环境。但是一个乡土所在的区域并不是只有山山水水，而是有地方性的历史文化传统，有以前的人们在这里活动形成的特定的人造环境，就是社会人文环境，是一片被世代"耕耘的热土地"。所以乡土这个词有双重含义，第一层是自然属性，第二层是人文属性。这两个属性加起来才能解读何为乡土。

乡土是特定的自然和社会背景下人们活动形成的。乡是指特定的聚居群体及其社会关系，强调社会属性；土强调社会所依赖的自然地理环境和资源禀赋。社会背景可理解得很大，如生计方式、民居、传统习俗、家族组织、婚姻关系、祭祀、信仰、节庆等都是社会背景，它是既存于社会中的，而且经历了长时期的历史积淀。所有的生产生活方式都是为了处理人与自然的关系和人群内部关系而存在，不是无缘无故的。这是一套精密的文化系统，包含着利用开发、天人相应、人地关系、人伦道德、行为准则和价值观念。

所以我们讲乡土，首先就要想到自然环境所赐予的这些人们赖以生存的资源和条件。靠山吃山，靠水吃水，但是人们不是坐吃山空，而能够去维护它，充分地保护它，跟它有机融合。我们探究人们在这里怎样生存、生产、获得资源，进而认识其与自然形成的互动关系。人们在这里依赖它，不是直接躺进大地母亲的怀抱里面去享受。不是说这些资源人们不能拿，而是拿它的同时，要考虑它自身的生存，它如何延续下去。人们要享受自然的恩赐，又要维护它，这就要通过特定的生计方式去运用它。换句话说，人们运用以及利用自然资源，让它为我们的吃穿住行、人体需要和社会发展服务。

中国是一个农耕文明十分发达的国度，在远古时代，我们的先民就认识到人与自然的相处之道。《尚书》首篇就是讲尧舜时期派羲、和观象授民时，对天道的敬畏和尊崇，通过历法的制定来指导民众的生产生活。又派大禹治水，平九州；派周人始祖弃（后稷）播时百谷，教民稼穑。古人在长期的生产生活意识到："春三月，山林不登斧，以成草木之长；夏三月，川泽不入网罟，以成鱼鳖之长。"[1]在漫长的人类农耕文明时代，对自然资源的有效利用关系社会的稳定与持续发展，是文明生长的起点。《孟子·梁惠王上》阐明了这一点："不违农时，谷不可胜食也。数罟不入洿池，鱼鳖不可胜食也。斧斤以时入山林，材木不可胜用也。谷与鱼鳖不可胜食，材木不可胜用，是使民养生丧死无憾也。养生丧死无憾，王道之始也。"可见，获取这些资源取决于人们有智慧的特定的劳动方式。

---

[1]《逸周书·大聚》。

在社会人文环境与自然环境双重的背景下，人们才能在这里创造和生活。

农耕文明时代的统治者在长期的治理经验中，自觉地遵农时，维护人与自然的和谐关系，保持农业生产和乡村社会的稳定协调发展。《荀子·王制》："圣王之制也：草木荣华滋硕之时，则斧斤不入山林，不夭其生，不绝其长也。鼋鼍、鱼鳖、鳅鳝孕别之时，网罟毒药不入泽，不夭其生，不绝其长也。春耕、夏耘、秋收、冬藏，四者不失时，故五谷不绝，而百姓有余食也。污池、渊沼、川泽，谨其时禁，故鱼鳖优多，而百姓有余用也。斩伐养长不失其时，故山林不童，而百姓有余材也。"这种遵守和维护，被称为"王者动必以道，静必以理"。如果不这样，就可能出现"妖孽数起，神灵不见，风雨不时，暴风水旱并兴，人民夭死，五谷不滋，六畜不蕃息"。①

某种风俗习惯，如祭山神、招龙，其实是对环境的适应而形成的。人们具有什么样的生活方式、生活理念、价值观念，人们跟自然怎样相处？在相处的过程中，对自然资源的运用和利用，对资源的掌控，这些经验、智慧及其创造出来的自然与文化交融的景观，实际上是交织在一起的，构成了一幅幅乡土景观，包括了人们祖祖辈辈长期劳作、相处形成的乡村聚落系统、农田森林系统和整体人文生态系统。

1947 年，林耀华先生在英国出版了其英文著作《金翼：中国家族制度的社会学研究》。他用社会人类学的结构功能理论和调查方法，着重关注中国传统乡村社会人际关系网络的建构和互动变迁。该书以小说的形式，真实地描写了作者家乡里的张、黄两个家族的故事，记录了自辛亥革命至日本入侵中国之间 30 多年两个家族的兴衰转变。其故事的活动场景是中国南方闽江中游的农村，从村落到乡镇乃至都市；活动的舞台是从农业到商业，从经济、文化乃至地方政治，"是东方乡村社会和家族体系的缩影"。书中最后一章专门从具体的故事上升到对乡村社会文化体系的认识，很有代表性。他说：

我们除了了解人们为了保持均衡，通过不断调整内部关系以便彼此

---

① 《大戴礼记·易本命》。

联系之外，还应看到这种调整适应的能力很大程度上受到各种技术、行为、符号及习惯的影响，这些总合称为"文化"。这些技术由于人们所处的时代及环境不同而异，它们制约着每个人与其他人之间的关系，决定了一个人必须与其他哪种人往来，因而也就为他的体系和结构的组成提供了基本的规则。在这个小店铺中，除了经营它的人们，还有一个形成整个气氛的环境存在，像桌、椅、酒壶、药箱、尺、柜台、秤、钱和账簿等物品，以及量、秤、算、写这些技术，还有人们谈话、记录所使用的语言文字，在买卖中所形成的习惯，这些全部组成制约人们交往的环境因素。[①]

这个稳定的传统乡村是活的社会，是可以感觉得到、可以接触的，可以跟它交流并融入这个社会里面去。前述林先生用西方的社会学观念和方法，讲述其家乡传统乡村的人物和故事，都是他十分熟悉的。这实质上就是对他从小在家乡生活的体验和感悟的升华，本书在很大程度上实现了作者自己提出的"真实性、历史性、理论性结合"的追求。我们下到一个寨子里面，可以听得到、摸得到、看得到，可以触摸他们的房舍、田地，听闻到人们的欢声笑语。所以说乡土是活的社会，是可以去感知的，是当下的。并且它还是稳定的，具有一个稳定的传统。所以乡土这个词，我们还应该用活态历史这个概念做充分的理解。

历史文化是个非常大的东西，人类出现以来就在创造自己的历史，而乡土历史文化是在特定的地理和社会环境下形成的活态社会的历史文化。乡土历史文化是活的，它具有区域性、大众性、多样性、相对独立性或独特性的特点，并且在一定程度上具有保守性、封闭性、传承性。除此之外，乡土历史文化还具有人情味，它可以让我们感悟人生，通过调查体验它，我们能感受到人的真善美与喜怒哀乐。所以我们讲乡土，其历史和文化是融合在一起的，说得简单一点，活态的乡村社会的历史过程及其所形成的文化内涵，就叫乡土历史文化。

---

① 林耀华著，庄孔韶、林宗成译：《金翼：中国家族制度的社会学研究》，生活·读书·新知三联书店，2008年第2版，第223页。

二、历史学为什么要调查乡土历史文化

我们学习历史，刚开始是理解宏大的历史，如中国通史和世界通史，现在看来仅仅学这些显然不够用。我们还需要到活态社会中去理解历史、记录历史、书写历史、研究历史。通过活态社会，在一定程度上可以去接近历史、了解历史、认知历史、把握历史的真实性。我们去接触活态社会中各种各样的人，听他们的故事，观察他们的行为活动，追寻过往的历史遗迹和遗存，实际就是去读一本丰富而生动的历史书。他们的房子，他们村落的结构，他们的语言，这些都是我们研究的史料，而且是更丰富的、更活的、更具体的史料，是我们可以去触摸、可以去聆听、可以去感知的。这样的历史是另外一种历史，是很美妙的历史，是让我们耳目一新的历史。对于三皇五帝、秦皇汉武、唐宗宋祖的历史，每个人讲起来都大同小异，基本上都可从书本上来，基本的框架也是一样的，只不过是每个人的理解不一样罢了。

我们通过调查而研究历史、书写历史，那这些历史里面会有些什么呢？它不像我们文献里面记载的，文献里面记载的历史也许是比较全面的，但是它不够具体。比如从主流传世文献研究 2000 多年前的汉代，就不能看到大历史里面小人物的历史，而只能看到那些大历史事件，而且是少数的贵族、上层人物，也就是我们所说的统治阶级的活动、政治、思想，以及特有的行为，也可以看到一些大的制度。但是我们不能看到具体的每一个人的生命过程，体验不到老百姓的生活，看不到一般的历史事实，因为它不可能被记下来。考古学在一定程度上可以弥补这些缺憾。反过来，我们去面对一个活态的社会，去调查研究它的发展过程，社会文化的方方面面，其实它是充满生命情感的，是多样的，是多姿多彩的。它比大历史要丰满得多，要有趣味得多，而且它更多的是关于人群自身的历史。每一个老百姓都在历史里面冒出头和身子来，从那个小地方我们看到的是每一个鲜活的个体。这样一个充满情感、丰富多彩、充满生命力的历史画面，跟我们每个人的心灵是可以沟通的。这是现代人更需要的真实历史景观。这样的历史才是活的，是可以让我们去体验

喜怒哀乐的，这便是活态的历史。

比如老人去世，很多地方要唱孝歌。孝歌里面有劝善的内容，劝群体尽孝，唱二十四孝。二十四孝固然有统治阶级为了让人们顺从而编写的夸张内容，但也涉及人伦中"孝亲"这个根本内涵。孝歌里面也有幽默诙谐的内容，这是为了让守夜的人不犯困，这是人的情感需要。孝歌里面包含了深刻的文化内涵，包含了我们对老人的态度，但也要让我们活在当下的人有活力，这是他们提供娱乐的必要性。孝歌前半场是严肃的、正面的孝道宣扬，下半场往往是诙谐的、娱乐性的故事或言语。其实，这都是丧事场景中人与人之间的互相理解和特别需要，孝道通过孝歌这种文化形式得到传承，又能够实现世俗人性的充分表达。这个是比较真实的，它就是历史的产物，它是一步一步演变成这个样子的。我们民间的这些乡土文化，与上层的文化是相互打通的，是互相融合的。二十四孝是上层对民间的孝道故事的总结，是规范了的、格式化的文化形式，又慢慢流回到民间，直至今日还在延续。上面的东西往下面流，反过来下面的东西也往上涌。《诗经》中的十五国风就是从民间歌咏上升到庙堂之音的。

我们都习惯于读历史文献，读有文字的历史书，却很不习惯去读无文字的活态社会的历史。当活态社会在你眼前的时候，怎么去理解？面对一个摸得着、看得见、听得到，还可以闻得到的一个活态社会，我们应该怎么去调查？怎样去研究它的历史？我们看到的不仅是历史的平面和断面，更是有时间的社会文化系统，它是由时间重叠起来的，读懂它比读书本还难，没有宽广的知识面和强大的理论思维能力根本就读不懂。比如班上的同学，出生的时间不一样，经历也不一样。老师看到你们在教室的场景，就犹如一个活态的平面，就是大家交集的历史之横截面。我们所观察的活态社会也是其历史的横截面。这个横截面上呈现的是各种社会现象和文化要素的复杂交织网。我们要调查这个历史文化网的内容与结构，为什么会是这个样子，它怎么一步步变化，去调查研究它的过去，研究它从昨天到今天的过程，比如婚姻、家族、生产情况、饮食、服饰、宗教信仰以及习俗等方面的个别要素变化和总体性的结构变化。

这就是我们所要调查研究的乡土历史文化。历史是强调从纵向去考察村落的变迁发展演变过程，但需要参照已有的大历史的知识框架和认知结构，着重理解小历史的独特性。文化是强调从横向去观察体验记录并研究人们的各种社会行为方式、创造成果、观念表达，要借用人类学、社会学、民族学、宗教学等社会科学理论方法。

关于历史与文化的关系，历史人类学家萨林斯有过系统的分析。他认为：历史是依据事物的意义图式并以文化的方式安排，是一种惯用图式，普遍建构的文化秩序是一种历史事物。反过来，文化图式也是以历史的方式进行安排，也就是说，人们并非完全按照既有的文化图式进行活动，而是在具体的时空情境中开展创造性行动（经验性冒险），赋予其行动目标以新的意义，使得倾向于稳定保守的文化结构和文化意义或多或少被重新估价、被突破。这样，文化结构和意义又在行动中以历史的方式被再生产出来，或者说文化由此在人们的具体的行动情境中被以历史的方式改变了。这样革新就产生了。这种改变发生了"系统变迁"以后，就会出现文化结构转型，这就是历史的转变。这个转变过程是文化与历史的综合，相互构建，互为条件，不同地区以不同的综合方式在创造自己的历史。有的地区如作者研究的夏威夷社会，倾向于将文化秩序本身融浸于偶然性情境之中，而有的地区则倾向于以文化秩序否认情境偶然性或突发性，并把这种情境吸收为自身的一部分。[①]

萨林斯从文化结构出发，把人类学的共识性的结构概念转化为具有时间性的结构过程，充分评估了人的主观能动性在历史转变中的意义，关注历史实践之中文化秩序的创造和具体事件呈现出来的特性，又把历史放在文化秩序再创造中去理解。他说："只有当事件在文化系统中和通过文化系统而被挪用时，该事件才获得一种历史意义。"[②]从这个意义上说，在各自的区域，历史积累下来的文化结构和文化意义就是大传统大

① 参见[美]马歇尔·萨林斯著，蓝达居等译：《历史之岛》导论，上海人民出版社，2003年。

② [美]马歇尔·萨林斯著，蓝达居等译：《历史之岛》，上海人民出版社，2003年，第11页。

历史，是"惯例中的结构"，而人们的具体的情境化的文化创建活动则是小历史小传统，是"行动中的结构"。这样的历史与文化双向互动研究，可以叫作历史人类学。在西方，有人类学者做的历史人类学，也有历史学家开展的历史人类学，呈现出历史学的文化转向与人类学的历史转向的交汇。①而且越来越多的人类学者和历史学者都在生活实践的层面上把握历史与文化的走向，关注区域性的独特的历史事件和生活世界中人行动的文化意义。我们则倾向于以历史学为本位，借鉴人类学和社会学理论方法进行中国化的社会文化史书写，包括村志和乡镇志修撰、乡村社会变迁研究、文化遗产保护与传承等。

现在历史学的很多知识都是观念形态的，呈现在书本上，既是历史的纵向叙述，也是横截面的社会政治、经济、文化的展开。观念的东西往往不可靠，阅读它也不会变成自己的思想，所以不宜执迷书本的知识。书本不过是研究时的参照；我们与其在外面绕圈子，在别人的历史文化观念世界中游离，不如直接进入活态社会，去真正地把握历史。有些人在外面绕了很久，学习中国通史、世界通史，但是学习后的效果怎么样？其实他们连一些基本的历史知识都不知道。那换个学习方法，让学生进入活态社会，通过调查，自己去磨，磨出多少算多少。在这个调查过程中，学生学习、了解、总结到一些方法，形成自己的历史认知能力。历史学的田野调查，我们称之为活态社会历史文化调查，核心就是真正理解活历史。理解活态社会的历史不仅仅是为了了解过去，而是培养我们的综合能力，在这个过程中，我们还能体验到人性的味道（冷暖、亲疏、远近）。我们要跨文化、跨区域、跨空间去调查、去体验。

其实在书斋里做学问，比到活态社会去调查研究要简单、容易一些，有时进入活态社会反而会找不到方向，这是正常的。做田野调查有什么用呢？它能培养一种能力，比如怎么跟别人打交道，怎么理解别人的意思，这个人情世故我们也要去体验、去感知。历史总要有人去写，历史专业的人要尊重它，但不要夸大它。批判现实的前提，是要客观记录它、

---

① 张小军：《史学的人类学化与人类学的历史化——兼论被史学"抢注"的历史人类学》，《历史人类学学刊》第 1 卷第 1 期，2003 年 4 月。

理解它。真实的历史和史书记载总是有一定偏差的，所以应该走出书斋，直接到田野中去体验真历史。大家开始不太明白田野调查的意义，甚至有点反感，但慢慢地去做，逐渐地深入，会发现其中的乐趣与价值，听到、看到的真实的东西和书上写的不一样。为什么要强烈要求你们去做田野调查呢？就是我们已经看到了问题的严重性，历史的学习再像以前那样，是悟不到真历史的。这并不是说书本就没有意义，只是说书上的东西先放在一边，以后需要时还可以慢慢看。现在更重要的是我们要实实在在地做点事，在这个过程中知道有哪些不足，回来再读书，针对性更强，然后去发现一些古人的人生故事，可以在我们心里边打开一扇面向未来的窗。我们历史系从我这里开始，经历了十多年的时间，摸索出来这套方法。我们不是为历史而历史，而是为人、为人生而历史。

三、大历史与小历史的互通

我们还可以从大历史大传统与小历史小传统的关系做一些分析。大历史与小历史之间相对独立，又相互联系、互为补充。它们都是客观人类历史的有机体，大小之别是不同书写体系的差别化表达。大历史中包含着众多小历史的元素，决定、支配着小历史，但又要依赖满足小历史的存在与发展。小历史是微观的、多样性的、小众的、独特的、隐性的、充满人情味的，而大历史是宏观的、普遍性的、少数上层人士的、显性的。乡土历史文化，说白了就是小历史、小传统，是相对于那个大的历史文化而言的，跟大历史、大文化有着千丝万缕的联系。我们认识大历史，同时不能忘记小历史。大小之别，这只是个简单的界定。小历史有它自身的特点，它是活着的、动态的，是小众的、老百姓日常生活中的，还是多样性的，具有人情味、情感，充满了人性的表达。所以，小历史对我们每个人来说都是可以触摸、可以体会的，可以跟它交流，可以去听，可以去看，可以去摸，可以去感悟。它跟我们生活很近，跟我们每个人都有关系。而大历史是相对静止的，发生了就发生了，它是宏大的、抽象的，反映的是重大的历史事件，是少数人的、遥远的。

1956 年，美国人类学家罗伯特·芮德菲尔德在《农民社会与文化》一书中认为：应该把孤立而自给自足的原始形态的小型社会的生活方式及其文化模式看作人类学的理论模型，用于提供对开化了的或者民族国家的农村的人类学研究的参照模型。农民社会具有自己独立的而又不完全的结构体系，但这个结构体系不是原始部落式的孤立的，本身具有不同的层次，而是与周边社会和城镇社会有密切的关联，形成复杂的上下级关系，农民社会与城镇社会各自具有优势，共同形成更高的更大型的社会制度。不过，由于教育的普及，地方级的传统、组织和规章制度与国家级的传统、组织和规章制度这两者之间呈现出泾渭分明的状态。①他在书的第三章里从农民社会出发，指出农村社区的文化实质上只是人类文明在农村社区的表现而已，在某一人类文明社会里，总会存在城镇精英们的大传统与农民们的小传统两个层次。所谓大传统，是由少数善于思考的人在学堂或庙堂之内培育创造出来的，被认为是"高雅的""上流的""神圣的"；小传统则是多数不会"思考"的人在乡村社区的日常生活中摸爬滚打挣扎着持续下去，属于"低等""世俗""乡土""民间"状态。大小传统都只有人类文明整体的"一半"，两个"一半"融合成一个整体。大传统依赖于小传统，并从中汲取营养，反过来又塑造、改造小传统。中国历史上形成的大传统与小传统各自到底是什么？二者的关系如何？费孝通先生认为中国大传统主要在文字的经典中，经史子集就是主要代表，而士绅阶层恰好是城乡之间的桥梁，沟通大小传统的关键人群。②人类学家李亦园提出中国历史上的大传统与小传统基本的核心与价值是完全一致的，这种基本的价值就是"致中和"，即在个人内外之间、人与天地之间及人与人之间多层次的一种综合整体性的均衡与和谐状态。

---

① [美]罗伯特·芮德菲尔德著，王莹译：《农民社会与文化：人类学对文明的一种诠释》，北京：中国社会科学出版社，2013 年，第 19 页、35-36 页、62 页。

② 费孝通著，赵旭东、秦志杰译：《中国士绅》，北京：生活·读书·新知三联书店，2009 年，第 65-69 页。

如果说大历史是精英的上层的国家历史，大历史不等于历史的本质，而国家历史之外的社会民众的小历史也不等于历史的边缘。历史的本质只在活态社会之中，这里面是大小历史的互动，是过去与现在贯穿一体的人群的政治、经济与文化的整体性活动。大与小之间又有联系，大历史在一定程度上决定了小历史的走向，大历史又可以让我们去理解小历史为什么会如此，为什么是这样，为什么朝这个方向发展，为什么形成这样一个状态。反过来，小历史又为大历史的发展提供了很多依据、参照、支持，丰富了大历史，影响了大历史，在一定程度上还可能上升为大历史，成为大历史的一个重要部分。它们相互影响、相互促进，共同构成我们讲的历史。不管大小，都是人类整体历史的一部分，是历史规律、历史过程的具体呈现方式。那么，这个整体历史最核心的东西应该是什么？我们在大小之间抽象处理之后，可以发现更高的、更重要的应该是人本身，人群与人类本身。每个村落在历史演进与发展中形成了大小历史之间的政治—社会互动模式，社会自身的结构形式，人们的心理状态，人与人、人与自然相处的方式。

研究大历史，可以为小历史提供理念、参照，大历史书写为小历史书写提供框架，学习大历史是为了更好地理解小历史，理解人的存在方式与意义。这就必然要从历时的、线性的、普遍性知识的宏大叙事，转向人文的、民众的、相对的文化叙述，即研究小历史小传统。小历史能很好地服务大历史的需要，从中能更直观地感受历史的真实性，能丰富和拓展对大历史的认识，两者之间偏爱哪一边都不可以。并且它们又有共通性，都是人类发展的表现，都是研究人的，包括人是什么，为什么有人的存在，什么表示人，什么为人服务。孔子以来仁义之道一直影响中国史学，这个仁义其实就是对人的存在、什么表示人、什么为人服务的高度凝练，影响了中国两千多年的历史学。不管大历史还是小历史，都围绕这几个大问题而展开，所以只要我们抓住核心，就能更深入地研究历史。但在小历史小传统中，更能看到鲜活的人，人的存在方式，什么属于人。我们的聪明才智既需要宏大的知识结构及理性原则与普遍的价值观来启蒙、开悟、发越，更需要具象的、充满人情味的经验生活与情感体验来涵咏、参验、温润。

　　20世纪60年代以来，法国的年鉴学派第三代学者主动吸纳人类学关于异文化的态度和探讨方法，大力倡导社会整体史与心态史研究，发现了大量被传统的政治史、精英史忽视的属于民众生活的历史事实和文化习俗，扩大了历史的视野，增强了获取过去真实性的丰厚感和意义的体认感，使越来越多的人开始讨论历史中的人物心理状态、民间传说、食物和饮食习惯等。而英语世界的历史人类学者把眼光向下看，比较关注小众社会历史的研究，在当下的人群中去记录和分析当地人的历史过程和历史意识。历史人类学者认为对小地方社会历史文化的调查研究，更能够深入理解"真实的人们"的政治、经济和文化。可以把地方描写成"活生生的有机体"，从而超越狭隘的、孤立封闭的区域观念，最接近真实的人们、事件和文化意义，进而对其变化有最直接的认识。小区域是许多历史网络交汇的场所，能够在开放的小地点历史脉络中处理大的政治和经济过程，为大问题的解释做出贡献，提供脉络。小历史与大历史可以也必须互通，二者完全可以灵活处理。在学术发展上，"地方层次是测试构想、滋生新诠释和发展新假设的场域。地方性个案的研究，可以提供未来比较性分析的架构"。①西方历史人类学发展出了两种研究模式：一是历史民族志（historical ethnography）模式，基于文献和口述资料，按照时间顺序描述"过去如何导致和创造现在"，把现在的情况和制度与历史结合起来，并对过去进行同时性和贯时性的整体研究，以便于更好地从历史的角度去理解现在为什么会如此。它不是追求最后的完整的真实历史，只是一种关于历史的建构。二是"历史的人类学（anthropology of history）"模式，从现实文化思想建构回溯历史，分析"过去的建构如何用来解释现在""过去如何在现在被创造出来（the invention of tradition）"。它充分尊重地方人群的思想观点，强调从地方土著思想观点关于过去的

---

① [加]西弗曼、格里福：《历史人类学和民族志的传统》，载二人所编：《走进历史田野：历史人类学的爱尔兰个案研究》，麦田出版有限公司，1995年，第31-38页。

叙述与现实社会状况结合，去理解人们为何如此讲述自己的历史故事。它认为人们为了现实的利益和需要，经常对其过去进行选择性记忆、解释、拼接、想象、遗忘或者再造。①其中历史民族志又有三种写法：顺序—插叙式、专题—综合式、聚焦—全景式。②总的来说，历史人类学把历史研究拉回到当下，坚信当地人本身就是历史的代表者，关注活态人的行为和观念，并通过这个核心去分析群体社会的历史文化形成与变迁，进而开展不同区域社会历史的比较分析，回应现代化、资本主义等更大的历史转型问题。它主张以地方为基础的历史，必须被视为国家历史的一块基石，而历史学家必须说明国家/民族历史对地方性历史的依赖。这对于认识乡土活态社会是非常有价值的学术探索，有助于扩大史料的收集方法，深刻把握社会演变的真实过程和人群行为的意义系统，也有利于对国家/民族历史的理解。

总之，西方的历史学和人类学已经深度融合，意识到只有深入当地人的现场中去，从文化主体性的角度才能理解其社会文化体系及其历史的过程，主张与土著对话，尊重本土观念和选择，从而打破偏见和误读，减轻学术霸权主义。

乡土历史文化与以前我们讲的大历史很不一样，那它与大历史的区别是什么呢？大历史已经死了，已经是过去的了，比如以前发生的战争，以前的朝代更替、制度的改革等。人类关于大历史的写法已进入凝固状态，知识体系已经固化，比如中国古代二十四史体系、近代西方民族国家史的书写体系、现代世界体系。所以说大历史已经大量沉寂了，已经成为过去式。现代社会，特别是后现代社会，人类学、社会学、心理学等多学科的加入，使历史学的书写已经多元化，更重要的是，人们越来

---

① [加]西弗曼、格里福：《历史人类学和民族志的传统》，载二人所编：《走进历史田野：历史人类学的爱尔兰个案研究》，麦田出版有限公司，1995年，第25-31页。

② [加]西弗曼、格里福：《历史人类学和民族志的传统》，载二人所编：《走进历史田野：历史人类学的爱尔兰个案研究》，麦田出版有限公司，1995年，第43页。

越需要各种不同的历史故事和形式来满足好奇心，丰富自己的生活。历史学必须转型，寻找新的书写策略！而我们所面对的乡土不光有过去式，有现在式，还有未来式。我们讲它是活态的，不光能看到它的过去，其实它从过去到今天一直是延续着的。而且这个群体还会继续走下去，往下发展，还会有长远的未来，这就是小历史独特的地方。我们可以看到它的今天，如果我们跟踪的话，还可以看到它的未来。这种社会集体所体现出来的时空感、活动类别、表达形式、人格气质、行动观念等范畴，正是我们获取历史知识和形成历史意识的最好凭借。假如我们跟踪它 20 年，那这就是历史纪录的一个过程。这就是我们所讲的活态，历史是活的，是可以从现实中去发现的，我们面对的这个群体，其实它就代表这个社会历史的一个片段。让这些活的人慢慢讲述他们对以前发生的事的记忆，他们祖上的事也可以通过记忆流传下来，虽然史书上没有记载，但那些东西可以存留在他们的记忆里，对当下和未来都有特殊意义。他们的言行举止、一举一动，他们的生活方式，吃的、用的、做的活动，早已记录在他们的历史当中了。假如我们要去研究汉代的历史，我们只能去看《史记》《汉书》，从考古出土的遗存里面找，看不到活的东西。但是乡土历史文化就不同，我们可以通过现在的人去了解、去发现。当地的人本身就有历史记录的功能，当地人的喜怒哀乐、言行举止、吃穿住行就记录着他们的历史，就包含了他们过去的很多信息。他们没有和过去隔断，他们身上就体现着历史、记录着历史、包含着历史、反映了历史的真实面貌。

四、乡土历史文化调查与历史学之道

历史学的根本任务是认识人类自己。学历史的人要回到这个根本问题上，或者是要上升到这个本质的问题上。人是什么？人何以存在？什么表示人？什么依赖于人？人如何去发展？这就是我们讲的核心，即人的存在方式是什么。我们去乡村看到那些人在那里，去研究他也好，不去研究他也好，去理解他也好，不理解他也好，他就是他的状态，他就是这样活着，每天过日子，祖祖辈辈也是这样过日子，这就是他作为人存在的必然性，他就是以这样一个方式存在。当然不同区域不同条件下人的存在方式有差别，这就是具体的问题了。到乡土社会调查，我们不光是收集这个地方有什么资料，有什么文化古迹，有什么传说故事，有什么相关的记录、文献、史料，人们吃的是什么，用的是什么。这只是一种具体的表象，这个可以叫作集体表象。它里面包裹的是什么？就是人之所以存在的理由，也就是支撑人活着的那个理。这个理，中国历史上的先贤们早有揭示，先秦儒家思想中的仁义之道，道家思想的天道与人道，宋明理学家讲的天理与良知，都与此理相贯通。文天祥临终遗诗所悟极深："孔曰成仁，孟曰取义。唯其义尽，所以仁至。读圣贤书，所学何事？而今而后，庶几无愧。"文天祥悟出了仁义这个理，心地坦荡无私，死而无愧。

　　我们跟他们为什么能沟通？如果我们不是在这样一个根本的问题上相通，那么我们根本没法交流。人与人之间感情的表达是一种存在方式。如果一个人没有感情，没有感性的东西，就不是正常人。人的喜、怒、哀、乐、怨、惧，就是人类存在的方式。现在有"情感史学"的说法，其实就是关注人的情感存在方式及其社会化的表达，社会控制各种情感的方式。①我们调查时一定要体验他们的生活，体验他们的七情六欲，他们的神圣性。他们祭神、祭祖先的时候那种神圣，这也是一种敬畏，人性的表达。要去听他们的故事，为他们而忧而喜，甚至为他们的命运而流泪，这个也是历史，这是我们去体验历史的必然。要上升到我们是一个命运共同群体，所以调查一定要带着情感关照关怀，带有人的这种人情与人性。王阳明先生所提倡的致良知的知行工夫即是如此。

　　《礼记·礼运》中有这样的话："圣人耐以天下为一家，以中国为一人

---

① [澳]查理斯·齐卡：《当代西方关于情感史的研究：概念与理论》，《社会科学战线》，2017 年第 10 期；王晴佳：《拓展历史学的新领域：情感史的兴盛及其三大特点》，《北京大学学报》（哲学社会科学版），2019 年第 4 期；赵涵：《当代西方情感史学的由来与理论建构》，《史学理论研究》，2020 年第 3 期。

者，非意之也。必知其情，辟于其义，明于其利，达于其患，然后能为之。"现在想来，这句话完全可以根据上文的意思来解读，就是对于人类存在实情的义利患难感同身受，恫瘝在抱。知人情、辟人义、明人利、达人患，是治国安民的必然要求。而知人情，实居于首位。"何谓人情？喜、怒、哀、惧、爱、恶、欲，七者弗学而能。何谓人义？父慈、子孝、兄良、弟弟、夫义、妇听、长惠、幼顺、君仁、臣忠，十者谓之人义。讲信修睦，谓之人利。争夺相杀，谓之人患。"接着，我们的古圣先贤开出了治七情、修十义、讲信修睦、尚辞让、去争夺的取径，一句话——"舍礼何以治之？"特别提到人七情之中，"饮食男女，人之大欲存焉。死亡贫苦，人之大恶存焉。欲、恶者，心之大端也。人藏其心，不可测度也。美恶皆在其心，不见其色也，欲一以穷之，舍礼何以哉？"这是2000多年前的圣哲对人类社会的通达性理解，何其真实而透彻。如果我们自觉基于以上之精神，去做乡土历史文化调查研究，通融理解乡土社会的情感表达、民心实情和社会心态，关注人们的饮食男女与死亡病苦，必定会有极大收益。

1959年，美国社会学家米尔斯在《社会学的想象力》第一章中说："个人只有通过置身于其所处的时代之中，才能理解他自己的经历并把握自身的命运，只有变得知晓他所身处的环境中所有个人的生活机遇，才能明白他自己的生活机遇。"这是社会学家强烈的人文主义情怀和现实主义的理性召唤，与我们提倡活态社会历史文化调查研究是完全相通的。美国哲学家、历史学家杜兰特专门讨论了"性格与历史"的关系，认为人性的构成可以改写国家的构成，创建了"性格元素表"来讨论人的本能、习惯和情绪，每个本能所形成的习惯又都伴随着各种情绪，这些总和构成了人性。在每个层次，都存在消极和积极的正反两个方面。在历史中，人性会有所改变，但改变又不大。只是在不同的历史条件下，人性的具体表现有所不同而已。特定时代的习俗、传统和个人的性情、能力以及模仿与创新精神对历史产生各种具体性作用。①

---

① [美]威尔·杜兰特、阿里尔·杜兰特著，倪玉平、张闶译：《历史的教训》，中国方正出版社，四川人民出版社，2015年，第43-51页。

我们学习大历史和小历史，最重要的是对人的存在方式的体验与感悟。不去关注这些东西，不去体悟它的真实性，不去感受人情的差异性，就不能运用人文的这种力量开拓新的生活。我们学的历史不是高悬在天边的，而是和我们的日常生活，跟我们的成长和我们的生命息息相关的，是可以内化到心灵里面去的。所以要去感悟人们的吃穿住行、迎来送往，这样的历史才能入心入脑，才能成为人生的一种智慧，这才是真的历史，有意义的历史。历史一定是在我们的生活中，可以看得见的，可以去触摸的。几千年前那种人性的东西，人情人文的这种色彩，一定可以在我们现代人的身上得到感悟、得到体验。这种永恒的东西正如《礼记·礼运》所讲的"治人七情，修十义，讲信修睦，尚辞让，去争夺"。如果没有悟到这一层，上升不到这一层，我们学的历史就是隔着的，它高悬在我们眼前，遥不可及，而我们只是去仰望，只是去看。它没有转变成我们内心的能量，这只能叫假历史。

所以说我们特别强调历史的教育是人的教育，历史本身具足人情味，具足人类所应有的天真。我们读历史读到后面，能不能读到拍案而起、手舞足蹈？能不能读到放声痛哭？如果我们学历史学到这个程度，就真学懂、明白了，感悟到心里面去了。所以请大家一定记得，历史是和我们人生密切相关的，是我们每个人都要经历的人生的轨迹。英国哲学家罗素曾经写过《"无用"的知识》这篇文章，里面有这样一句话："（我们）需要的不是这样那样的特殊的片段的知识，而是足以激发整个人生概念的知识、艺术和历史。"

司马迁为别人作传，也有他自我的情怀在里面。他写别人，其实是表达他对人类的关怀和对人的命运的感悟。我们去读《史记》的时候，就很感慨。所以我希望大家学历史要有温度。我曾说历史学有"三个度"：哲学的高度、历史的宽度、人文的温度。这三个虽是分开说，实际上是一个东西。我们学了那么多历史，都是冷冰冰、干巴巴、枯燥无味的历史。这大历史小历史，我们下乡也好，回到几千年前的那个历史现场也好，去感悟也好，最后都要回归到这个问题里面。

2017 年 8 月，我带着历史系 2015 级的 23 位同学到榕江县四个传统村落调查了 25 天。有的同学回来后告诉我说："在下面待 20 多天，相当于我们读两年的书。"临走时有的同学舍不得，伤心得哭起来了。他们的体验是什么？就是生命的体验，是刻骨铭心的，是入脑入心的，是情与理的通透。读了两年书，知识是隔着的、遥远的，人与人、人与社会之间也隔着很厚的"墙壁"，看不透、悟不了。下去二三十天，去跟人朝夕相处，去记录他们，去分析他们，去感悟他们，感受比在课堂上和书本中更深刻。这一点恰恰就证明我刚才说的，历史就在我们身边，跟我们的生活息息相关，跟我们的生命存在相关，跟我们人性的体悟相关。所以我们一定要明白，学历史，照样可以喜怒哀乐，可以悟尽人生。古往今来历史学家的最高境界，是能够究天人之际，通古今之变。我们跟古人也是可以汇通的，读其文，明其事，解其意，悟其道。我们小小的一个心，可以贯通几千年，就是因为我们的心灵是相通的。我们作为一个人，是可以感悟很多东西的，这才是我们最高的历史境界。作为当代的历史学人，一定要悟到这一层，悟不到，就是"耗子进石灰窑，空进白出"。有些时候学历史只可意会，不可言传。你们下乡做调查后，表面上没有什么变化，其实内心有了剧烈的变化。我们做田野调查不只是去收集资料，更重要的是去悟人生，去悟道，是去求人生智慧的。

第二讲　田野史学的内涵

接下来我们要分几次来讲田野史学的理论、方法、意义，而村寨志实际上是我们田野史学的一个方面，或者说是一个组成部分。我们在讲村寨志编修之前，先讲田野史学这个问题。田野史学算是我的一个浅见，独创谈不上。这方面的一些想法和一些表达不是我突然冒出来的，是我们的经验、实践和我们历史传统的一个综合产物。

一、面向活态社会的"田野史学"

首先，我们要讲田野史学的"田野"这个词。田野是什么？田野不局限于我们乡村的那个田野，田野就是活态社会，我理解的就是活生生的、现实的、大家感知得到的这样一个现实社会。它既包括农村、乡村社区，也包括城市社区。那么，为什么我们做历史学的老往乡下跑？很多人都不理解，历史学的老师带着学生们老是去一些村寨里，好像越古老越有情结，越有历史情怀。这个也是一种误解。中山大学、厦门大学研究华南区域史的学者们（被称为"华南学派"）也有类似的做法，外人不明白他们在做什么，有人谑称他们那种做法叫"进村找庙，进庙找碑"。表面上是进村，背着包进村，哪里有古董、古迹就去找，发现庙和碑就很激动，在民间阅读历史文献，其实这背后有一套他们理解历史的方法。经过 20 多年的探索，他们已经创立了一套研究中国社会经济文化历史的成熟的理论方法。为了避免这种质疑，我谈下田野史学与其有何区别。从学术上讲，他们做的是南中国区域的历史人类学研究，注重学术研究的范式和高层次史学研究型人才的培养。田野史学固然需要加以借鉴，但更注重服务活态社会需求与文化传承的自觉。田野就是活态社会，既包括广大的传统社区、乡村社会，理论逻辑上也包括现代都市社区。比如一所大学，也是我们的田野。职工家属区、城市小区、街区、学校、福利院等，有人群的地方都是我们的活态社会。有人生息和发展的地方就是我们的田野，田野史学要把视野放得这么宽。

那么，为什么我们老往乡村跑，老往传统的社区跑，不去到都市呢？这个确实也是个困惑，要回答这个问题有点难，我试着讲讲。

第一，我们为什么不往现代都市跑。现代社会有很多毛病，比方说社会秩序失调了，邻居之间不认识，邻里关系不够亲近，社会管理出问题，新的社会成员，不同身份、不同角色的人在一起，交往不通畅甚至出现城市犯罪、庸俗文化流行等严重的现代社会病。但是都市这个活态社会暴露的问题是来自哪里，或者说问题的根源在哪里？按照我们历史学者的看法，它的问题不是出在其本身。我们要更多地去找它的根源，找它的问题的前面那部分。就是说现在都市社会问题的根源不在当下，它是有深刻的历史根源的。当然直接的原因也可以在当下社会去寻求，比如横向的社会关系压力、经济结构的失调、网络上不良信息的传播等。

第二，擅长研究现代都市的是社会学、人类学、经济学、管理学等学科。社会学特别关注都市社会，历史学者研究城市社会历史也往往借用社会学的概念，甚至是搬弄西方的研究模式。[①]都市社会是社会学研究的主阵地，历史学在这里面没有优势，或者说在这里面发挥不了优势。当前城市史研究，主要围绕城市化进程，城市社会政治、经济、文化观念变迁，市民生活，城市病理等方面展开，呈现出多学科交叉现象，注重现实问题的解决和应用发展案例解剖。如果说有社会学家和历史学家共同研究这些都市问题，那可能更好，但是历史学单独去调查研究是很难的。特别是对学生而言就更难，还要去做统计、结构模型分析，那就更难了。反过来，我们研究乡村社会有什么优势呢？它可以给我们提供一个长时段地看历史、看社会文化变迁及其背景与环境的视角。我们的

---

① 参见杨念群：《"市民社会"研究的一个中国案例》，载《昨日之我与今日之我：当代史学的反思与阐释》，四川人民出版社，2020年。

城市还不能够提供长时段观察视角，城市小区有的才建十几年，最多也就三四十年，在那里能看到多长的历史？能看到什么复杂的文化问题？人们的行为和思想观念有深刻的历史渊源，在现代的民主自由个性化潮流中也急剧变异，全球化信息化条件下的跨地区和跨国流动，使得文化多样性更加凸显，对其历史文化特点的根源性理解和包容尊重显得也更加紧迫。从这个角度讲，理解都市社会的很多问题，也离不开历史学的知识和思维。

第三，传统社区、传统社会有一个重要的优势，就是它有漫长的时间延续性，很多问题可以通过时间轴去充分把握。表面看来村寨是个简单的社会，只有几十户人家，大一点的一两百户人家。但是它有长时段的人群活动积淀，形成了一套社会机制，有自己的文化行为、文化传承和文化遗产，甚至形成了一些价值独特的地方性知识。这些充满了地方色彩的智慧、地方性知识，或者他们积累的成功的经验和走过的弯路，是不是对我们当代社会有借鉴意义呢？很多社会学家轻视乡村社会，说它是一个简单社会、初级社会，以为大家在熟人社会里，没有复杂的社会关系和社会问题，不像现代社会，角色区分转换明显，个性差异很大，社会结构复杂。其实社会学是19世纪后半叶欧洲工业文明的"副产品"，在"医治"工业社会病和强化狭隘的民族国家团结的过程中诞生，没有形成研究乡村社会的优势。到了20世纪初，才在美国出现了乡村社会学，以加尔平《一个农业社会的解剖》一书作为标志；1956年，美国人类学家罗伯特·芮德菲尔德出版《农民社会与文化》一书，才有进一步的拓展。中国乡村社会学受到了历史学的启发，用现代社会学的理论方法来研究乡村社会，以吸取历史上和民间社会的各种制度文化资源，有俾于现代社会的健康发展。其中，1926—1927年，毛泽东在调查的基础上，先后发表《中国农民中各阶级的分析及其对于革命的态度》《湖南农民运动考察报告》，对中国乡村社会的认识具有独特的历史价值。在研究中国乡村社会特点及其现代化和城镇化方面，费孝通先生是代表性人物。费孝通的学术遗产中最重要的是以学术为人民服务，我深以为然。我们就要发挥历史学这个优势，吸收中国乡村社会学面向当代社会的学术使命，来充分调查研究中国的区域社会的历史文化，做历史学的微观和中观研究，推进历史学研究中国历史文化的多样性表达，服务于当前区域社会文化发展的需求，这点我们完全可以做到，要有自信。

第四，乡村社会有更多的人性和人情，人与人、人与自然、人与社区历史文化、人与群体之间各种互动关系可以启迪我们。在乡村可以发现人的很多价值，或者说我们作为人生存发展的一些基础性、根本性问题。大学阶段既要长身体，更要成长人格。这是大学生身心综合素养走向成熟的一个重要时期，需要这种人性的真善美的熏陶。揭示人性的美，真美，善美，这不仅是学理上的需要，更是作为新乡土人才要有的担当和文化自觉。学理是要通过真善美来熏陶、塑造的，乡村社会能提供这么一个平台。

第五，历史学专业和民族学、人类学专业其实是天然的同盟关系。民族学也研究传统社区，又以研究民族地区更多一些，而人类学则多以社区文化为研究对象。本质上它们关注的都是文化，作为一个群体的精神的、习俗的、社会的各个方面问题。它们看到的是一个横截面，不关注历史的问题，而关注现在是什么。用在世的人的行为和记忆资料，去理解文化的轨则和秩序。在面对与自己不一样的文化与社会时，人类学的理论方法和思维方式能够教会我们去观察、尊重并融入其中。那么历史学，就是既能看到当下，又能看到当下是怎么来的，即这个社会文化的出生与成长经历。它增加了一个重要的尺度，就是时间的维度，这是我们跟它们不一样的。但是它们关注的当下和我们更关注的过去，这两者是可以融合的，也必须融合。所以从这两个层面来讲，历史学和民族学、人类学天然是同盟者。

二、田野史学的宗旨：为现实服务，为人民书写

田野史学只能是史学的一部分，主要是强调通过历史学基本知识理论方法的应用，为当今大众社会文化的传承发展服务，同时为乡土历史

文化的发展培育人才。就这一点而言，田野史学实质上是公众史学的一种形式，与历史人类学有根本的不同，跟应用人类学和应用社会学更契合。田野这么大，去做什么？传统社区其实也很复杂，怎么做？怎么理解这个活态社会？在调查研究的理论方法上，我们又要接纳历史人类学的学术理路。这个学术理路在西方自第二次世界大战以后，已经有几十年的积累，在中国有"华南学派"丰富的实践积累，被证明是有重要意义的学术创建。①走进活态社会，需要有很多的跨学科理论准备和历史知识积累。我们学历史的有一些重要的优势，就是看问题是具有整体性的，有时间的维度，有历史文化根底。特别是有上下五千年和古今中外宏观的、基本的人类历史脉络，也有一些关于人类基本发展的原则性的认识。虽然说某个地方对于我们来说是空白的，但是我们也是带着这些既有的知识去的。我们有知识背景、思维方式、认识能力等，这就决定我们对活态社会是有所选择、有所关注或者有所偏好的。

田野史学调查研究活态社会，最终的落脚点在哪里？我认为其最终目的不是就历史而历史，为历史而历史，而是为现实而历史，为了人而历史。为人的活着，人如何活得更有意义、更有价值、更有尊严、更有情趣。我们的根本落脚点是人，是当下的这个社会群体，以及我们时代人生的成长需求。研究历史不是越古老就越有水平，写的东西越多，著作等身水平就越高，这些都是表面上的。如果写的东西社会不接受，或者说对当下社会的人的成长、人的发展及活着的意义没有什么大的启示，没有什么批判，没有什么人文关怀，这些东西就是没有生命力的，学者最多是一个学匠，就是一个匠人，把材料整理一下，会写学术"八股文"。所以我们学习历史、理解历史、研究历史，最终要回到活态社会来，回到当下这个人的群体中去，为这个社会的需要、人的需要提供参照、提供启示，启示当下人怎么过好，过得更好，过得更有尊严、更有价值。我想学历史的最终意义在这里。

---

① 张小军：《史学的人类学化与人类学的历史化——兼论被史学"抢注"的历史人类学》，《历史人类学学刊》第1卷第1期，2003年4月。

其实，历史为现实服务这个类似的观点在我们中国传统里面很早就有。我们知道《资治通鉴》，它是宋代司马光等人花了十九年完成的。这个名称大家都明白，"资治"，就是有资于治道，主要强调为政治服务。我们说历史为现实服务，其中一个重要方面就是为政治、为国家、为决策者服务。中国传统史学强调为政治服务，从孔子以来，其实就是这样的，司马迁、班固也是这样。修史实际上还是为统治者、为有国者去总结经验、吸取教训，以有益于当下，以利于未来。这样一种基于国家的政治的历史书写，是儒家治国平天下思想的自觉实践。为现实的政治、国家的治理服务，如果我们学历史不考虑这个层面，那么我们就是为历史而历史。

历史如何为当下社会服务？我们这些普通的历史学习者，或者说历史研究者怎么去为现实服务？不为现实服务的历史，为历史而历史，就是一个无本的历史，没有宗旨的历史，缺少人的关怀，缺少社会责任。这正是我国历史学最突出的现状，很多学者都在为历史而研究历史，为学术而进行研究。历史人类学研究下层社会民众的历史，也只不过是学术的新领域，最后还是回到学术圈里面，不等于能为人民服务。田野史学就是要突破这一点，为人民而研究历史，书写历史。

历史上，为人民书写历史文化的事例很多。我们熟知的《三字经》《百家姓》《千字文》《增广贤文》《弟子规》《三国演义》《水浒传》等，就是古代的知识分子对历史文化的总结提炼，创造出来的为人民大众所喜闻乐见的书写形式。较之于四书、五经、二十四史，这些书籍对社会大众的影响更直接，也更能够被接受。比如一般认为南宋末期王应麟编写的《三字经》至今已有近千年，仍然是关于中国历史文化最好的启蒙教育读本之一，现在还翻译成英文、法文等。自《三字经》出现后，历代都有学者仿效这种体例，编写各种《三字经》。当代的历史学开始退守，从与政治发生一种非常直接的关系，退回到为社会服务这一个层面，更强调为社会。现在我要强调说，我们就是普通的历史学学习者，我们现在做的"一馆一志一谱一片一教材"等就是为社会服务。做乡土历史文化调查、地方志点校，用通俗的方式让更多人去读这些书，使用我们的东西，进而去影响他们。我们还会去拍一些片子。通过这些做法可以把我们现有的资源、同学们的智慧和团体的力量连接起来，发挥基本的历史学思维和知识为社会服务，这确确实实是社会需要的。我们曾经去榕江县做过四个传统村落的调查，就是榕江县政府的需求，这是推进当地旅游发展实实在在的需求。还有，我们以往在一些发展较好的村落调查时，有村民就说他们想把当地的历史文化整理出来，但自己又做不到。还有的人说他们村原来有的历史文化遗存都找不到了，或者遗失了，现在生活改善了，觉得那些东西很重要，想去找回来都没办法了。民间的这种表达反映出一种文化需求。我们去调查的时候，很多家族都在修撰家谱，这就是一个社会文化需要。盛世修谱，这是一个中国传统。修家谱有很多意义，后面我们会专门讲。民间社会修家谱，家族里面的人又往往没有这个知识储备，不具备这方面的能力。如果有老谱，读得懂吗？读不懂。对文言文的句子都断不了，就不知道祖先留下来的这个家谱里面讲了什么。比较有文化积淀的家族，旧谱都会有很多内容，比如人物传记、艺文、墓志铭之类，还有一些特殊的字辈、家规。现代人理解不了这些东西，传承不了这个文化。那么大学历史学专业的人是不是有参与、协助和指导这个职责？我们应该把这个活儿给接过来。社会需要，就是我们努力的方向。所以我讲"一志一馆一谱一片一教材"，这"五个一"，开始是"四个一"，后来我加了一个"家谱"，或者是"年谱"或人物的生平传记。这些确实是民间活态社会实实在在的需要，这就叫作大学服务社会文化建设。我们历史学正在转型，不仅仅是为政治、为决策者提供服务和智慧，更应该把视野转向社会的广大民众最需要的一些文化消费和文化需求。

三、田野史学的当代意义

2015 年 8 月 23 日，第二十二届国际历史科学大会在济南召开，习近平同志在贺信中指出："每个国家、每个民族都有自己的发展历程，应该尊重彼此的选择，加深彼此的了解，以利于共同创造人类更加美好的未来。历史学家在这方面可以并且应该发挥积极作用。"这给我们的启示是，历史学应该为充分理解各个民族和国家的历史发挥积极作用，增进各种文化之间的了解，面向未来，要有时代使命担当。

相对于田野史学，中山大学、厦门大学、华东师范大学、山西大学等也有类似的做法，它们叫历史人类学、区域史、社会经济史、社会文化史等，名称不一而足。它们更强调的是为学术而调查研究，在田野中搜集文献、解读文献，实质上还是学术层面上的精英培养。就田野调查而言，我们都有共通性，方法论和研究路径都有共通之处，但差异也是很明显的。

田野史学在以下两点是明确的：一是历史学要为现实服务，二是为活态社会而书写历史。为历史而历史就是回到过去，去学习、研究过去的问题，这只是历史学的一个方面。当然不是说这个层面的东西就有什么不对，但局限性也越来越突出，我们一定不能停留在这个层面上。为现实而历史，现实又是多层次的，以前我们传统社会更强调为政治、为国家决策者，现在我们更强调为民众、为老百姓。孔子编《春秋》，"以为天下仪表"，以"当一王之法"。它是要以前人兴亡成败得失的事为后人立法，为后世国君与天下之主立法，为后世乱臣贼子立法。所谓"二十四史"其实都具有这个根本的意义。就是说哪些事情该做，哪些事情不该做，是一个个王朝国家治理方式、制度体系和行为价值观的总结，就是用史学的方式去为社会立个方向。孔子开其端，从这个角度上讲中国的历史书写很大程度上就是为政治服务。台湾的杜维运先生在《中国史学史》里说《史记》是"为历史而历史，不是为政治而历史"。其实不然。《尚书》《左传》，后来的《国语》《史记》《汉书》，这样一直下来，二十四部正史都是精英史、政治史，所谓帝王将相的历史，是为少数人服务的，是少数人的历史，也是历史学为政治服务的一个成功的案例。

中华人民共和国成立后一段时间，历史与政治的联系过于紧密。而现在历史学大有前途，大有潜力。从大的方面讲，总结历史经验，为人类命运共同体构建求索合理的思想文化基础，"以前民用"。从小的方面讲，我们的社会需求太大，比如一家一族的历史文化需要挖掘传承。学历史的人可以用我们的智慧和专业素养，为这个社会添砖加瓦，树立起真实的家族史，让有血有肉的可靠的历史能够传下去。三十年一小修，六十年一大修，这有多大的需求量？

学历史的人有独特的优势：有历史文化根底、人文视野、人文情怀，有认知能力，有特定的历史思维与通识智慧。学历史的人不是一个专才，不是只懂一技，而是一个比较能够融通的人，可以上知下知、知内和外、通古与今。这一最大的优势恰恰是别人没有的、不具备的东西。这些基本的素养或者说基本的知识结构、能力是最关键的、强大的素养，它是综合性的，而不是单一的、单极化的。这些是可以拿出去用的几大思想武器，有智慧、有思想、有文化在里面。

有的人会问："田野史学是近些年来中国历史学发展的一个趋势，但它还没有占据主流地位，占据主流地位的主要是那些研究过去的历史学者所做的纯学术层面的研究。他们对学术界、社会的影响相对来说是比田野史学要大的，那么怎样协调二者之间的冲突？"

其实，田野史学不是说不需要书斋，不需要室内的知识积累，不需要研究过去那些几千年的东西了。田野史学不是排斥它，而是要在这个基础上进一步拓展，进一步去服务社会。中国现在史学的主流还是实证史学，是在以文献为主体的书斋里面完成的，但它可以培养同学们的历史思维。学历史的人要有历史文化根底、历史思维、认知能力，它在一定程度上可以培养人的这种思维和能力。室内的一些高端的研究培养的专业人才，再来推广田野史学，二者是一个整体，它们各自处于不同层次，只是分工和侧重有所不同，不存在矛盾。

第三讲　田野史学之学术缘起

　　田野史学是笔者在贵州民族大学历史系专业实践教学的基础上于2014年提出来的，经过几年的探索，已经有了很大的进展。特别是2018年以来《贵州民族报》上连续刊载了笔者关于田野史学的论述，引起了不少的关注，中国社会科学网专门转载了《田野史学的学术追求与实施方案》和《田野史学之学术缘起——基于贵州民族大学实践的思考》两篇短文。最近有人问及什么是田野史学，它与田野考古学、民族学有什么不同，笔者经过一段时间的认真思考，以田野史学的学术缘起为题，来回答这些问题。

一、田野史学是一种自觉的学术应对之策

　　当代中国学科不断分化、细化，而学术研究则不断交叉多元，二者并不矛盾，相反而相成。笔者曾经指出，田野史学是新史学的一部分。在对中国当代学术的反思中，我们渐渐证悟中国学术之本源。在反复求索中认识到中国传统学术的要旨是：述而不作以信而好古，经史互通以即器求道、即事明理，体用结合以经世致用。中国史学的根底是孔子、左丘明、司马迁、班固、司马光、朱熹一路下来的书史明理治世传统。朱熹："在物为理，处物为义，体用之谓也。"物，事也。体用关系即物我之间义理法则的不断展开。章学诚对此颇有自觉而深刻的认识。章学诚说："政教典章，人伦日用之外，更无别出著述之道。"按照司马迁的意思，中国史学必须成一家之言，旨在传承六经之道，整齐百家杂语，治政安民。这是中国史学最核心的传统——《春秋》家学。中国的史学必存"礼义之大宗"，必"上明三王之道，下辨人事之纪"。或为"天子之

事"而书，或为"惩恶劝善"而书，或为"拨乱反正"而书，或为"存亡继绝，补弊起废"而书。清代的考据学、民国的史料学、西方的实证主义史学、新史学等，都是所谓"百家杂语"，作为理论方法如果脱离"书史明道治世"这个"体"，就会变成为学术而学术。当代史学注重史意，强调史法，关注普通人群，自觉进行学科交叉研究。但不少研究往往越来越碎片化，或不崇性命又薄于事功，但务考订与文辞，或如郑樵所谓"以空言著书，至于历代实迹，无所纪系"。这必然会脱离"书史明道治世"这个核心，违背"纲纪天人，推明大道"的使命。

20世纪20年代，美国出现了面向都市社会群体的公共史学，在中国梁启超提出摒弃"君史"，书写"民史"。当代国内也在探索一种公众史学，提出了三大口号——书写公众、公众参与、公众消费，期待人人参与，自己写自己的历史，写自己认知的时代历史。按照钱茂伟教授的总结，公众史学包括公众历史书写、公众口述史学、公众影视史学、公众历史档案、公众文化遗产、通俗普及史学。①

田野史学坚守"书史明道治世"的史学传统，在人文关怀驱使下，培养新乡土人才，通过记录和书写活历史，悟道淑人济世。这能够克服当代史学"为学术而学术"的弊端，是一种持世救偏的学术应对之策。

田野史学提出通过实地调查活态社会，记录与书写历史，下学人事而上达天理，究天人通古今以经世致用，在经世致用中推动史学的理论方法和人才培养的升华，就是基于以上基本判断而提出来的。它不是简单的回归，也不是要封闭排外；它是开放的，面向活态社会与大众生活的，是沟通理性与感性的学、问、思、辨、行。它强调在现代文明体系下对既有的多学科理论方法的会通以经中国之现世，为中国人之现代文明生活提供资鉴；强调记录与书写历史文化，通过记录书写达成对天人古今的整体性观照；强调学生在事上磨炼和提升文化自觉，具备对现实社会的人文理解与使命担当；以"一馆一志一谱一片一教材"为具体实施方案，对区域性历史文化进行记录书写和传播传承，既有助于学科和

---

① 钱茂伟：《公众史学：与公众相关的史学体系》，《人民日报》2016年2月22日，第14版。钱先生还有《中国公众史学通论》一书，可资参考。

专业的建设，也包含着教育和服务社会的宗旨。

对我们而言，完全可以兼顾历史学、民族学和文博专硕，是面向多学科的与时俱进。对于贵州研究而言，既可以做微观的村落历史文化研究，也可以做区域社会文化史研究，还可以做包括文物在内的文化遗产的调查研究与展览陈列。对于教育而言，学生可以受到历史文化的熏陶和良好的学术训练，能够在实践调查与历史文化书写中，探究寻求对人生和社会的深度思考，自觉其文化与人生。识前言，知往行，力行与学文并重，师生之间可以坐论也可以游学，从坐而论到起而行，真正做到兴观群怨与学问思辨行的统一。

二、前辈的积累与启示

贵州民族大学的历史学和民族学都是在 20 世纪 80 年代发展起来的。以侯绍庄、史继忠、杨庭硕、顾朴光为代表的老一辈历史学家和民族学家的学术活动具有三个特点：① 学术活动聚焦贵州本土多民族历史文化现象和社会现实；② 以历史学为基础，坚持历史学与民族学的融合发展，以历史学来探索贵州历史文化源流，以民族学来理解民族现象和文化现象；③ 与时俱进，开放发展，注重田野工作和理论建设，并与本土实践紧密结合。前辈学者取得了很好的成果，要展开大讨论，认真总结传承前辈的学术遗产，明晰历史学、民族学，中国少数民族史学术硕士和文物与博物馆专业硕士的学科专业发展方向和定位。我认为，在继承前人基础上，未来 20 年左右时间，我们必须建立起自己的学术表达方式和风格。"欲知大道，必先知史"，历史学是延续国家命脉的文化基石。必须以历史学为根底，发挥历史学对区域民族历史文化的基础性、人文性和整体性理解的优势，这是相关人文学科专业生发的母体和思想源泉。

在田野史学的理解下，民族史首先是历史学的一部分，然后才是民族学的一部分，应当充分运用历史学知识、思维和方法，否则民族史不但在民族学中没有意义，而且对历史学也毫无意义。民族史研究必须向民族区域史转换，即在区域社会史中去理解民族历史过程和文化变迁。历史学视野的少数民族史早已不是传统意义上的单一民族政治与文化的民族史和民族关系史路径，而是与时俱进，融入宋元以来的边疆历史、区域社会史和社会文化史的研究范式。就贵州而言，重点是研究贵州近千年来具有区域性特征的社会经济与文化互动融合发展，从而为贵州整体社会文化的研究奠定基础。这样再经过 20 年的努力，在前人基础上，聚集省内外相关的历史学、民族学、社会学学者共同来重新写一部贵州社会文化通史。

三、田野史学得益于笔者考古学学科背景和对贵州历史逻辑的长时段思考

田野史学既要面对活的社会和人，也要理解静的物和过去的人事。前者需要社会学、文化人类学、民俗学等理论方法，而后者则需要文献学和考古学的理论方法。众所周知，考古学是研究历史上人类活动遗存的学科，以物的研究为切入点，通过田野调查或发掘来揭示历史过程和社会面貌，最后透物见人见社会，实现历史学化的表达。笔者的硕士和博士阶段都是学习考古学，深受中国考古学派的影响。

在贵州民族大学教授和研究考古学的同时，我也带领学生做了 10 多年的田野调查，在参与观察活态社会时，自然会使用考古学的田野调查方法搜集整理各种地上物质遗存。脑袋里装着考古学的问题，却要时时去摸索活态社会的来龙去脉。以古知今，也意味着以今知古，在此过程中，我有意识地指导学生采用考古类型学的方法对大型家族墓地碑刻和区域性碑刻文献展开调查整理，在此基础上撰写了本科和硕士毕业论文多篇。我经常告诉学生，乡村社会是活态的，里面有几百年的文化地层堆积，可以用考古地层学和类型学来调查研究乡村社会。但乡村的文化层在堆积形态、形成过程、文化构成要素上要比考古学发掘的文化层复杂得多，文化层的识别、时间轴线的确立、文化演变阶段的划分都需要

更综合的社会文化事项考察。考古地层是固化的物态，包含物很有限，发掘结束了才能复原，但也就永远没有了。而乡村社会的考古学观察完全可以反复多次进行，对它没有破坏，还可融入其中，除了物质的文化要素，还能充分接触生活中的人群，从而能够理解丰富的精神内涵和仪式性的活动。这恰恰是文化人类学的长处。从这个角度而言，考古学与文化人类学是能够互通的，可以在乡村社会的考古人类学研究中合作展开，这应是田野史学的当然之义。经过这几年的积累，渐渐地在考古学与活态社会田野调查之间寻求到这个深度关联性，完全可以推进田野史学研究的纵深发展。

鉴于以上认识，我进而认为贵州民族大学田野史学近期的（未来十年）学术目标是建立贵州元明清近 800 年的历史文化谱系和文明化进程模式，从而与贵州汉代以来的考古学研究前后相呼应。对贵州历史的研究，史前时期都是考古学的任务，虽然有所突破，但文化谱系没有建立起来，还需要长期的努力。而历史时期，我比较关注战国至唐宋时期，这也是贵州考古学的重点，我按照考古学区系类型理论研究战国秦汉时期的考古材料后，提出了"南夷社会文明化进程"的学术思考。沿着这一思路，我还对魏晋南朝至宋元时期的考古遗存展开研究。田野史学主要面对的历史阶段是元明清至今，要接着考古学研究，又要回应考古学的问题。于是，我倾向于以田野史学的理论方法来建立贵州元明清近 800 年的历史文化谱系和文明化进程模式。这个目标的提出，直接受惠于中国考古学关于中国史前时期考古学文化的谱系研究和三代考古学的文明化进程研究，也是我十多年来对贵州历史的长时段思考的感悟。

从文献记载看，元代以后和战国秦汉至宋是两个有很大差异的历史时段，但又有内在的连续性，其中最值得关注的是"大姓—土司"群体。从汉至清代，跨越近 2000 年，这个群体前后嬗变痕迹明显，分布较稳定，发展缓慢。在漫长的互动融合中，社会组织结构、文化形态及其与国家的互动，在特定区域内形成了各具特色的社会文化类型。除了对历史文献的考索，在对各区域活态社会的田野调查和观察体验中，可以体悟长时段的历史延续和具体情境，很大程度上能够丰富对各区域文化类型的认知。面对活态社会这个"田野",考古学的地层学、类型学、聚落考古学、民族考古学、文化因素分析等理论方法是很有用的。通过村落的调查研究,寻求典型文化因素及其演变,剖析文化结构,梳理村落文化层,划分村落文化类型,探求其发展演变的时段特征。再经过比较不同的文化类型,上升到区域历史文化类型的特点和演变规律的探讨,这些都可以借鉴地层学、类型学和聚落考古学。

第四讲　田野史学的新乡土人才培育模式

一、史学的层次性

史学内容十分宽泛，内涵十分丰富，其中有历史的撰述、历史的研究、历史的常识与历史学科的教育。或者可以说史学包括研究层面的史学、人才的培养与教师教学层面的史学，既包括我们现实社会大众所需要的史学，还包括历史所遗留下来的文化遗产研究保护之学。可见，史学是多层次的，不能理解为狭隘的文献史学。我们所学习的史学专业是非常宽泛的，既包括研究层面也包括大众层面；既有理论层面也有实践应用层面；既有知识传授层面也有自我精神修养层面；既要反古求真也要借古鉴今，还要以古为新。

在现代教育体制的框架之下，将历史知识、历史理论与研究方法一代代传承下去，这既是教学层面的问题，同时也是人才培养问题。还有就是大众层面，即一般大众、普通民众所理解、所需要、所接受、所关注的层面的史学。历史活动留下来的考古遗存、传世文献和非物质文化，构成人类的共同文化遗产，并传承给后人，这也是史学要特别关注的一部分，就是文化遗产学。这就体现出历史学人才培养是多层次的，包含很多方面。总之，史学是多层次的，不限于塔尖式的历史研究。

作为研究层面的史学，就是史学研究塔尖部分，它在人文社会科学框架体系内，往往与学科建设和专业规划融合，与相关的人文社会科学融合。这个层面的史学，包括史学的哲学层面思考（历史哲学，或叫元史学）、历史本体论、史学方法论、历史撰述学等方面。这些构成了史学的塔尖部分，指导整个史学。历史的研究层面还包括历史的常识，例如中国和世界历史发展的大致脉络。这是历史研究层面的最低层次，同时也是历史学研究最基础的东西，是史学研究之塔的塔基。历史研究的塔尖是一个纷繁复杂的东西，例如"历史是什么"，就是具有重大争议性的学术问题。

在史学人才培养方面，也具有许多思想与方法。比如中国古代的历史教育制度和方法，我们应该更好地传给下一代，把总结下来的这套历史思维方式方法、基本的常识传给下一代。在高校中体现为课程的安排，培养计划的制订。这是历史教育与历史教学、历史文化思想传承与历史意识历史思维培养的一个重要方式。人才培养讲究有效性，这样才能很好地继承、发展史学，培育史学研究人才。

公众史学，也可以称为大众史学。人民大众也需要历史，需要在历史中寻找自己的位置，在历史中定位自我、寻找自我，寻找人生的意义。我们常说人人都是历史学家，每个人都有历史的思想，都有对历史的特定认知能力，这是一种先天性的属性。在进行田野调查的过程中就涉及大众对历史的认识与评价。

文化遗产学，最近十多年发展迅猛。不管是史书，还是古迹、遗物，都是人类社会活动留下来的珍贵遗产，要用科学的方法整理、保护和传承。在处理过程中需要一些方法，需要一些思维活动，需要一些行动，比如文物研究、博物馆展览、文化展示、活态传承。我们所进行的活动就是对这些遗产进行保护、挖掘与价值传播。这个层次的历史学更注重应用性，强调现代人对遗留下来的东西有责任、有义务去进行整理。

田野史学是整个史学的一部分，但是更强调社会现实意义。它是对历史文化遗产的记录与传承，也为老百姓的历史文化需要服务，还是一种人才培养的新模式。"田野"与"史学"两个名词组合便发生了变化，就是为活态社会的史学研究和发展培养人才，就是对史学"塔尖"上的知识与方法的运用。我们的近代科学经过一百多年的发展已经相当成熟，而历史学作为古老的知识生产和传承方式，经过上千年的发展积淀，在一百多年的近代科学的发展中已发生巨大变化，已不再为少数或特定阶级服务，也不再停留于书斋中。其指向便是运用各种有效的认识论和方法论，更好地传承文化遗产，反哺人们及服务社会，创造新的文化形式和价值。古老的历史学因这种强大的社会需要，被重新唤起，具有新的生气，这种阐述是有当代现实意义的，必须与时俱进。我们要通过教育培养人才，把高层次的知识往下传递。就像把正史通俗化，再表演出来，深入底层口头语言和行为之中，与鲜活的人类社会生活打成一片。古的和今的在生活中相遇，上下古今贯通就会产生无尽的创造性能量。

二、当前历史教育的问题

田野史学的第一突破口是人才培养模式的改革，田野调查就是在培养另一种史学人才。普通的师范类历史教学是历史学基本知识的教育，也是史学教育的构成部分。分专业以课程为核心的这种教育体制源于西方，有近两三百年的历史。我们中国已有 120 年左右，起源于晚清的洋务运动时期，真正意义上的也就是 100 来年的大学教育。但现在部分学校就像工厂一样，把培养学生当成生产"产品"，还不太科学合理。那在这之前，中国的人才是怎样培养的呢？中国是个泱泱大国，几千年来没有现代的大学，它照样在发展，大国照样在运行，文化在发展。孔子教学生也有分科的意思。孔子教四科，就是德行、政事、言语、文学四科。但孔子的分科和现在的分科不一样，大概是说文艺方面或口才好的、应变能力强的就可能去做官，如卿大夫的宰臣、诸侯的外交官等。其实孔子和两千年来的人才培养没有突出分科的概念，考试有分科，培养没有分科。而现在的人才培养分得很细。比如历史学科分中国史、世界史、考古学三个一级学科，各自又有若干二级学科或专业，如古代史、近现代史、专门史、国别史等。课程设置通史课、基础课、专题课、实践选修课等，这些都是在慢慢摸索中形成，现在都是常规性的教学模式。这些都更像是术业，而不是学业，术业是很容易掌握的。

回到史学人才培养上，回忆一下 20 世纪 90 年代后期的大学是怎么念的，我们老师那一辈是怎么教的。不外乎两门通史和各种史学研究专题一一讲下来，到大三、大四也这样。野外实习与考察很稀罕。做毕业论文时，写完手抄一本交给老师改，老师改一遍，我们再抄一遍。总之比较简单，没有现在这么多的规矩。现在要求条目很多，包括注释、关键词、文献、附录等，越来越复杂，越来越细密。因为这被认为是全世界通行的学术规范，大家都得先守这个规矩。也就是说，史学发展到今天，很注重规范，很注重传承。在传统史学领域里研究一个问题，几乎所有问题都有人涉足，而且研究可能已很深入。这就要再去把别人的东西读一遍，把别人的思想、观点总结出来，找出别人的问题在哪里。经过这个过程，再写自己的，接着前人的东西再写，这就是规范。还要找文献佐证自己的观点，后面还有参考文献、注释、附录、照片、文字说明，等等。大学培养就应该教给学生这一套规则，这些固然是一个方面。它的影响就是使学生越来越规范，做事越来越规矩。因为学生知道要按步骤、程序走。

所有这些，看似很规范，但问题不少。学生大多数时间用来上课、完成作业，阅读自己喜欢的书籍的时间太少。我们在没有能力改变它的情况下，怎么办呢？按照我的理解，这大学课怎么开？除了两门通史课，我觉得最简单的方法就是读两本名著，把《史记》《汉书》找来，读一年，把西方的史学名著找来，读一年，然后再上几门历史学的理论方法课程。

现在我们回到这个问题：大学历史学，按照我们田野史学这个理念，怎么培养乡土人才、新史学人才？传统的课要不要去坚守？两门通史课要上，而且必须讲通讲透。还有一点：怎么评价学生的一门课合格，怎么证明？我觉得老师是很关键的，要有改革精神，去钻研教学、培养学生的一些新东西，这是关于老师的一个重要因素。第二个就是学生，学生是不是自觉、好学。这两个方面得到改善，大学才有希望。

现在我们提出大学的四个职能：科学研究、人才培养、服务社会、文化传承创新。对照这个目标，不同的专业有不同的定位。具体到历史学而言，有的大学偏重科学研究和人才培养，有的偏重服务社会，有的则偏向于文化传承。从这个意义上讲，并非每个大学每个专业都是同等重要的，一定要做好各自的定位和选择。普通的地方性大学的历史学专业，除了需要做一定的科学研究，主要还是培养乡土人才，服务地方的文化建设。

中国近代著名的教育家蒋梦麟，早年留学美国，师从教育学家杜威，博士论文是《中国教育原则之研究》。1917 年回国后不久撰写《和平与教育》《教育与职业》等文章，高呼"有真学术而后始有真教育，有真学问家而后始有真教育家……无大教育家出，而欲解决中国教育之根本问题，是亦终不可能也"。晚年对其在北京大学的经历多有反思。他长期担任北京大学校长，又任国民政府第一任教育部长，对中西方教育有很多思考和反思。他主张中国教育重在改变传统的"牧民政治教育"，改为平民主义教育，即重在培育独立担当、能行能思、忠诚于知识与尊重学术的人格健全的人，这是旨在增进个人价值和幸福，促进社会开明进步。所以他提出中国教育的长远计划在"取中国之国粹，调和世界近世之精神，定标准，立问题"，教育要培养"科学之精神，社会之自觉"。对历史教育，他说"教授历史当以学生之生活需求为主体"，"养成其天生之个性，使为活泼灵敏之人，富有改良环境，认识社会种种征兆之原理，具解决种种问题之能力"。"教授历史当以平民之生活为中心点"，"历史之用意，在取先世之经验，解决现在之问题。非然者，则历史与生活离，失其本意"。[①]在现在的体制下，我们只有从这两个方面找原因，找新的契合点。

三、以实践教学为突破口，培养新乡土人才

以前的教学是理论方法教学和知识传播。老师只管讲，学生只管听、只管记。那我们倒过来行不行？实行师生平等，民主协调，以实践教学为突破点。不是说老师不讲，而是老师少讲。少讲也并非说书本的东西就不要了，而是把我们的这些问题和知识从这里（书本上）融到那里（实践中）去，融在我们做的过程中去。在师生共同实践的过程中，去解决相关的问题，这个好处在哪里呢？不懂就去查阅，倒逼着我们去学。这样，从一个材料或问题，就扩张了很多东西出来，有利于我们拓宽知

---

① 蒋梦麟：《历史教授革新之研究》，见周靖主编：《百年中国历史教育箴言集萃》，学林出版社，2012 年，第 21-23 页。

识面，掌握查资料的方法，养成思考的习惯，能力就在这个过程中形成了。这符合认知心理学的基本原则。也就是说，只有学习者把外来刺激同化进原有的认知结构里面去，使新旧知识结合，才能产生出新的学习成果。

在此过程中，同学之间建立了合作，老师也从简单的"传声筒"，从简单地传递那些知识变成了学习指导者和参与者。老师重点去解决问题，带着学生来解决问题，共同讨论问题，进行思想碰撞。这对老师提出了更高的要求。

著名教育家陶行知先生曾写过《教学做合一》《在劳力上劳心》《教学做合一下之教科书》等文章，提出："教、学、做是一件事，不是三件事。我们要在做上教，在做上学。在做上教的是先生，在做上学的是学生……先生拿做来教，乃是真教；先生拿做来学，方是实学。不在做上用工夫，教固不成教，学也不成为学。""做是学的中心，也是教的中心。""我们要活的书，不要死的书；要真的书，不要假的书；要动的书，不要静的书；要用的书，不要读的书。总起来说，我们要以生活为中心的教学做指导，不要以文字为中心的教科书。"又说："真正的做，只是在劳力上劳心，用心以制力。"当然，先生有实用主义教育的倾向，这与中国传统的伦理社会本位的教育倾向是一致的，这个过程自然有心性品德与社会生活之涵养。先生不提，却深合教育之宗旨在人本身的身心教养。

陶先生讲的"做"就是我们的实践教学。实践教学的好处多，我们的改革方向就是实践，所以实践教学是我们的突破口。让大家动，少考试甚至不考试，或者是开卷考试，不把考试当成我们追求大学教育的一种主要方式，把考试分数的比重降到最低。大家现在也在做，比如说，期末考试分数占科目总成绩的 30%，那这个考试已经明显淡化了。我觉得越来越朝这个方向在转。但考试比重下降，实践教学就必须跟上，不然教学要求就会更无法把握！历史学开展实践教学，在有的人看来不是在走正道，总是认为按照传统教学考察那种模式，背题考试过关就可以了。还认为理工科类专业开展实践教学理所当然，历史学把文献好好读一读，去查一查文献，研究一些历史问题就可以了，还搞什么实践教学？其实，这都是不合时宜的陈旧认识。

我们一直处在质疑声中。历史学开展实践教学，阻力也很大。我们开始那两年实施的时候，好多老师不理解我们，非常反感。其根本是观念性的争议。其实，实践教学的好处很多：第一，它让人去说话，让人去写，让人去合作，让人从没有变成有，形成一篇系统性的文字，然后去讲，最后去传播，我想这里面有很多事情绝对是以前没有做过的。在这个过程中，我们才真正能感受到历史的多样性，感受到文化的魅力，感受到我们从无知到有知，从已知领域到未知领域，这样一种收获或者喜悦才可以持续。第二，有一个很重要的问题就是，大家不会做事，不会实践，进入社会就茫然了，也无法应对具体事务，原因就在于传统模式相对来说比较单一。实践教学就是要打破它，但这种传统的保守力量太强大了。要推动一个改革，很难。历史学人才培养，按照田野史学，必须要做实践，必须走出书斋，到社会中去实地调查，了解社会，认识社会，满足社会，必须要走这条路。

对于这个观点，有人说，课本的东西都没有好好看，中国历史那么博大精深，文献可能一辈子都读不完。我主张的是对历史文献先知道个大概，了解常识，把握住古今中外重大的历史事件脉络，弄清楚时间、地域、人物和主要的思想文化内涵这些基本的要素就可以了。中国通史中那么多问题都能搞得清楚吗？有必要都去把它搞清楚吗？没有必要，也不可能。我说过，我在读大学的时候，历史书看得不算多，我看得最多的还是哲学、文学、艺术、人类学方面的书，这些东西后来对我理解历史是很有帮助的。毫不讳言，读大学时我确实是没读过多少历史书。等到我读研究生，才开始去读《尚书》《左传》《史记》《汉书》。我硕士阶段读的考古学，我读了不少考古方面的书，参加田野考古实习后，有了一些实践的积累，才又自觉地去读《左传》《史记》《战国策》《十三经注疏》等书。多看一点，兴趣就来了，到后来都会融入思想里面，会加深我们对历史的感悟。所以，读历史书时好像这里不懂，那里不懂，大可不必纠结，我们没有必要把那些东西都弄懂，走在哪里都把这些东西背上是不可能的。

什么才叫把好知识学活、学会？最简单的讲法就是"知道怎么处理""学会如何学习"。美国教育家杜威说过："探究是主体与某种不确定的情境相互联系所产生的解决问题的行动。""在行动中，知识不是存在于旁观者的被动理解中，而是表现为主体对不确定情境的积极反应。知识是个体主动探究的结果。"王阳明说过："知而不行，只是未知。""知之真切笃实处，即是行；行之明觉精察处，即是知。知行工夫，本不可离。"真正的知识，一定是主体性探究的产物，而且要在行动中发展。我们特别强调学习是一种探索过程，是探索知识与自我心理的调适过程。遇到问题，形成心理压力和紧张感，再主动去调查研究。通过这种方式，通过它所包含的知识与原理，转过来解决问题，就真正地明白了，而不是说把它都看完了就明白了，再遇到问题还是不知道怎么把它用起来，问题没有得到解决。怎样把从书本上学的东西盘活？我是用实践去盘活它，是用我的问题，我当下的这个问题，我的研究兴趣，或者说我面临的一些需要解释的现象。用这些问题去带动我们历史的知识，发挥历史知识为我服务的这个功能，这就是实践教学的关键，根本在这里。

实践教学是以问题为中心，来熟悉、巩固、发展现有知识，或者是批判书本知识。我们不是为它而知道它，而写它，而是为这个问题而去找它。中心在问题，落脚点在实践，在当下，书本知识只是备用的。在这个实实在在的、活生生的社会之中去体悟历史文化的真伪，自觉修炼内心的文化，强化自我的学习行为。几千年的书上的那些东西是一个储备器，它是一种可以去参考的东西，但它不是知识本身，不是问题本身。要从书本移到实践中去，要靠我们的理论方法和能力，而这个理论方法和能力就要通过实践去反复领悟，去形成。我们以前的教学更多的是从书本到书本，现在我们是从书本到实践，又从实践回到书本，再落在实践中去，多了很多环节。就像绕圈子一样，多绕了几圈，能力、知识、眼界就不一样了，这就是实践的重要性。历史教学、历史人才培养必须加重这个环节，其意义、核心、根基所在就是知识的转换和能力的养成。

四、史学人才培养的人文追求

我们现在的史学人才培养还是在陈旧的框架内的，是粗浅的。相较于理想中的史学人才培养，现在的史学人才培养还在摸索阶段，在量的储蓄中，没有发生质的变化，与真正意义上的人才培养距离甚远。

我们史学人才培养的改革与古代历史改革具有一定的相似性，各朝的改革都不可能完全颠覆掉前朝的体制框架。据此，我们的史学人才培养改革也是一个循序渐进的过程。未来的大学教育应该是开放的，体现在体制上、师徒传教上、教学时间上、教学空间上等。它不再处处受限于体制，传教方式不再单一乏味，教学时间、空间不再刻板、固执。教而不单，学而有新，将校园式学习转化为社会式学习。学生学习的最终目的是服务社会建设，那么就该让学习与服务不脱节，让青年学生的学与社会实践教学之用并行！

现在也有许多大学为了改革而在假期招收精英人才，创办研修班，有针对性地进行人才培养改革。这种形式就如高考假期冲刺班一般，脱离了自己学校与时空的限制。利用假期实施人才培养计划，转变教学时间与空间，进而为我们的培养计划服务。

这样改革追求与历史上的书院教育又有相似之处。古代书院教育十分发达，而今在全国各地，许多学生也离开学校进入书院学习。作为当代大学生，要关注教育的改革。在下乡实践中，把学习带入社会，带入实践，将书带入乡里去读。我们的学习不再受时空的局限，而是可以轻松地在聊天中，在饭桌上边聊边传授边学习。学习的方式不再单一刻板，而是进入实践变得有人情味。厦门大学原校长朱崇实曾在校园内设咖啡厅，专让大学教授和学生在内讨论学术，此举让学术阵地不再固定捆绑在教室。

就田野史学来说，是要培养新史学人才，培养青年学生的文化自觉、文化担当、文化批判精神，让我们的青年学生能够参与到社会实践当中去，具有自觉担当起乡邦建设的文化力与行动力。传统教育体制下的培养效果不佳，师徒授受式的教育方法曾经担负着培养青年学生的文化自觉及担当、批判精神的重任。我们要转变思维、转化模式、冲破传统，为史学人才培养改革而努力。

我个人所理解的教育核心问题，是人心性的培养，独立人格的培养。现代教育发展到现在，是以课程为核心，以分科教育为途径，按部就班地培养人才。这种方式导致了很多问题的出现，所以现在开始慢慢转变为不再只是知识的教育，而是注重培养人的心性。心性教育就是内在综合素质的养成，内在性格的养成，就是理性和感性的平衡，最后实现在没有老师管理的情况下，学生能够自我成长、自我发展。心性教育的核心就是人性的完善，人格的养成。而教育需要解决的问题，是让学生脱离固有框架的束缚，自我开创，自我发展。

实践的目的是让学生在实践中形成自我的品格，在这个过程中实现自我价值，实现人格的独立，这也是现代教育的方向。我们的实践，正是要培养学生的独立思考能力，使学生具有批判精神，在实践中自我反思。教育的过程就是教授给学生已有的知识，让学生吸收，然后根据自己的能力和特点孕育出自己的思想，再反哺社会。这是一个由外及内，再由内及外的过程。

我们希望学生在下乡访谈中，能吸收人性的真善美，感受道德的力量，修补学生人格缺失的部分，从而培养出有自觉、有担当、有批判精神的人才。这是一个心性培养的过程，同时也是一个隐含内化的过程，而通过这一过程呈现出新的东西来，则是显性的过程。如果内在的心性不健全，所呈现出来的东西就是没有价值的。

五、田野史学视野下的"第二课堂"

田野史学除了学术的追求，最主要的是培养新乡土人才，基本方式为调查、收集、整理、书写、传播、保存、活化乡土历史文化，这就是田野史学"第二课堂"的核心内容与目标。

大学专业人才培养重要的使命是满足社会文化发展的需求。如果说我们的人才培养没有服务社会的能力，没有对接社会的需求，这种培养就是错位的。广义的历史学，包括文博专业，以往传统的教育方式就是在书斋里面，围绕书本文献。而社会需要很多文化性的服务，如民间修家谱，旅游和文化发掘，都需要懂得乡土历史文化和民族文化，会收集、整理、撰写的专业人才。这些恰恰就是历史学要去对接的需求，这也是一个系统教育教学工程。十年来，我们按照田野史学的基本理念去培养新时代的乡土历史文化人才，并探索出来了一条路，我们称之为田野史学"第二课堂"。这个课堂是田野史学的核心场所，是史学走"群众路线"的关键，跟人民群众学习，到群众中去服务，都是以人民为核心为中心，写人民自己的历史，提升大众历史文化素养。

在我们的第一课堂，就是室内课堂教学，老师讲通史和通识。中国通史讲上下五千年，世界通史讲人类发展历程及其主要历史事实，还有一些理论性的知识和文献学知识。这种课程体系下，知识是书本化的，方式是课堂教学，主要系统地传授历史学基本知识和基本理论与方法。老师依托书本和教材来讲，课程结束后通过考试或者考查给每人一个分数。这种评价方式很成熟，在世界范围内是通用的，是稳定的，这叫第一课堂。这个课堂的特点是：知识是集成的、系统的，但也是静态的、抽象的，师生之间是单向度的封闭式的知识授受关系。而要让同学真正能够挖掘整理乡土历史文化，第一课堂是很不够的，因为它最多就是一种知识传授和理论方法的储备。这些东西不够用了，或者说无法转接，那么第二课堂的开辟，就使得我们走向了社会，而且是必然要走向社会。开辟第二课堂的目的就是走向社会，对接社会需求，在社会中去学用结合。

我们最初的目标是在传统村落实施"一馆一志一谱一片一教材"：一馆，就是一座社区博物馆或文化馆的陈列设计；一志，就是一本村寨志或乡镇志的修撰；一谱，就是家谱或年谱；一片，就是拍摄制作一部历史文化纪录片；一教材，就是编写乡土教材或乡土读本。经过近几年的实践，最近有所扩大，增加了谱牒、图集和数据库，也就是家谱或年谱修撰、历史文化图集、历史文化数据库，这是对前面"五个一"的深化和补充，以更加全面地落实新乡土人才的培育。将来还会随着时代的变化有所调整和侧重。

馆、志、谱、片、教材、谱、图集和数据库，怎么确定的呢？"馆"就是对历史文化的展陈，博物馆是历史文化保存、展示、研究、交流的公共空间，它是挖掘传承历史文化和民族文化的重要方式。我们如何征集文物，把文物收集来放在什么地方，用什么方式去展示传播以及整理研究等，在各个地方，包括我们贵州各个县都是当务之急。另外就是村寨志和乡镇志，志书是对一个村落或者一个区域的历史文化的系统记录和书写，对小到一个传统村落，大到一个行政村，或者一个更大的乡镇进行系统调查，这是为传统村镇保护提供全面可靠的资料。一"片"就是对于当地的历史文化进行动态的记录，然后进行纪录片的制作与传播。一"教材"，是把我们调查的内容用一种中小学或当地人能读的方式去呈现，使历史文化得以本土化传承。一个乡镇的文化读本，也可以进入中小学课堂来进行乡土历史文化传播。还有一个就是家谱，民间修家谱的需求很强烈，但在家族内部传统知识和文化没有很好地传承下来，断层了。仅有人力和资金还不够，缺失的是专业知识和文化修养。据笔者十来年的调查发现，现在民间已有的家谱修纂问题很多，修谱者不知道怎么去调查史料，对旧的资料不知取舍，甚至连繁体字都看不懂。我们大学的历史学人有这个职能和责任去规范引领民间的家谱修纂。视频、图集、数据库是非常重要的数字化记录手段，时代既然提供了这么便捷有效的工具，我们就得积极充分地运用到历史文化的调查整理和传播之中。

围绕这些社会需求和时代要求，我们设计了相应的课程，包括"贵州简史""乡土历史文化调查""方志研修""乡土教材编撰""乡镇志编撰""村寨志编撰""家谱修撰""文物调查与博物馆建设""历史文化视频制作""历史文化数据库建设"，共计10门课程，我们称之为"田野史学特色课程群"。这个课程群具有灵活性和系统性，灵活性表现为根据社会需求而设置，系统性则表现在既有基础性课程，也有理论方法性课程，还有操作性课程，课程之间也有紧密的关联性。这些课程重心不在理论知识，而在老师全程指导学生具体地进行实地调查、文献整理与学术研讨。所有课程在四年中依次推进，与第一课堂教学交错，而又集中在每学年的小学期完成，紧扣了新乡土人才培育目标，是对第一课堂中传授的基本知识基本理论和方法的运用，又是面向社会需求的实践操作，是理论知识向社会实践转化的中间环节。当然这些课程除了"贵州简史"和"乡土历史文化调查"是必修课外，其他都设置为选修课，学生可以根据兴趣选择其中的课程。

接下来就是与此相应的实践教学环节和要求。我们从本科大一就抓起。第一个阶段是对各自家乡的调查，这个调查范围不大，可以去采访一个人，可以对一个事件进行了解调查，或者对一个节日、一个传说、一处遗迹、一件文物做记录。这是入门的、初步的、非常粗浅的一个实践，以个人实践为主。对于调查成果需要做 PPT 汇报，师生现场点评，提出修改意见，多次反复调查，最终撰写报告。第二个阶段就是特色课程的教学与实习，这里以"乡土历史文化调查"为例，老师先讲理论知识和方法，然后再分小组下乡调查，对一个行政村进行系统、全方位、地毯式的调查，调查回来之后要做 PPT 汇报，老师点评，多次反复调查补充并写出正式报告。其他课程则根据课程内容和实践要求逐渐开展。第三个阶段就是毕业实习。毕业实习就是分组对传统村落进行系统调查，五六个人一组，定点调查二三十天。每个组可以从三个方面去做：一是写乡土教材，二是写村寨志，三是拍纪录片。到了四年级，就在调查的基础上写毕业论文，这是第二课堂培养的最后一个环节。这个环节最重要的是学生根据此前调查收集的第一手资料选题，通过对原始资料的深入解析，来真正提升专业素养和理论水平。经过这个漫长的过程，要实现从材料到理论分析，实现对历史的深度认识。写论文的目的就是深化对历史的认识和理解，对一个小的村落或者历史文化现象进行分析，达到一种理性的认知，这是一种专业素养提升。对于以前没有研究过的，我们去研究分析，得出一些准确的认识。

以上就是我们第二课堂实施的大致路径，我把它概括为"全程渐进式"实践教学。通过这个过程，至少一志、一片、一教材是可以实现的。按这个路线走，每一届同学这样去做，每年有七八个组写几本村寨志、教材或拍摄纪录片。这样，我们贵州的乡土历史文化调查研究积累就会越来越多，人才就一批一批地培养出来，才能产生真正的社会效益，才能对社会有用。我们在实施的过程中实际上是把第一课堂学的知识和第二课堂的问题与材料结合起来。调查中发现的问题，丰富补充了大历史，但又要回到大历史中去理解。第二课堂的开辟有利于第一课堂知识的积累，反过来，第一课堂的知识运用必须要用第二课堂的问题去带动、去拓展，不然这两者之间是脱节的。

第二课堂的意义在于：

第一，第二课堂是我们大学史学专业教育一种新的积极的探索。当下的大学历史教育基本上还是书斋式的教育，并不是说不要书斋了，但老师停留在书斋里，从本科到研究生都停留在书斋里，都停留在文献上，这样的教育培养出的人才有很大的局限性，关键就是缺乏知识和能力的转化运用环节。在第二课堂的开辟过程中，其实专业教育就得到了一定程度的提升。我们在活态的历史文化的现场中，通过问题导向去把专业的知识用起来，调动起来。在实践中去发现问题，倒过来去运用书本的知识，带着问题去找资料，这样的专业教育更加实践化。现在的学生大都是"00后"，对历史的认识更需要直观的素材。比如讲古代的农耕技术，城里的孩子不懂，农村的好多也不搞懂。贵州相对滞后一点，农村一些牛耕的技术，还能看到。又比如翻车、灌溉技术、水渠，还有对农民要轻徭薄赋，若不经过博物馆，不经过实践，不通过实物，不通过一些视频，一些直观的东西，学生很难明白。再过几年，要给进来的大学生讲古代历史和中国传统文化，他们好多是听不懂的。这就是为什么我讲专业教育要通过第二课堂来拓展、提升。从书本到书本，从文字到文字，从理论到理论，这种教育路径在越来越现代化的中国必须改变！西方的博物馆为什么发达？因为西方走过了农耕文明时代，经过几百年的工业化进入发达的现代文明，所以人们在对历史文化进行追溯的时候，必须要大量依靠文物现场。总之，第二课堂的开辟，是对专业人才培养的一种探索，是对第一课堂教育的补充和提升，使教育更加有效。

第二，第二课堂更强调的是在实践中培养能力。如果第一课堂强调知识的系统学习和记忆，那么第二课堂更强调知识的运用和能力的培养。认真调查 20 多天，其实是一种高强度的训练。在田野中要去观察，交流访谈，刺激发现问题的敏感性，对信息的搜集加工，这些都是能力的培育。同学们要有团队合作精神，还有文字的书写和对资料的整理，将搜集到的材料加工转换成自己的语言，这些能力在第一课堂上是很难实现的。经过这样循序渐进的实践，综合能力必然会有明显提高。

第三，第二课堂有助于提高学生对国情乡情的认识和对自我的认知。同学们离开家园时间长了，对农村不了解。经过 20 多天的田野调查实习，和老乡建立友好的情谊、和谐的关系，会听到很多真实的声音，观察体验到社会的方方面面，大到国家、小到乡村和各自家里面的事，这就是国情和乡情。同时，在事上磨炼，认知自我，体验人性的真善美。大学是一个人认识自我和改造自我最关键的阶段。从往年的情况来看，同学们做田野调查回来之后就变了样，学习的心态也变得积极了。在调查中，不断地接触到新的事物、新的村民、新的社会，就会有很多不一样的体会，个人的潜质和个性就能慢慢地呈现出来。自我的认知和思想的张力得到一定释放，在大学这样一个阶段，很有必要积累这样的人生经历。

这里分享我指导过的 2015 级文博专业一个组的情况。我们在一个很和谐的榕江县小丹江村里，认识了很多人，建立了深厚的友情，很多乡亲都舍不得我们走。我们在村里遇到一个 50 多岁的中年男子，他比较活泼大方，第一次见面时就很热情地请我们喝酒，后来我们变成了很熟的朋友，我们经常去山上做调查，他都会很热情地带着我们。这就是体验乡土的过程，也是体验相处的过程。人与人之间真诚交往的过程，能够体现人性的真善美。我们在乡下待久了以后就能感觉到乡村的人际交流，大家的热情能让人回归到真实的生活中。经过 20 天的交流体验，每个人都经历了一场人生的洗礼。大家从陌生慢慢地走近到熟悉，这是一种很了不起的行为，这是 20 多天的成长，是我们人生的一笔财富。从这个意义上讲，我们的第二课堂不是为了知识而知识，为了调查而调查，为了报告而报告，我希望更多的是要有人性的教育。以后要下田野的话，希望有更多人生的感悟。在找不到资料的时候，没有人能够提供帮助的时候，没有可以倾诉感情的时候，要真诚地与人交流相处，用乡亲们对你的信任去做好调查工作，用知识和智慧去面对这些问题。对我们来说这才是真正的体验和学习。

当然，田野史学第二课堂还有很多不足。我们师资力量还很薄弱，参与指导田野史学的老师还比较少，指导能力亟待提升，实践教学的系统性、科学性也还不强。我们总体还是在慢慢摸索中艰难前行，逐步改善。从学生的角度来看，基本能力和自觉性学习是不够的，大多数学生基础不扎实，都是被动地做这些事情，这样很难做出成果。经费不足也是个问题。现在我们有了一些经费支持，但是远远不够。另外，外出交流学习的机会太少。要在全国本科生的研讨会上去报告我们的成果，去交流，去展示我们的历史纪录片。目前我们没有一个同学做到，拿不出成果来。我们的资金有保障了，同学们出不来成果，这就是一个问题。

第五讲 田野史学与"格致诚正""致良知"

一、田野史学对"格致诚正"的参鉴

"格致诚正"出自《礼记·大学》。宋代以来,《大学》成为四书之首,可见其重要性。古人讲得非常多了,争论也很多,以宋代的朱熹和明代的王阳明为代表,对后人影响甚大。现在这个社会过于浮躁、物质化,心性方面自觉与修养实在是很缺失。学习、做事很不踏实,心浮气躁,怕吃苦,飘飘忽忽,好行小慧,言不及义,行不中道。

格致,就是格物致知,现在有的理解为"推究事物的原理,从而获得知识",还有的理解为实事求是。这都有其道理,但不免于笼统而抽象。按照传统的理解,可以大致认为格物致知就是到实践中去理解、学习、体会、感悟各种社会人事之理与判定是非善恶之别,强调为身心家国天下的修为奠定基础,而不是像西方那样强调去探求自然事物原理。朱熹比较倾向于通过系统学习实践,获得一种知性,包括人事道理、社会伦理、人生智慧、心灵感悟等。朱熹说:"所谓致知在格物者,言欲致吾之知,在即物而穷其理。"可理解为人要获得认知能力、学习方法、知识本身和道理,要通过即物穷理这个过程,而且由理性之知转换为德性之知。王阳明倾向于应用自己本来先天具足的公正严明的良知良能,在实践中去理解格正我们的社会和人生,使"事事物物皆得其理"。两者都强调实践的重要性,都重在人类社会和心性道德两大范畴。王阳明把"知"理解为良知,由德性之知管束发育理性之知。总之,朱熹强调向外求,穷究事物道理,修习成智成识。清末洋务运动时期就把西方的物理学、化学、天文、地质等知识称为"格致学""格物学",就是受这个意思的影响。王阳明推己之良知天理及于天下之事事物物,以心畜物正事,即所谓"致良知"。性命即良知，修性命即致良知，真正的致良知应该是"仁"的发越，是自由的、平等的，这与现代文明社会追求的意志自由与人生平等价值有内在一致性。

格，来也；致，达也，这两个字意义正好相反。一来一去，一在外，一在内，很有意思。来的是什么，去的是什么，这就是关键所在了。我的理解就是良知良能在心与事之间、个人存在与社会自然之间、理性与感性之间、知性与德性之间、书本与实践之间、心性本体与伦常日常之间、尊德性与道问学之间、致广大与尽精微之间、极高明与道中庸之间的反复互动，通透物我体用之义理。正如朱子所谓"用力之久，一旦豁然贯通，则众物之表里粗精无不到，吾心之全体大用无不明。此谓格物，此谓知之至也"；王阳明也十分强调"致吾心之良知于事事物物"，"随时就事上致其良知"。这个互动归结起来，核心是人的本体良知心性修炼与经世致用之互动，就是人性真善美的向外追求与向内潜化。正如孟子所说的那样，"可欲之谓善，有诸己之谓信，充实之谓美，充实而有光辉之谓大，大而化之之谓圣，圣而不可知之之谓神"。善、信、美是个人的内在的，而大、圣则是外在的、社会的，"圣而不可知"是个人内在和外在社会的高度统一和化成。我们做田野调查，不仅仅是知识的求取和理性的回溯，重要的是要在事上致其良知，修炼本性良知，悟解人性真善美。反反复复地把个人与社会、理性与感性、知性与德性、书本与实践、心性本体与伦常日用融合为一体，求知，求实，更是修道德，修心做事两不误，出世入世能兼得。按照这样的境界，何患做不好调查，何患老师的几个追问，自己要去做好，对得住良心，不然自己都过不去的。我们学不好，不好好学，问题出在良知良能缺位，致良知完全可以解决学习动力不足的问题。不要只做个小矮人，要通过修为长出一大截来，心中有朗朗乾坤气象，落落天地气派。

所谓"意诚"，就是不要自欺，慎独反省，去习气和私欲所蔽。《大学》："诚于中，形于外，故君子必慎其独也。"《中庸》里说："诚者，天之道；诚之者，人之道。诚者，不勉而中，不思而得，从容中道，圣人也。诚之者，择善而固执之者也。""诚者，物之终始，不诚无物，是故君子诚之为贵。"古人把诚看作一个人持身守道的根本通则。"果能此道，虽愚必明，虽柔必强。"一个人能够诚于己、诚于人、诚于事，在人事之中贯通自己的诚心诚意，诚实做人、诚信交友、诚恳待人、诚身处事，就会有人相助成功，在仁义的正道上越走越宽广。"反身致诚"这种自觉性，也就是通过慎独反省，以诚来通合内外，平衡得失是非，凭着良知去抉择判断，调谐利害是非，平心论事论人。"反身致诚"是为人处事之基，建功立业之本，求学悟道之德，博学、审问、慎思、明辨、笃行，就是诚明的方法与路径，都要以诚为本。至诚可以感人通物，尽人与物之性，可以观彻天地人事之运行，助化天地万物之成长。具体到调查中，我们的认知与事实要统一，不因自己既已形成的思维定式和经验而产生脱离客观事实的看法，不盲目推理和判断，轻易做出有违当地客观事实的决定和结论。也就是说，处处要实，句句要实，真实客观有效地记录和分析。要在调查中诚实谦虚做人，与乡亲们诚信往来，放开胸怀诚恳待人，尊重当地历史文化和人物事迹，有敬畏之心。这样，才可能找到可信的人，获得可信的资料，才可能得到别人的信任、帮助和指点。访谈要严肃严谨，记录要真实，对历史负责，对乡亲们负责，对未来负责。《老子》言"天下大事必作于细，天下难事必作于易"，俗话说"万丈高楼平地起"，这正是靠人们诚恳的劳作累积才可能发生的质变。

所谓"心正"，就是保证格物致知在正道上开展。《大学》里说："身有所忿懥，则不得其正；有所恐惧，则不得其正；有所好乐，则不得其正；有所忧患，则不得其正。心不在焉，视而不见，听而不闻，食而不知其味。此谓修身在正其心。"心不正则身不修，就是要革除虚浮急躁妄作的坏习气，保持清净心，扶正心气，养成正气，克服嫉恨、恐惧、麻木、偏好、争斗，正大光明，理直气壮。远离浮华，把心沉潜下去，体悟人性真善美，净化心灵，涤除庸俗欲念。以走进、融入乡土社会为起点，以真正理解当地社会历史文化内涵和发展演变逻辑为目标。就是必须使自己的情绪与外界脱离，能够让自己不受外界影响，而变得心意笃静，气韵深沉稳重，时时刻刻保持一种有理有据的理性思维方式。在笃静处修心，又能在事上守得住，发散得开。

现在的学术，都离不开调查研究，运用学术规范和概念，撰写论文，然后发表。把调查研究的成果转化成论文，这自然也算是成功，但问题是现在大家都在盲目追求这个表面上的成功。不少人习惯于短平快的调查研究，成果的内容和质量很难保证。在我看来，这距离"立言"甚远！其实相比于论文，你从那里学到了什么？有没有发现人性的美？有没有悟出点什么，对你的成长、自我性格的养成有没有帮助？我们的成果在多大程度上为社会提供了正知正见？这些才是最重要、最核心的东西，才是真正的"立言""立德"。不同的人，文章可能写得好一点、差一点，快一点、慢一点，视角可能不太一样，我觉得这都不是根本性的问题。我很看重心性培养，如果这个没做好，缺失了，那写的东西一定是不好的。如果自觉地把格致诚正的工夫贯穿其中，我们也能够困知勉行，获得正知正见。注重心性的培养，这也是中国传统教育最伟大的一点，它讲究身心的修为。《大学》有句话讲"自君子以至于庶人，壹是皆以修身为本"，修身也就是修心，是一辈子的事情，要从此时此刻起，好好地修为自己的心。

二、追求"致良知"的田野史学

教育的最高的目的是让学生找到一个合理的人生活法，自我完善和自我实现，形成完美的人格，拥有美好自足的精神生活。我老说心是宇宙间、人世间最伟大的力量、最光明的东西，善待它，好好地扶持它，它就会给我们带来无限的光明、一种神奇的力量。如果扶持不好，今天糟蹋它，明天折腾它，那心就不会关照我们。

若心术不正，就不会有真正的学，没有真正的学就必然无术，这就叫不学无术，根子在于心术不正。现在的学术更强调的是术，术是什么？就是怎么去做调查研究，怎么写文章，怎么符合格式规范。这些当然是有操作性的，里面也包含着对前人知识的积累和尊重，可以培养人的严谨作风和科学精神。现在学术不端行为层出不穷，里面不乏小小的伎俩，夹杂着一些欺瞒诈骗的东西。应当建立一种正大刚明之学。学是什么呢？在中国传统社会，讲究为学为己。为学为己，就是要培养心性，追求良好的品性。又讲究"困知勉行""修己安人"。这两个层面合起来就叫"格致诚正"与"修齐治平"之学。学是要明大道、究天人、通古今的，也就是说心性养成了，悟成大道了，通古今了，再去把这些智慧传之于人，用之于社会，治国平天下。如果没有根基上的东西，学不通大道，不究天人，不贯古今，心气不正，而单去追求术，欺诈瞒骗的事也就出来了。根不正，基不稳，没有人文历史关怀的人，做事总是飘飘浮浮，根本就靠不住。学才是大道，中国古代的学是从哪里学呢？就是从学《弟子规》《千字文》《增广贤文》到《学》《庸》《论》《孟》，没有太多技术层面的东西。这些东西是可以帮助我们通大道、悟古今、与天人互动的，学的是君子之学，而不是小人之学。

我讲文化自觉、文化担当和文化批判，其实就是古人所讲的学究天人通古今。学究天人，按照司马迁的说法，大概就是要懂得礼、乐、律、历、山川、地理之类，按照程朱理学的说法，就是"众物之表里粗精无不到，吾心之全体大用无不明"。通古今，就是司马迁所说的"原始察终，见盛观衰"，"守经事而知其义，遭变事而知其权"。历史学是仁义之学，从古往今来的人类发展历程中看见仁义之事，从而为人类坚守住仁义这个人文高地，"仁者，人也，亲亲为大；义者，宜也，尊贤为大"。历史学就是要上明王道，下辨人事，别嫌疑，明是非，定犹豫，善善恶恶，贤贤贱不肖，存亡继绝，补敝起废。历史学中要容得下亲亲、尊尊、贤贤、善善、恶恶，求真与求善兼备。真正懂得历史的人，一定要在近人情、通王道上下功夫。只要每个人用力之久，就会一旦豁然贯通，究天人通古今是可以做得到的。受到西方现代社会科学的影响，国内很多人主张调查研究应持中立立场，排斥情绪情感情怀的掺入，用冷峻的眼光，加以理性批判。现在同学们能写出来的，绝大多数都是冰冷的、苦涩的、理性化的文字，屏蔽掉了本来丰富的真性情。希望大家把调查研究做成真性情的修为工夫，别学着新"八股文"，而忘了本。

通大道了，还能不自觉吗？难道还没有担当吗？使命感也就会形成了。我想道理是这样的。我们去做调查，要带着这个思想高度去做，因为有了这份自觉，事情就会做成、做好、做实、做细、做深、做到位。如果没有这些东西，就是飘的，是外在的，没有内涵。大家扪心自问，最清楚不过了。

我们有与生俱来的判断力，但关键还是看我们自己愿不愿意把它理正。王阳明讲良知是人们天生就有的，"吾性自足，不假外求"，但往往受外界遮蔽，玷污扭曲。所以关键是我们要能理正。这些好的东西被名利所淹没，我们要利用自己的批判力把它扶正，这样就能通大道，扶不正就不能通，这是中国传统人文思想中高明的智慧。这当然很难，千百年来，法家、道家和佛教等诸家学说都在致力于此。张载说过"为天地立心，为生民立命，为往圣继绝学，为万世开太平"。章学诚讲史学要"纲纪天人，推明大道"，又说"君子学以致其道，将尽人以达于天"。天地之心在我们这儿，就是天理良知，我们完全可以通它，把圣人的一言一教继承下去，发扬光大，这才是我们现在应该学的。致良知就是正心诚意，尽天知命，尽己达人。现今有的读书人把书读偏了，连基本的孝顺、尊老爱幼都没有了，这样的书读来是没有用的。读书并不是为了一个文凭，而是要把最基本的做人做好，这样我们才能通"大道"。"古之学术道者，将以得身也，是故圣人务焉。"

"学于圣人，斯为贤人；学于贤人，斯为君子；学于众人，斯为圣人。"学前圣前贤为君子，固然重要，但学于众人更重要、更直接，下学人事，才能上达天理。田野史学最重要的是回到"众人"，下学人事，回到当下，回到社会。这需要我们去讲，去交流，让历史活起来；还需要我们去实践，去接受正能量的东西，从而洗涤心灵上的尘埃，让我们更进一步。我们不是把资料带回书斋写成论文束之高阁，而是要留在当地，通过创建社区博物馆、文化馆，播放纪录片等来回馈当地人，从而变成活的历史，发挥社会文化建设教育作用，启迪心灵，与当地人共同成长。我们不仅仅是自己学好就行了，还要把悟到的良知、天人之际、古今之变传播给大众，不能独善其身，要服务当下，服务社会。

三、建功于今世：田野史学的学与术

田野史学是走出书斋，但不是告别书斋、背弃室内文献的形而上学的研究知识，而是基于基本的书本理论知识，探索历史文化的真义，发挥历史认识者认识社会、建设社会的主体性作用。学习历史的目标是认识社会、建设社会，而不是在书斋里、室内文献上钻孔。充分利用书斋里的、室内文献已有的知识，这是历史认识主体的一个方面或是一个层次。如果仅仅停留在书斋里研究历史，对于历史研究者自身和社会发展是没有意义的，哲学、文学亦然。在书斋里学习只是我们获得知识的一个途径，学历史学、社会学、文学、哲学本质上没有区别，都是学前圣前贤，最后用到何处都是大同小异的，所以强调历史学一定要有主体性、有担当。田野史学是与书斋史学相对的，与经世致用之学相通，它不是要读完博士才能做，本科生甚至中学生同样能做，跟学历高低没有关系，这样才能符合大众的需要。"人人都是历史学家"，我们都可以变成历史认识的主体，发挥历史认识主体的历史文化根底、文化视野、认知能力和通识智慧，这是非常重要的。

要具备基本常识与能力，而不必对各朝代了解细致，能联系中国上下五千年的历史，世界史的古今大事件，重在能通古今之变。中国的历史文化根底能从先秦十三经、《史记》《汉书》中体现，读完这些书就基本具有了文化根底。后世的各朝代要大概了解，但不必细究。具备历史文化根底，就具有认知能力，解决问题时都是万变不离其宗。

自古中国多历史编撰者，而称得上史学思想家者并不多，自孔子、司马迁、班固、朱熹、章学诚到近代的梁启超、钱穆、梁漱溟等，为数并不多。中国史学讲究经世致用，不喜空想，绝大多数历史学人坚守着这个传统。田野史学固然体现的是经世之学，实用和服务社会，但也要自觉亲近吸收史学思想家的思想。田野史学的口号是"求学问道阡陌行，会通古今担济世"。经世是儒家的传统，孟子的"穷则独善其身，达则兼善天下"，独善其身也是为了兼善天下。宋代关学代表张载的"为天地立心，为生民立命，为往圣继绝学，为万世开太平"四句名言，就是对经世之学最好的表达。经世精神体现在《大学》的三纲领八条目上，三纲领即明明德、亲民、止于至善，八条目即格物、致知、诚意、正心、修身、齐家、治国、平天下。田野史学是经世之学的一部分，也必须继续弘扬中国这个几千年的历史文化根底。田野史学也需要具备文、史、哲、艺多方面的知识，还要运用现代科技手段和当代世界上多学科系统成熟的知识体系，因此我们不仅要拥要中国传统文化根底，还要具备西方的现代化知识根底。总之，要能够融汇古今中外，用学和术来建功于今世。

方法篇

第六讲　田野调查过程中之注意事项

一、选题及拟定调查提纲

田野调查需要明确主题，在确定调查主题之后，须拟定调查提纲。根据调查主题，确立调查目的、选定调查地点、拟定调查内容框架等，调查内容尽可能做到全面细致，具有可操作性。对工作目标、人员分工、工作时间、采访设备、交通联络、安全措施、成果形式等做通盘考虑，协调安排。

关于选题，别人做过的调查研究可以再调查再研究，这样的要求很高，硕士研究生以上的可以选择。但对于本科生，我们倾向于做抢救性调查工作，对未被关注的历史文化和未知的信息进行收集整理。从以往同学们的选题看，往往不能往细处去选择，而是做一些所谓的名人故居、已经陈列的开发过的历史文化遗存调查，结果流于抄别人的资料，没有真正意义上的新发现、新资料。这几年，根据贵州民族大学历史系的总体发展定位与建设模式，我们的选题集中在物质文化遗产和传统村寨方面。这是贵州民族大学历史系 10 年来摸索出来的一条可行的道路。通过物质文化遗产的调查，编写地方文化遗产志，通过对传统村落的综合调查，撰写一系列的村寨志，能够实现我们的新乡土人才培养这个目标，同时也是进行科学研究、服务社会文化建设、传承优秀历史文化与民族文化的有效途径。将来在村落发展中，村志是最基本的文本资料，在此基础上，可以做成旅游导读册、乡土文化读本、乡土教材，为村落博物馆建设、纪录片摄制、家史修撰等提供历史文化依据。这就是我们提出来的"五个一"工程，即"一馆一志一谱一片一教材"。其中最核心、最综合的是"志"，它是所有工作的基础和前提。

二、调查前的准备工作

1. 心理准备

调查前要做好充分的心理准备，要有面对困难的勇气、解决问题的决心，要回归"格致诚正"的古训，养成"致良知"的自觉，以完善自己、服务社会为目标。前面我已经重点讲过"格致诚正""致良知"这个层面。

2. 信息准备

根据调查提纲做好室内信息搜集。如果调查前不了解已有的相关文献资料和调查情况，对该地区一无所知或知之甚少，就会在具体操作中处于被动，不仅会浪费大量的时间，而且还有可能会把别人早已调查的结论当作新发现。如果对该地区有了较好的信息储备，则会让被采访者感受到尊重，容易引发话题的共鸣，便于把问题不断推向深入。室内的信息准备包括地方志资料搜集、前人或时人研究成果、地图地理及交通线路等，最好与调查提纲一起，汇编成册。尤其是民族地区，需要掌握与民俗文化相关的一些基础理论知识，了解当地民风民俗、禁忌等，以免在开展工作时触犯当地人的一些禁忌，进而引发冲突，不利于我们调查工作的顺利进行。所以对调查地有前期的了解是必不可少的。

3. 调查器材与物资准备

（1）调查工具。除手提电脑、笔、尺、记录本、记录表格、卷尺等常用工具外，还可根据情况准备相应的录音设备、照相录像设备、信息储存设备或记录软件以及制作拓片的工具。电子设备搜集的音视频和图像资料比较直观，可在后期整理资料的过程中还原考查、采访场景，以保留原始资料的完整性。

（2）个人用品。包括衣被、雨伞、洗漱用品、感冒药、肠胃药、创可贴等简单的生活与医疗物品，这可根据调查季节、调查地点、个人身体情况而定。

三、调查期间注意事项

1. 尊重习俗和地方规约，虚心学习

不得歧视和诋毁当地的文化传统和生活禁忌，说一些带有侮辱性质的话，要尊重少数民族的生活习俗。同时，还可根据需要融入对方的生产生活中，虚心求教。在访谈时态度要诚恳，持友善之心，尊重访谈对象，不得贸然打断对方的讲话，这可保证第一手资料的真实性。要了解尊重当地村规民约，不要随便进出人家，移动别人的东西。总的来说，不论何时何地，我们都要尊重差异。

2. 注意访谈方法与技巧

这个方面很复杂，先简单说说，第七讲会专门讲。在访谈时，要有技巧地提出问题，以达到沟通感情、讨论问题的效果。要把大的问题分解细化，按照时间、空间或仪式过程的不同，形成有层次、有逻辑关系的一系列问题。抓住细微处，多问"为什么"，记住"为什么"永远是田野中的探测器，很多历史的、文化的价值都在"为什么"里面。只有这样，我们搜集的资料才会更全面、更有价值，从而发现问题所在。

3. 每天写好工作日志，开好小组交流总结会

工作日志包括每日调查的内容，如搜集到的文字资料、图片资料、音频资料、影像资料、个人感想等，建一个文件夹，以时间来命名，将其全部归到当日的个人工作文件夹内。小组交流总结会则需要记录当日各小组成员的工作情况、交流体会以及在总结会中发现的问题，以便突出重点，为下一步工作指明方向。

4. 做好协调工作，明确分工

我们的调查一般是 5 人一组，自始至终在一个传统村落定点调查。围绕村寨志编修，每个人都有工作任务，从资料搜集到整理到书面表达，

负责一定的章节撰写。相互之间一定要做好对接工作，互通信息。协调工作做好了，可以及时解决工作中的矛盾，明确小组分工，防止在搜集资料时互相交织不清，有利于提高工作效率。同时，确保每一部分资料的来源都有人可问，有责可究。但必要时也应集中力量，主攻一点，如在举办婚丧礼仪、节庆日举行活动时，便需要大家通力合作，把人集中到对这一文化事项的调查中来，在有限的时间内完成这一工作。

5. 安全问题

应注意防盗、防兽、防蚊虫、防水、防暑、防狗咬、防蜂蜇、防雷电等，不要逗狗逗猫取乐，以防其伤人。用火用电要特别小心，夏季不能下河洗澡，涨水不要蹚水过河或坐船过河，大雨期间不要出行，要绝对保证我们的生命财产安全。到比较偏远的地方进行考察时，一定要结伴而行。住宿要远离存在水患和山体滑坡风险之地。与当地人或住在当地的外来人交往，不能无原则地亲近，以免产生一些误会。

6. 保持良好形象

穿着要简单朴素得体，同学之间不要嬉戏打闹，在驻地或农家住宿不要喧哗。

四、调查收尾工作

1. 整理出调查资料清单

这主要是对收集的资料的初步清理。清单必须详细分类，建立目录，并对各类具体的资料进行命名并存档。汇总后每个人都要保存一份，以免丢失遗落。

2. 撰写报告，展示工作成果

回学校后，要召开小组调查汇报会，以 PPT 的形式在班级或系里演讲。要召开小组调查汇报会，所有参与人员都要进行讨论展示。小组调查报告，跟一个人单独调查、单独汇报是不同的。从以往汇报的情况来看，同学们对 PPT 汇报的重点掌握还不够，思路还不清晰。汇报时并不是把调查的每一方面一一罗列出来，这跟个人的汇报不一样。个人的汇报是从头到尾讲具体内容，而小组的汇报是要对材料进行提炼，提炼出对材料的认识，而并不是把材料简单罗列出来。罗列式汇报是低层次的，小组汇报必须在资料整理的基础上，提出专业性的理解和思考。

我们的田野调查及其汇报是一种"全程渐进式"实践教学，也就是第二课堂。"全程渐进式"这个词是我发明的，所谓"全程"，简单地讲就是从大一到大四，这是一个全过程；渐进式，就是分阶段、分步骤，层层推进。第一个阶段要求大一寒假每个人对家乡某个方面进行调查（选择人物、事件、文化遗产、节日、婚姻、丧葬等某个方面），然后汇报，这是低层次的，是以个人为单位的简单的报告，面不够宽，内容单一，分析不够深入，而且主要是个人的试探性的调查和汇报。这个阶段就算一个初级的调查和汇报，处于一种浅层次的阶段，但问题也最多，所以需要反反复复地修改和汇报。第二个阶段就是"乡土历史文化调查"这门课程的课堂教学与实践教学。经过第一个阶段的初步积累，现在再去做一遍，从理论到实践都有所提升，更为系统全面。在一个学期内，这门课除了理论讲解，主要是同学们分组，系里的老师集体出动，每人带一个组到学校周边调查。一个小组分工合作，针对一个村落做比较全面的调查，这个阶段就不是每一个人都来汇报，而是以小组为单位共同做一个 PPT。小组调查汇报花费时间比较长，并且比较集中，方法和内容都进一步深入。小组每个成员调查的东西要合成一个东西，合成的过程十分困难，它不是简单的材料叠加。每个小组调查的材料用十分钟来汇报，一定更有深度和综合性，这是更高层次的能力培养。

第一阶段是罗列式的，基本上没有观点和思考；第二阶段是小组调查与汇报，一定要有层次的提升，在汇报上要相应地浓缩和提炼。第一阶段内容是具象的，有什么写什么，是记录和描述，而不需要进行概括；第二阶段则需要从材料中抽象出一个观点或者说结论出来，需要从众多材料中抽出一个有逻辑关系或规律性的东西，高度浓缩。这个十分重要，含金量肯定比以前的高，它是一种综合概括能力的体现。这就需要大家反复地思考和讨论，这对于小组来说是一种考验。这就是为什么我们要强调全程，但也要渐进式地不断推进，这个过程的实质就是我们能力不断提升的过程。如果我们老是停留在一个层面上，肯定没有进步。

PPT 的汇报不是时间越长越好，而是应安排合理时间，一般在 10 分钟内将内容表达清楚。做好 PPT 汇报是大学的必修课。一种有效的交流与表达其实只需要三五分钟就足够了，这便是靠精简时间来提升效率。要将内容压缩，并将亮点、特点表现出来，关键在于组织、安排，需要充分考虑 PPT 的画面、底色、颜色的对比、语速的快慢、层次安排，综合性很强。文字的安排也很重要，多了少了都不好，要让别人看起来赏心悦目。做 PPT 展示时逻辑要清晰，当 PPT 上文字内容太多时，表述应当简化一些；当 PPT 上内容较少时，不要照着上面的念，而要进行适当的讲解。表述时要注意繁和简、多和少之间统一，反复演练，把握好节奏。汇报前可以多加演练，演练时录视频，看着视频反复琢磨，不断改进，做到在有效的时间里充分地表达自己的观点。

3. 撰写村志

撰写的村志要有导论、正文、附录、后记等部分。详见第八讲。

第七讲　人物访谈

人物访谈是田野调查过程中收集资料最重要、最有效的手段之一，也是田野调查过程中难度最大、要求最高的一个环节。学做人物访谈需要注意以下几点。

一、准备访谈提纲

访谈提纲是根据访谈内容要求制订的有逻辑、有层次的人物访谈计划。访谈提纲的制订，是为了访谈能够按照规定的方向有序进行。访谈的对象是动态的、灵活的具体人物，有着强烈的自主意识，这就要求访谈者按照提纲始终把握住人物访谈的内容走向，在访谈过程中始终居于主导地位。访谈提纲应该是与目标内容相对应的一系列问题的综合，只有把需要了解的内容和问题排列好之后，才能有针对性地进行访谈。这就要求提纲中明确体现需要从被访谈者口中获得哪些信息，解决哪些问题，对访谈内容事先有一个宏观的把握。

二、注重访谈过程中的关联性信息

做人物访谈时，因为对目标内容的细枝末节不了解，除了已经发现了的问题之外，还要特别注重被访谈者无意之间透露或是突然提及的内容，这些"无意间"的信息往往有助于调查的具体和深入，产生突破性的认识。对于许多我们所需要的关键性资料和问题，当地人可能会因为长期生活在这样的环境之中，习惯使然不会刻意去注意。被访谈者极少有主动的意识去拓展、丰富我们想要的内容，许多重要的信息就会被忽视。这就需要我们用心接收所获得的信息，抓住相关联的信息继续深入访问，拓展内容。访谈者一开始就要有积极的问题意识，在访谈中以积极发现的问题作为访谈的突破口，发现更多有用的讯息。

三、访谈要注意场景和人文关怀

做访谈时，由于访谈对象是活生生的人，所以我们的访谈应该更注重采取灵活变通的方式，关注访谈的对象以及所处场景。这里说的"场景"，指的是进行访谈时所在的环境氛围，包括访谈所在的场地、参与的当地人、所处的时间段等。例如，几个当地人都在现场而且都对访谈内容比较了解时，访谈就最好不要只针对其中一位，避免其他人被"晾"在一边，以至于对调查小组的访谈工作产生不好的印象。如果访谈是在当地人家里进行，快到用餐时间一般不适合再展开新的访谈内容，而应及时结束访谈并离开，但是要约定好下一次访谈的时间。如果访谈对象的家庭氛围不适合长时间做访谈，比如刚吵过架这种情况，也应该及时注意。碰到有小孩哭闹这样的问题，做访谈前也应该有所准备。如果被访者情绪不高，或有急事在身，或家庭不和睦，就不要勉强，可以换时间。对老年人的访谈时间不宜过长，因为时间长了老人容易犯困、疲倦。

访谈要注重人文关怀，指的是访谈对象不同，访谈采取的方式方法也就不一样。尊重别人的隐私权、保留权和处置权。在访谈对象的选择上，例如做丧葬方面的内容访谈时，最好不要访问上了年纪的老人，这是比较忌讳的。做婚俗方面的调查时，也最好不要追问寡居或者长期单身的当地人。不要不经许可随便触碰和拍摄别人家里的东西；不要让当地人家的小孩带着我们出门调查，也不要带着当地人的小孩走远，等等，都是需要注意的问题。

四、灵活处理调查中的困局

活态社会必须抛弃一些东西，吸收一些东西，它并不是一成不变的，而是随时在变化着。我们的调查要尽可能全面，但有些东西当地人说不清楚，或者别人不愿意说，我们可以通过其他方法来解决，比如去参考前人的相关记录。当别人在忙其他事情，可以记录下来，可以用相机拍下来，换个时间再去询问当事人。当时在现场，别人可能不方便说，比如做"驱鬼"仪式。我们应该换个环境去问他，这样会减轻别人对我们的防备，增加信任。我们做田野调查的时候首先要表明我们的身份，说明我们是做什么的，要调查哪些方面，以打消别人的顾虑。

五、注重分工合作

在访谈进行中，小组内部也应该注重分工合作。如果是要对某一个片区进行细致的综合调查，建议先做一个相关内容的普查走访，确定基本内容框架以后再进行细致的分工。一开始就进行细致分工会让小组成员只倾向收集自己负责部分的材料，而忽视其他内容。而扎堆访谈又容易产生"七嘴八舌"的状况，难以针对某一问题收集到系统的信息。一般在普查走访确定了基本的访谈内容和知情者以后，再有针对性地就某一问题对知情者进行详细访谈，比较有助于推动整个调查工作的顺利进行。

在具体访谈过程中，当两个或以上的小团队在做一个主题内容时，其他人最好只是尽可能对这一主题进行补充，不要中途提及和询问其他内容，避免主题内容被打断，或问题模糊不清而使受访者产生混乱。当某一主题基本访谈完毕以后，再展开其他内容。例如三个人一起做访谈，其中一个针对婚俗进行调查，另外两个队友最好能够多方补充和完善婚俗的相关问题，而不要中途问及其他方面的内容。这样，受访者可以集中精力回答问题。避免人多口杂，胡乱提问题。

六、注意保存受访者的生平信息

我们要对受访者的性别、年龄、文化程度、兴趣、家庭状况做一定的记录，但重要的是要对其生平做详细的访问。这既可以帮助理解其陈述的所有事项，也可以作为村寨志中人物传的一部分。当然，不要触及别人的个人隐私。

七、访谈音像的保存

访谈时，除了文字速记外，还必须有录音和图像记录。这是最直接的资料，可以帮助后期整理进行回查，也是将来数字化保存的重要素材。所以在访谈前我们要有自述性的提示语，交代清楚访谈者是谁，什么时候，在什么地方，为了调查什么内容去访谈谁。这样是为了后期数字化时提取标识元数据。

附录：历史系田野调查内容与要求

一、调查内容

1. 民国以前的古迹

民国以前的古迹主要包括城址、营盘、屯堡、墓葬、驿道、祠堂、寺庙、民居、桥梁、摩崖、岩画等。调查内容包括古迹所在地点（乡镇、村寨名称）、范围大小、布局结构、文字内容、时代、性质、归属、保存及保护情况。

有的地方可适当延伸至改革开放时期，对特殊的遗存进行搜集，如土改房屋、政治宣传墙体标语、"三线建设"厂区库房、乡村建设的道路与水渠、外来援助纪念碑等。

2. 民间各种文献

民间各种文献主要包括谱牒、契据文书、账簿、抄本、科仪文书、碑刻。重点完整拍摄文献，测量碑刻尺寸，传拓碑文和现场抄录碑文。对各时期民间各种文献，要全面了解其名称、归属及传承、文本源流情况，完成全文内容拍摄、抄录或复印，展开相关历史事实的考证。重点考证各姓氏的源流、人物、世系、家族文化。保存访谈记录与之有关的口传信息。

3. 手工技艺

手工技艺主要包括饮食、服饰、建筑、医药、乐器、陶瓷、生化、防护几个方面。

饮食：贵州的特色饮食很多，地域性很强，以黔东南最有特色，如主食有社饭、姊妹饭。可关注各地主食、肉类、酒类、酸汤类、糕点类中的特色食物的加工方法和流程，包括加工的工具器具、储藏方法、蒸煮方法和器具、食品的配比方案、进食方式等。特别注意酸类食物的选料、加工方法、程序和储藏，以及茶叶的栽培、采摘、晒青、凉青、摇青、筛青、炒青、揉捻、焙制等工艺流程。

服饰：服饰原料麻、棉、毛、丝的选择、加工，剪纸、纺织、印染、刺绣、裁缝、银饰。各种款式、不同年龄的服饰。

建筑：民间建筑原材料的获取和加工、方法和技巧、结构与装饰、建造习俗、居住习俗等。贵州多山多石多水也多木材，故有石板房、吊脚楼、鼓楼、风雨桥、四合院、水上建筑，相关制石工艺、制木工艺颇有特色，急需详细调查。

医药：药物名称、采集、制备、配方、适应证及服用，重点访问当地的老土医的行医经历和验方。

乐器：弦、管乐器，丝、竹、土、金等器材的开采、制作，乐器与乐理。

陶瓷：陶土选择与配置、陶窑、制陶工具与技艺，陶器种类、形态、纹饰、釉料与配方。

防护技艺：防腐蚀、防蛀、防潮、防霉、防漏、防水、储藏、保鲜等，相关的工具、原理和技术要领。

造纸工艺：详细记录名称、原材料、加工工具、工艺流程。

4. 乡贤耆老访谈与传记

访谈对象是本村、本寨、本单位、本街区有一定影响的人。访谈内容包括人物的姓名、年龄、性别、民族、生平、主要经历、业绩，有何事迹德行，是否获奖、是否有作品、是否有出版的书籍等。人物访谈要有录音录像，有相关的实物资料图片佐证。

5. 节日、信仰、婚姻丧葬及风俗习惯

节日：节日的名称，何时过节，过节的经过、内容、主要活动仪式。如二月二、三月三、六月六、七月半等。

信仰：信仰的名称、举行信仰活动的时间、内容、主要活动仪式。各种自然崇拜、鬼神信仰、祖先崇拜、民间宗教活动、祭祀礼仪等。

婚姻和丧葬：婚姻和丧葬的程序、仪式、人的角色参与等。

风俗习惯：具有独特性和民族性的风俗习惯，如赛龙舟、斗牛、斗鸟、赶山、招龙等。

6. 口头文学

口头文学包括传说、故事、谚语、俗语、谜语、民歌民谣等，调查相关的内容、流传情况、文化意义。要有说唱的录音或视频记录。

7. 所在地区的各种社会现象

调查过新年、盖新房子、旧房拆迁、游玩、家族活动、娱乐活动、议事活动。就一种现象进行描述、记录并附照片或录音。

8. 地名源流

调查地名及其相关历史事件或故事、古今差异、来历、文化意义、流传情况。

二、调查要求

1. 调查准备

购置材料（物品）：皮卷尺、宣纸若干张、墨汁、刷子、拓包（每组2个）、铅笔（自带）、图表（自制）、常用药品、手电筒、起居用品等。查阅有关文献资料，准备各时期地图。

2. 摄影方面

摄影应保证真实、全面、全过程、全方位。如条件和时间允许，可根据调查的需要，摄制一两个纪录片或主题片。

3. 文字记录

文字表述尽可能全面、详细、准确，尤其是涉及的有关时间、地点、人名、特定名称、术语、习俗等要很具体。

（1）可以自制调查表格，如问卷、文物登记表、民族文化事项登记表等，各项必须保证准确。

（2）访谈速记，尽可能写清楚谁说、怎么说，配合录音完成。

（3）私人日记，个人的各种各样的感受和体会。

（4）调查日志，要求每人都必须完成，包括调查时间、地点、内容、讲述人情况、收获、新认识及存在的疑问或教训等。

（5）注意取样，取样时要保证标本的典型性和纯洁性。

（6）认真全面记录，包括照相、文字记述、资料说明、填写表格等配套资料。

4. 调查专题报告

调查结束后，立即着手整理调查资料，运用文化人类学、历史学、社会学、考古学、自然科学等的原理、理论、方法对材料做综合分析，提交比较系统的文本。

调查报告的基本格式：

调查起因、目的、经过和当地自然地理环境、历史沿革、民族、人口状况等的说明；调查内容的逐项介绍和理论分析，包括具体的文化事项、表现形式、文化关键领域、文化主题、文化语境、社会背景、历史渊源等；主要收获和新认识；理论性思考。

三、调查方法与访谈技巧

1. 调查方法

调查需要采用观察、参与观察、个别访问和实测实录等相结合的方法。方法上要坚持"六到"。

（1）眼到：眼观六路（即空间上的上下、里外、前后），观察讲述者和旁人的言行举止、态度表情，迅速捕捉到文化的独特现象。

（2）脚到：善于走山路，田间地头，房前屋后，楼上楼下。

（3）心到：随时保持好奇的心灵。这是什么？怎么是这样？做什么用？为什么在这里？怎么来的？与别的有何不同？

（4）口到：不懂就问，想到就问，问讲述者，也要问别的当地人（男人、女人、老人、中年人、小孩），还要多与老师、同学交流探讨。

（5）耳到：听当地人在说什么，关心什么。听不同的人说不同的事，听同一个人说不同的事，听不同的人说同一件事。要注意辨别文化的同质异形和同形异质现象。

（6）手到：摸一摸，实际感受，采集标本，准确填写标签，记录绘图，摄影，录音。

2. 访谈技巧

（1）要善于引导讲述者与我们对话，营造良好、和谐、轻松的交流氛围。

（2）要围绕中心议题提出问题，思路一定要清晰，不要被人牵着鼻子走，善于避实就虚和避虚就实。

（3）忠实记录访谈内容，包括讲述者的性别、年龄、职业、语气，讲述的场景、在场人的不同反应等，不加任何个人的主观判断。

（4）问题不能太宽泛，要有针对性。若访问者答非所问，不要急于打断，更不要责备，可以寻找适当时机转入正题。

（5）尊重当地人。记录、拍照、参观等都要先征得同意；文明礼貌、举止有常；具有团结协作精神。将心比心，从小处做到尊重他人。

第八讲　基于村志修撰的田野调查内容及方法（上）

一、村志修撰概说

村志修撰必须依赖大量翔实的田野调查资料，村落调查主要是围绕村志文本所需内容进行调查。村志就是对一定空间范围内具有行政单元性或历史文化意义的村寨的历史文化进行全面整体记述。村志也可称村落志、村寨志，但村和寨之间有差别。传统意义上的村主要理解为一个自然村落、聚落，现代意义上的村为乡镇或街道办事处下面的基层群众性自治单位。村下面还有组，组是组成行政村的要素，并不是一个独立的行政单位。一个行政村有可能是一个大寨子，例如花溪青岩镇龙井村。这样行政村与自然村落重叠，在北方平原地区，这种形式更加明显。在西南山地，不大可能在一个小区域内容纳几百户人家，居住就比较分散，使得一个行政村有很多寨子，有很多小的村落。而诸多小村落中又会有一个相对比较大的有历史文化底蕴的村落，这往往成为村党支部和村委会所在地。编撰村志的"村"是行政意义上的村寨还是自然形态的村落，需要据实而定。这样，村志可能是行政村志，也可能是传统村落志。我们倾向于以当前相对稳定的行政意义上的村为对象，兼顾历史上长期发展形成的传统村落。当然，所有行政村都可以修撰志书，但客观实际条件并不允许，所以需要选择重点的传统村落和有价值的行政村来开展。

20世纪20年代以来，民族志写作成为西方人类学学科的核心，它是建立在对本地人尊重的基础上的，通过严格的田野工作（field work）方法实地性记录和描述调查对象，说明研究的过程，展现主体和客体的对话方式，并对所调查的对象做出一定的反思和理论性的分析。民族志强调通过最细致的观察，对某一文化进行全景式展示，理解本土人的思想观点及其对自己的文化、历史的看法。这种基于活态社会生活，兼顾描述与分析理解的书写方式，对村志修撰有一定的借鉴意义。但是这种方法虽然很精致，却很难满足中国复杂社会文化体系的书写。在中国有着更为悠久的地方志书写传统，至少从宋代开始，中国的各地方就在官方（府、州、县）的组织下，系统记录、描述各地的政治、经济及其历史社会文化的方方面面。明清时期中国地方志书写非常繁荣，著名的学者和政治家都参与其中。这些方志是我们今天撰写村寨志的重要资料来源和参照体系。但是，我们的村寨志既不等于民族志，也不是过去的地方志，而是有待从理论到实践的一种新的探索，没有现成的模式，也不应该只有一种模式。田野史学的成果应该为谁服务，能够为哪些人服务，哪些人能够参与其中来，这是村寨志修撰能否成功的关键所在。我认为，村寨志的撰写者可以是学者，也可以是本地人，甚至必须是一群人的合作，当地人和局外人的对话；既要观察和参与体验，也要可靠的逻辑化的实证研究；其理论方法的运用是灵活的、多样性的。文本形式可以是论文与著作，也可以是散文或日志，甚至是文化专题片或文化节目；面对的可以是不同专业，服务于不同群体；应该是开放的、多元的、互动性的跨学科写作。总之，是面向当下的活人的。我们希望把村寨志的修撰变成一群人共处一个文化场域的再发现、再创造的文化行为。

最近几年，我国正在组织编写名村名镇志，取得了很大的成绩，突出表现在体例创新和文化遗产的挖掘整理方面。体例上以纪事本末体为主，突出地方历史文化特色，强化了人物、事件与文化的专题性书写，图文并茂。贵州锦屏县的王宗勋先生编撰的《魁胆村志》就是贵州省在这方面的代表性成果。2020年11月，由钱理群等先生主编，杜应国先生总纂，近百人参加编修的《安顺城记》，由贵州人民出版社出版。这是一部新的安顺市志，其书内容丰备，全面系统，体例独特。钱、杜两位先生在序言中，对当前官方的志书体例持批判态度，认为"因其模式化要求而走上机械、呆板一途，形成千志一统、千志一面的现象"。他们自觉地在全球化背景下，通过继承中国传统史志体例，在"仿《史记》体例"

基础上，借鉴现代社会学、民俗学、文化人类学、文学、哲学的理念和成果，进行了充分的创新发挥，比较有特色的部分有传说、移民、名墓、碑刻、名村、名镇、名树、乡贤等，注重人的创造和心灵，凸显了地方人物和文化特性，构建了安顺地方文化知识谱系。这在一定程度上突破了当前志书的窠臼，更重要的是，对于深受西方现代学术体系影响的当前中国史学的学术化、知识化、体制化的模式构成一种强大冲击。

民族学中的村落研究是以自然村落为中心（这个自然村落有可能只是一个聚落，也可能是一个行政村），而不强调以行政意义上的村落为中心，重点是对一个典型文化的研究。例如贵安新区平寨社区包括八个寨子，同时平寨又是最大的一个村落，目前很多学术研究都只关注平寨这个村落，而没有包括其他七个寨子。民族学中趋向于一个文化共同体的传统的、自然形成的村落，是由特定人群在长期历史过程中形成的稳定的共同体。这个共同体可能是一个家族，那么重点就是家族研究，例如林耀华先生《义序的宗族研究》一书以宗族为研究单位，就回避了行政区划的分割。民族志是特定群体的文化个案研究，其中包括现象描述、文化逻辑结构、文化关系、变迁、文化内涵等方面的综合分析。

村志区别于民族志，村志强调保存与记录，强调资料的系统性和客观性，强调历时性与共时性，融历史与现实、主观性与客观性、口传资料与实物资料于一体。村志中所涉及内容不需要加以分析，只需要把方方面面进行分门别类，按照一定的逻辑分层次、分章节、分卷，按政治、经济、文化、地理等记录下来。历史学范畴的志就是将这些内容客观记录下来，一般不加以分析。民族学的志不强调资料的全面性，比较注重理论的分析和文化的解读。民族志强调研究，历史的志强调记录。

但现在的村志也需要创新，要将两者结合起来，如仅以传统的方法去写志就会如流水账一般。现今是学科多元交流与发展的时代，所以村志既要有资料完整性，继承真实性的传统，又要借鉴民族志写法，融入一些研究理论，体现当地历史文化内涵和社会意义。经过这几年的探索，我们初步形成了比较成熟的村志体例，大致包括导论、正文、附录、后记等部分。导论是综合性研究分析，要有历时性变迁和共时性结构两大维度的思考，重点揭示其社会文化发展过程，解释其原因，寻求地方社会发展演变的逻辑、规律及未来的走向。正文按照章节体形式，分别对传统村落的大事记、自然地理、建制沿革、村落家族、经济生计、服饰器具、建筑起居、婚姻丧葬、节庆典礼、故事传说、谚语俗语、文化古迹、民间文书等逐一介绍。图文搭配适当，各图编序号，定图名。后记主要交代调查经过、参与成员、组织情况及需要感谢的单位和个人。附录可包括一些地方文书、文件、档案、账簿等，也可以包括调查工作图片和专题研究成果。当然，如果附录内容多，如文书、档案、账簿之类，可以单独成书，分卷成套出版。

大事记，这是中国传统史学做法。如孔子修《春秋》，采用编年体，实质上就是大事记书写。南宋以后纪事本末体流行，大事记书写更加成熟。第一章建置沿革，追溯其可达上百年甚至千年的历史；第二章村落与家族，村落所在地自然地理状貌、民族人口结构、村落布局形态、联系、结构等，理清村落历史可以首先理清家族史；第三章农耕与生计，南方大部分为山地稻作农耕体系，兼有养殖、渔猎、采集，在生计方面除了种植农作物外，还有外出务工及经商、合作社等；第四章教育；第五章婚姻习俗；第六章丧葬习俗；第七章节日；第八章口头文化与文学；第九章民间信仰；第十章历史文化古迹；第十一章民居建筑；第十二章民间文献；第十三章人物。另外还有服饰、音乐、医药、工艺等部分，视情况而定，有则写，无则免。从以上体例来看，更强调传统志的写法，面面俱到。但具体到某个村寨，完全可以适当调整一些内容。总体而言，各地有特色的地方，代表这个村的价值和独特性的方面要凸显出来。这与"面面俱到"不矛盾，并不是说我刚刚讲的这些东西都是同等重要的，这些内容皆可因地域不同而有所侧重。

有些部分应该说是要增加的，如方志常常是有方言这一部分的，清代很多地方志都有方言的记录。医药、服饰、各种工艺，是我们现在讲得比较多的非物质文化遗产，注重动态的文化传承。其实我现在想的是，这个体例基本保留，各个村落有特色的，我们就重点加强。比方说，榕江县怎东村有瑶医，那么它的医药跟其他的瑶寨不一样，跟其他民族的村寨又不一样，就要把它的医药作为一个重点来写。有些音乐，如侗寨大歌单独写一章，详细描述，但我们做不到，存在歌词翻译的问题。这就是说，我们各个组在做调查时要尽可能全面、系统，要有广阔的视野，运用多学科知识。又比方说，某个地方的建筑如果没有特色，也就没有必要专门讲，在村落部分讲一下即可。如果这个地方的建筑有大四合院、寺庙建筑，或者西式风格的建筑，如基督教教堂，那这些东西就要单独讲。很多的细节，我们要一步步去做细致。

村志除了刚才讲的这些内容，还要增加一些相关研究性质的内容。这部分内容可以放在前面作为导言或导论。这样，在最前面就把调查出来的东西进行研究和评价，提纲挈领，能够帮助读者很快了解这个村落的历史文化的内涵特征。当然，研究部分也可以作为附录放在后面，比如同学们撰写的与此村落相关的毕业论文，就可以附在村志后面。论文以村落为基础来写，这也是完全可以的。我们一直鼓励同学们在村落调查基础上写作毕业论文，这几年下来，不少人做得很好，实现了史、志、论的有机融合。这样来看，我们的村志就既有资料的完整性，又有分析、研究成果，这就相对完整了。所以我们希望这一块有一个改革，有这样一个变化。要在资料之外分析，单独写成论文，不能在资料中分析。所以，要求每个同学或者一个组调查回来后要有一个导论和专题性研究。当然，导论必须是从史料到研究的一个上升，需要在老师们指导下反复讨论修改才可能写得好。这就是我们讲的村志的一个范围，文本写作的一个构架、内容和分析。接下来我们说一下每个章节的重点。

二、村志的调查内容及要求

1. 大事记

首先讲一讲大事记的写法。大事记，顾名思义，就是对重要的有意义的事，简明扼要地写。村落的大事记不能和国家的相比，国家的大事记就是诸如战争、外交、法令颁行、经济政治制度改革、自然灾害等，那么村落的大事记呢？村落的大事记是很难写的，一般是把村志的整个内容完成了再来写。大事记实际上是带有研究总结性的归纳。从这几年的实践来看，可以说大事记的内容没有一定之规。总的原则是要反映当地的政治、经济、文化、教育、军事方面的带有全局意义、具有重要影响的事件。

这里举个例子。我们调查发现某个地方历史上有过匪患，迫使全村人共同修了一个营盘，把他们重要的财物搬进去，然后进行一定的防御，从而保证基本生命财产的安全。这个事情是全局性的，是很重要的，全村人都动起来了，而且关系到生命的问题，影响到了当地人的生存发展。所以这种事情必须写入大事记，要讲清楚它的前因后果、主要过程、主要参与人物，但要简洁明了。可以直接说某某年某某匪乱波及当地，当地村民在某某人的带领下，修建了工事，进行防御。再具体一点，可以说明某次抗击土匪中死亡多少人，多少人流离失所，写到这里就差不多了。这个事情是正义的抗争，可以适当评述，但不宜做过多评价。要认识它、研究它、评判它，就放在导论里，在研究的时候详细分析这件事。

再举个例子。若当地办了一所私塾，招收弟子，教育人，可以写某某年某某开办了私塾。办学校也是一件大事，某个村建了一所小学也是大事。如原来没有小学，1949 年中华人民共和国成立后建了一所小学，这个事情就是大事件。因为有了正规的学校，政府派老师来管理、教学，孩子们能够就地上学。这个事情就写某某年，某某小学建成，有教师多少人进来，学校办了多少年，培养了多少学生，代表性学生如何。若现在拆并了，那么就要把这个事情讲完，多少年拆除、合并之类的，这就是个大事件。

特定人物跟大事件有密切关系。当地出了一个重要的人物，虽然在周边不一定有大影响，但对当地却是有影响的。如寨子的某位老人是当地很有威望的人，带着乡亲们修了一条水渠，这也算大事件，因为水渠灌溉改进了大家共同的生计条件。所以说，这个大事记怎么理解，就凭大家去把握了。尽量以时间为轴，若是一个连续的过程，就要把这个事情讲完，包括它的创建、发展、拆除、合并等，这是一个整体。大事记可能包括人，也可能是一件事，也可能是一个重要的活动、政策，如计划生育政策的实施。大事记重在事件，抓住事件这个重要的历史要素。事件又不是孤立的，而是在一定时间段内有影响、有意义的连续性事件。

在我国，志的意义是褒美扬善，以真、美、善来激励当地。不光地方志是这样，家谱也是这样。史学有一个社会责任，特别是志，它的社会责任就是扬善，抑恶扬善，存亡继绝，补敝起废。这是孔子以来的传统，重情义与教化，有时候这比历史的真实性更为重要。志和史不一样，史是可以写丑恶、亡绝、敝废之事，史是拿来给统治者看的，让后人作借鉴，也可以使有识之士反思自我，有成功的经验和失败的教训，有兴衰成败之理，有来龙去脉和前因后果，旨在依事论理。比如《史记》《汉书》以来很多正史里有酷吏传、奸臣传、逆臣传，但是在地方写志就不能写这种内容，即使要写，也很委婉。

有些大事记时间不准确的，就写个概述，如清朝末年，这也是一个相对准确的时间。另外，大事记也不能写太多，十条八条就可以了。写多了，就显得没有意义了，就不是大事件，而是小事件了。可写可不写的，写了就有烦琐累赘之嫌。

2. 建置沿革

建置沿革，就是国家在当地设立一定的机构，将其纳入国家某个行政单位进行管理的历史过程。理论上，我们要尽可能去追溯它的历史，从很早就开始写。但贵州一般的村落，能够说清楚的，可能就是百来年的历史。找到它的建置沿革，把它的建置追溯完整，是很难的，必须通过调查从已知推向未知。我们过去已有的地方志（府、州、县志）是不可能把村落都囊括进去的，即使会提到一点，但是不明确，也不可能那么细。比如道光年间的《贵阳府志》《安顺府志》，在建置部分有村落名称，但也就是提到而已。为了写好建置沿革，这里先给大家介绍一个方法。倒推法是一个非常适用的方法，即先写现在的历史，以现在为起点往前推。一般来说，中华人民共和国成立以后村落的建置沿革能讲清楚，以 1949 年为时间节点、分界线，之后是一个大的时间段，村落的发展有很大变化。我们可以通过村委会查找或访谈老年人等获得资料。参照档案馆的档案和县志的记载，我们能够清楚地知道村落建置的变化，如哪个时候村被称为公社、生产大队。1912 年至 1949 年又是一个大时段，称为中华民国时期，这个时期村落的建置不是很清楚，但得写一个大概。如那时村寨被称为保、甲、寨。再往前追溯，若讲不清楚就告一段落。1912 年以前的清代，或是称为清初、清中期、清晚期、清末。要追溯这个阶段的村落建置就得依靠家谱、碑刻、地契文书、口述史资料，以家族史和文书的地名为线索来写建置。在此过程中，我们得兼顾当地大的行政建置变化。村落的历史与国家力量紧密相关，国家力量越大，村落越可能直接受国家管辖，有基层的行政单位。反之，村落可以是"化外之地"，或是由当地民族势力统治，土司制度就是国家间接统治的方法之一。

建置沿革一般说来是国家力量进入后的产物，但村寨的建置沿革，我们倾向于把前国家时期的建寨沿革也考虑进去。在民族地区，国家建置之前有很长一段时期的自治，就是村落自身的形成、发展与演变，有它自我的社会文化变迁逻辑。即使国家力量进入后，这个社会文化逻辑还在起作用，跟国家的力量有很复杂的关系。这其实也涉及研究的层面，我们首先要搞清楚事实，再去做一些研究。通过村落的管理治理方式的变迁，可以比较清晰地看到地方社会与国家力量之间鲜活的互动关系。

村支两委很重要，应该专门写一节，写它的组织机构、成员构成、制度运行、活动内容与工作业绩等，以及它的演变、每一届的换届情况。每一届的记录本很重要，要尽量搜集。可能大量的是一些政府文件和官方化的记录材料，但也能够反映出一定的历史真实性和过程变迁，原文可以放在附录里面。

3. 村落与家族

村落主要是自然地理环境及社会关系结构方面。这个比较抽象一些，我们到一个村落，整体观察，看看它坐落的地形地貌，是背山面河，还是盘山而建。要对村落所在的山川、河流、土壤、植被、物种、气候、季节变化等做说明和描述，这是一个方面。中国乡村普遍比较讲究风水，我们要特别关注村落选址的理念。人们赋予自然的寓意，其实是中国天人合一、天人相应的文化传统的具体体现，具有当地人特有的思想智慧和文化品位，不能一概以迷信之类看待。还有耕地分布情况，森林分布情况，水库、沟渠、桥梁、道路建造等，这是人与自然交结的方面，反映了当地人对自然的利用和改造。但我们要明白，这些大的利用和改造之类的工程，并不是个人的产物，它们的形成和分配离不开整个村，也是要通过动员社会关系来实现，或者说它们本身也具有社会关系结构的属性。就社会关系结构而言，主要看看村落布局如何，自然寨的数量、距离、相互关系（母寨与子寨；上寨与下寨；大寨与小寨；兄弟寨）；村寨建筑的总体风格、结构特点；公共设施有哪些，如广场、水井、祭祀场所、医院、卫生所等；社区内部道路网络怎样；有哪些民族成分，有哪些家族，各自的人口数量；生计方式和对外联络往来；有哪些社会组织和团体；等等。特别是民间组织，往往称某某会，例如安顺地区屯堡社会就有各种会，如娘娘会、秧苗会、佛头会等，且都是女性来组织。乡村社会治理机构及其设置，如村支两委、治安队、寨管委、家族组织等。当然这些不宜过细，因为在前后各个章节里面会有详细记述，这里只做概述性表达。

家族文化，如家训、家规、家风、家族禁忌活动，也值得注意。家族文化与民族文化是有区别的，家族文化具有独特性，而民族文化具有地域上的普遍性。如长顺县广顺一带金姓家族不吃动物的心脏，据其族人所说，其祖先是夜郎王，名兴，后反抗汉王朝被镇压。因"兴"与"心"两字读音接近，为避其谐音，就不吃动物心脏。平坝区马场镇的平寨王姓家族族人在生前姓王，死后改姓班，据其所说，是因为其祖先科举考试时，主考官说其姓有两"王"字，是对圣上的不尊，去掉一王，改姓王。所以生前姓王，死后姓班。这样的禁忌很微妙，是其家族所特有的，背后有独特的历史根源，反映了家族的独特记忆。这当然不一定与历史事实相符，但反映了一个家族在汉文化进入后的某种选择。这种文化属于口述史，是一种文化认同，一种归属感，不必过于求真，实录即可，后人可以辩驳研究。

姓氏问题也值得注意。改姓的情况很复杂，有的地方的小姓氏、小家族为了立足于本地，获得生存发展的环境，就改傍大姓，中华人民共和国成立后又改回去了。一些少数民族本无姓氏，受汉文化影响，或者是政府登记户口和征税需要，便认定一个姓。或者跟周边大姓，或者以其名字的谐音定汉姓。如榕江小丹江传说当地有"里贡嘎"这个人，其力大威猛，能抱起一头水牛，飞檐走壁，武艺高强，后来被清代咸同时期苗族起义首领张秀眉招为部下。《平黔纪略》中记为"李公鸡"。其实"里贡嘎"是大水牛角的意思，只是一个外号而已，其人既不姓李，"李公鸡"也不是其真名。

家族人物。记录一个家族的人物，应从其始迁祖开始写。然后就详写其家族兴旺以后，为家族的发展做出贡献、对家族有影响的人物，可以有经商的，也可以是入伍当兵的。人物要特别详细，尽量考虑政治、经济、教育各个方面，每个方面可以写一两个代表。家族人物传的写法，就是从其出生的时候开始写，出生时的家庭情况，接受教育的地点，工作的地点，获奖情况，退休后的情况，现在的家庭情况，对社会、自己的评价，还要为其获奖证书、工作笔记拍照，作为佐证。家族的文化遗产，包括家族祖坟、墓碑，家族公益活动留下的建筑、祠堂、桥梁、沟渠等，碑刻上有人物传记，需要详写。

4. 农耕与生计

对于农耕活动，可根据内容分类写，如水田作业和旱地作业。在每一项中，都需要详细记录其选种、育种、播种、施肥、中耕、病虫防治、收割过程、储藏、加工等。

以前没有特别科学的选种方法，但如何判断哪种种子好，把它选出来，老百姓有他们的一套选种方法。此外，育种、播种、移栽、中耕、除草、防病虫害、收割、储藏，每个环节，都涉及相关工具的使用，就像播种有播种的工具，收割有收割的工具，所以在记录农耕这一章的时候，一定要把农具写进去。另外再讲讲黔东南地区有些地方的储藏工具，如箩筐、粮仓。他们的粮仓往往建在村寨外，一家一个，而且粮仓里不只有粮食，还有一些贵重的东西，比如衣服、被子、金银首饰和钱，等等。他们这样做，是为了防止木房起火烧毁财物，所以把一些贵重的东西放在粮仓里，万一发生火灾或者其他不可预料的灾害，可保自己和家人衣食无忧。这就是一套生计方式，包含了很有趣的智慧。当然这也跟这个社会的治安环境有关系，熟人社会里人与人之间的信任度很高。农村生计的来源除了农耕外，还有养殖。记录养殖也是和记录农耕同样的道理，不仅要说明养殖的是什么，而且要说明怎么养。山区的人们养鹅和鸭，鸭有水鸭和旱鸭，又往往混养，何时养，养在何地。种稻前后，收稻前后不同时段放水鸭。这些很讲究，实质上是兼具种植养殖，是精致的种养殖经验知识。黔东南的林业也很重要，主要培植出售杉树、松树，有专门的《林业志》可以参考。当地的契约文书中往往有林地和木材的栽种、管护和交易记录，特别值得关注，研究的已有不少。此外，有的地方还有旅游业、竹产业、经果产业、矿业、特殊种植养殖业。如果有，就要特别写出来，重点写经营情况。现在是市场经济时代，很多产业与生计都与市场有关联，有些产业商业化了，甚至外来企业和政府力量都进来了。这些调查比较难，要依靠一些统计资料，而这就涉及商业秘密和利害关系，可能别人不愿意配合，只能尽量写。

农村还有一种特别的收入方式，那就是礼尚往来，农村办红白喜事，都要收钱收物，这既是生计的一种，也是社会关系的反映。所以我们下乡调查，如果有可能接触到老乡收礼的账本，在征得老乡的同意后，尽量把账本一页一页拍下来，收礼的时间和因什么事收礼，都一定要清楚地记下来。另外有些少数民族地区送礼与汉族地区不一样，不只送钱，还送一些特殊的物品，比如糯米、猪腿、鸡鸭、甜酒等，还有送稻子的，这种稻子直接从田里割下，连着稻秆，一担一担地挑去送给人家。这很有意思，反映了当地农耕文明的独特性。礼簿里面的信息量就很大了，一是体现了当地的风俗习惯，也可从时间纵向上看到这些地区各个时期受着国家发展的影响，因为它们直接记录着时代的经济和物质条件的变化。

饮食方面可以纳入这一章，对食物来源、结构、储藏、加工、烹制、食用方式要逐一介绍。抓住一些重要的食品和制作工艺。少数民族对野生动植物的食用有很多地方性知识，对每一种野生食物的食用方法要逐一记录，当然，如果有特别重要的可以单列一章。如黔东南苗族就对几十种可食用的野生植物有清晰的认识，对此就要单列一章，逐一统计，说明其名称与食用方法，甚至一些食物搭配禁忌。饮食在汉族居住的各个地区大同小异，没有特别的就不用写。如果有个地方的饮食很特殊，比如黔东南的羊瘪汤、牛瘪汤、姊妹饭、社饭、䤚汤、䤚鱼等，就要重点写它的工艺流程和食用方式。很多民族地区稻耕发达，种糯稻，养田鱼，对糯食和鱼的加工都比较讲究。我们的原则就是突出当地的特色、亮点和与众不同的东西，大众化的就可以不写。每一个项目、内容、主题和文化事项里面有很多隐藏的信息，把它挖掘出来是比较难的，因为我们的知识结构、综合能力和访谈的敏感性、对文化的深入程度、理解角度，都会影响和限制我们。要特别地围绕每一个独特的文化事项，放大扩充，越全面越详细越好。

5. 教　育

教育相对比较单纯，分为家庭教育、私塾教育和现代教育。家庭教育和家族里的家规、家训、家族文化有一点关系，但比较活态化了，言传身教多一些。如家族教育有明确的家规家训，这些可以记录。有些大众化的、普遍性的，如尊老爱幼、兄弟互帮互助、男女有别等，最好有个案说明。家庭教育要突出特点，如果没有，可概述性地记录一下。一般家庭教育讲的多针对小孩子，对成年人则多体现在婚姻中。私塾教育有就写，没有则不写。私塾重点是找到私塾教师，受过私塾教育的人，记录教育过程、内容和使用的相关书籍。现代教育，如民国时期就有学校了，则必须调查访问清楚，最好能找到当时入学的人，搞清楚学校开办的时间、名称、教学内容、规模、发展的历史、现存状况等。重点写教育特色，如双语教学这一特色，多出现在少数民族地区，为民汉双语。记录清楚是怎么教的，教到哪一个年龄段，教授的对象，双语老师的培训，教育中的重要成果、改革、学生成就等，以个别案例来写。可以列出一些统计表格，如教师人数、学生名单、考上各级高校的学生名单、从本地走出去的各种人才等。

如果要做好教育方面的调查，还有很多内容可以关注，如妇女教育，主要是对当地女孩子的治家教育、生理教育、生育理念、心理教育。

现在乡村社会的未成年人教育问题很多。一是传统的美德、品德和劳动教育大量丢失，比如尊老习俗淡化、孩子家庭劳动参与很少、艰苦朴素作风消失。传统教育中，小到穿衣吃饭、言谈举止，大到待人接物的礼仪规范，都应该很好地提炼总结。我们去调查这些不是复古，而是传承优秀的文化基因。关键是要知其所以然。对于其中的细节，大家可以在调查中多关注，多挖掘一些有价值的家庭教育方式，对其深层次的原理做出合理的分析。二是随着现代网络手段的普及，很多成人化、低俗化的视频信息大量充斥，危害着乡村社会大众。很多家长疏于严格管教，放任孩子玩手机，使得戴眼镜的孩子越来越多，沉迷游戏者学习急速下降，身心受到严重摧残，甚至不乏因此出现家庭危机的。可以做一项这方面的问卷调查，探究原因和解决的办法。面对这种现代技术产品给教育带来的挑战，很多人都在寻求合理的办法。我们作为调查者，也是时代中人，关注这个问题，也是在关注人的命运，这是我们义不容辞的责任。

6. 婚姻习俗

婚姻方面，要从小开始写。有的从小就有接触，一起长大，这就叫两小无猜。也有以对歌的方式认识的，他们有自己的约会方法，这是一套非常神圣的爱情密码，与现在是不同的。如古代的《诗经·国风》中很多是对爱情的歌唱和对约会时的情景的描述，民族地区还有类似的，保留在各种民歌里，也很优美。我常说读《诗经》之风与听民族地区的民歌完全可以互通，深味其中所表达的人类普同的心灵之花和文化价值追求，我们要为此而感动，足之蹈之手之舞之。我们要详细记录这些东西，包括他们的关系到什么程度唱什么歌。他们从相知、相识、相爱、定亲、婚礼、生子、取名，到办满月酒，这就需要我们写详细些。双方都要记录，不要只记录一方，因为这是双向的，男女双方都要准备，而且双方是不同的。还有就是聘礼问题，以前就有用牛当聘礼的，而在贵安新区一些苗族是用鹅当聘礼。这方面是不同的，需要我们去注意。此外，还有再婚问题的处理方式。结婚以后是否分家，分家又涉及哪些仪式与责任义务约定。

婚姻这一部分还有补充，就是我们要了解传统的一些名称。比方说纳吉，它是中国古代婚礼中的六礼之一。少数民族不一定有六礼，但是它对于我们来说是一个参照。六礼是古代婚姻的六道手续，中原地区在先秦时期就有比较严格的规范，在《仪礼·士昏礼》和《礼记·昏义》之中都有详细记载。结合田野调查大致做如下说明。

第一是纳采。"采"在古代就是一种礼物，一般是大雁。纳采就是送点见面礼，讨要点对方的基本信息，由媒人去完成它，由男家向女家送点小礼物，表示提亲、求亲。

第二是问名。问名也就是问姓氏、年龄和八字，把女方的这些方面都问清楚，然后拿来和男方做对照。如果合得上，这个事情就能成；如果八字相冲，这是一个问题。怎么处理？就要求你们去发现了。问名有一套程序和书贴，请当地懂礼俗的先生来办理，民间称为"下书"。问女子的姓氏、出生，以及信仰、禁忌的一些问题，以便回来占卜吉凶，即在双方的祖先牌位前进行占卜，看八字合不合。看来婚姻还要先跟祖先报告。因为婚姻不是两个人的事情，而是两个家族间的大事。《礼记·昏义》篇对我们理解传统婚姻非常重要。所谓："昏礼者，将合二姓之好，上以事宗庙而下以继后世也，故君子重之。"也就是说，结婚是纵横两个方面的维系，是两个家族的事情，而主要不是两个人自己的事情。

这几句话将传统婚姻的本质说得很透彻了。所谓"合二姓之好"，通过异姓的两个人结合，就形成稳定的横向的姻亲关系。婚姻在纵向上形成血亲关系，祖父子孙体现了一个家族内部的延续性。这就是"上以事宗庙而下以继后世"的意思，它是家族延续的需要。如果没有横向的联系，也就没有纵向的发展，也就是说，有男女之别，才有婚姻之礼，没有婚姻就没有家庭，没有家庭就没有一家一族的延续。婚姻在古代是纵横交错的网络，不是两个人的事情，而是两个家族和社会延续的大事情。这当然是农耕文明时代的必然要求，以保障小农经济生产和人口生产的稳定性。现在我们把婚姻看作两个人的事情，婚姻自由，男女平等，这是婚姻法规定的，和家族没关系。这个观念是近代西方来的，中国传统没有这个情况。《礼记》的这三句话把婚姻的本质讲清楚了，也管了两千多年了。现在很多地方还在延续这种基本的文化传统，只是程序简省了，这就是为什么要问别人的姓氏、出生，为什么同姓不婚。

这里还要强调一点，就是我们可能会在村子里面发现"同姓"通婚的情况。告诉大家，"同姓"只是表面的，因为少数民族采用汉姓很晚，对外作为区分，是受国家力量和汉文化影响的产物。同姓的未必是一个家族，而同一个家族也可以有不同的姓。他们内部是有明显的家族观念的。比如我们在黎平肇兴就发现他们对外都自为陆姓，彼此通婚。但他们内部有自己的姓，有五座鼓楼作为标志，也就是五个不同的家族组成的通婚圈。当然，少数民族的姓氏问题本身非常复杂，还有改姓傍大姓等情况，前面已有提及。

第三个程序是纳吉。在祖庙占卜，两方八字合了之后就去女方报告此事能成。问怎么送礼、怎么举行婚礼的事情，就叫纳吉。

第四步叫纳征，表示婚礼的正式宣告，有的叫喝小酒，叫订婚礼，这对女方来说特别重要。这个时候要送比较重要的聘礼，农村叫"过礼"，这个主要在女方家完成。后面有不同的变化，不过大概是这样的。

第五步是请期，即向女方家征求择定哪一天、哪一个时辰，什么时候出阁。这第四、五两步程序在民间合并了，往往是在女方家办喜酒，当天完成。

第六步是亲迎，即男方随迎亲队亲自去女方接来女子，在男方家举行祭拜礼仪和合卺礼。其重要标志就在天地、祖宗、父母面前拜祭，也就是拜堂，这个仪式是整个婚礼程序的最高峰，亲朋好友都会前来祝贺。拜堂礼，一拜天地，二拜祖宗，三拜父母，夫妻对拜，这体现了中国传统的天人和谐一统观。然后入洞房喝交杯酒，叫合卺之礼。这是两个人的礼仪，在洞房举行，显得比较隐秘。大家下乡调查的时候注意少数民族的婚俗，并以此为参照。

另外，大家要注意婚姻礼仪知识的传承者、礼仪的主持者、婚礼文书的书写者，这些是婚姻知识、礼仪的传承者，值得关注。去访谈的时候要注意观察和记录细节，特别注意在婚礼时扮演各类角色的人。此外，女方父母怎样教儿女生活知识，特别是性知识，中国古代历来有之，只是比较隐晦。性知识与性别文化的表达很多元，很复杂，完全可以针对性地深入调查分析。还有迎亲队伍和送亲队伍都有一定的女性，这是古代特定环境下形成的。这些人员在开始时有实用功能，后来演化为象征意义，所以婚姻中的性别文化值得大家好好挖掘。在做调查时，要把握好本位与客位、自观与他观的关系，恰当地挖掘出好的东西。在调查中要注意问题导向，注意挖掘更深的内涵，以既有的文化作为参照，把握它的内涵。

从婚姻中还延伸出亲属称谓，要认真记录各地的这些称谓，寻求称谓背后的规律。如汉族地区亲上加亲后，称谓遵循"乱亲不乱族"的原则。在多民族地区，不同民族各自有一套称谓的，通婚后如何称谓，是从夫还是从妻，以及一些地方的抢亲、偷亲习俗，都很值得调查研究。

第九讲　基于村志修撰的田野调查内容及方法（下）

7. 丧葬习俗

死者为大，《孟子·离娄下》谓"养生者不足以当大事，惟送死可以当大事"。其实生养死葬都是大事。所以在农村有人去世，大门额上会贴"当大事"三个字。老人过世就是天大的事情，一切都要让位。《弟子规》讲得好："丧尽礼，祭尽诚；事死者，如事生。"死事是人世间最隆重的事，围绕丧葬会有一系列活动展开，很复杂，我们要耐心地访问调查。

丧礼是整个社会和个人人生的大事。对于丧葬习俗，要从老人病危，临终那一时刻开始写，要注重每一个程序，并多问。这是一个漫长的过程，重点还是丧礼当天或者前后事情比较密集的时候。这里涉及中国的丧葬五服制度，五服制度实际上就是以死者为中心，不同的亲属丧葬中的社会等级化和秩序位置关系。它表现为服孝的差别，各种关系的人应该披戴什么，根据什么原则确定，这是调查的一个重点，它是一种社会秩序的缩影。第二要注意的是生者和死者的关系，而围绕死者，生者之间又有很多关系。生者和死者发生关系，这一点不好理解。虽然亲人去世了，肉身已去，但当事者认为灵魂还在，亲情未断掉，还要尽孝，就是所谓"事死者如事生"的意思。其中要注意的是死者虽然已经逝去，其和生者还有很多联系在丧礼中不断重复体现。比如大家要帮忙，要送葬礼。比较重要的亲戚要送两种礼，一种给亡人，实为祭品、葬品；一份给生者，实为亲朋之间的礼尚往来。活着的人之间是亲戚邻里关系，要礼尚往来，就是送人情礼。又有一份是送给死者的，记下来随死者下葬。西周时期以来，即有禭、赗、赙制度。衣服曰禭，用车马帮人办丧事曰赗，助丧家的货财曰赙，皆助生送死之礼，即因助办丧事而以财物相赠。考古学上把这个时期墓葬出土的器物分为实用器和明器，前者一般为死者生前用器，而明器则属于礼仪性葬器。这些东西往往随死者下葬。随死者下葬的器具，考古已发掘出土的不少随葬品（青铜器、玉器、瓷器等）就属于这种性质。考古还发现在战国墓地中的遣策。所谓遣策，就是邻里、邻居送来的助葬的礼物记录清单，以简牍为主要书写材料。遣策有狭义与广义之分。狭义的遣策，就是较为单纯的随葬物品清单。广义的遣策，就是记录与丧葬礼仪有关的各种物品，包括赗、赙、赠、奠诸器及随葬品等。这种丧葬文化在当时已经非常复杂和系统了。现在乡村丧葬中还有一些明器，如纸扎的房子、人俑、鹤等，甚至各种冥币，都是传统丧葬文化的延续。总之，丧葬中的礼仪关系现在可以通过礼簿及丧葬中的不同人的角色扮演来理解。

丧礼期间往往有民间化了的儒佛道思想与内容出现，通过所谓"法式"让死者升天，给其特有的尊重。所谓"法式"，是儒释道文化的仪式化、民间化和本土化，以僧、道和儒家人士来主持完成，有固定的文本依凭和表演程序。这一套关系是生者为死者服务、尽义务的，比如给亡人守灵，给它供饭、做斋事。这一套生者和死者的关系里面的历史文化内涵十分丰富、复杂，要有深厚的传统文化知识才能理解。还有一套是邻里关系、姻亲关系，邻里之间合作、互相帮衬，提供米、菜、柴火等，这是互助制度在丧葬中的体现。很多地方有"龙杆会"，它是民间的丧葬互助自组织。

另外，还有唱孝歌、哭丧的习俗。这些制度和习俗文化很早就在中原发端盛行了，在少数民族地区反而保存较好。很多人以为这是特有的，其实它和汉族的那一套有渊源关系。赗赙制度、助祭制度、陪葬制度（陪葬器物等）主要是汉族地区的，而在民族地区，丧葬仪式是双轨制，即汉族和本地本民族的那一套相互协调，共同起作用。但是本土的那一套在淡化，汉族的在兴盛，因为汉族的那套更成熟、更系统，已经充分仪式化、程式化，影响力更大。甚至一个人在这套仪式中扮演双重、多重角色，所以就有更强大的生命力，两种文化在其中存在着积极的互动。汉族那一套好理解，本民族那一套仪式相对简单。我曾经在黎平肇兴，看到侗族的丧葬就在鼓楼中举行一整个晚上，按照本民族的仪式举行，当然汉文化的影响也很明显，如戴孝、祭奠。第二天早上下葬，下葬很简单，没有复杂的仪式，不过，从直观表象来看与汉族有很大区别。

丧葬习俗中还要注意非正常死亡、停棺待葬、树碑立传、墓地选址等情况，这涉及风水观念和灵魂观念。

8. 口传文化与口头文学

按照民俗学和民间文学分类，可分为口头神话、传说、故事、歌谣、谚语俗语、曲艺小调，各自有着鲜明的特色。在这方面，村志强调地名传说、人物故事、神话、古歌、谚语等，围绕着某一物象展开，而且世代相传，内谷比较稳定，情节完整，其中缊含着深厚的历史文化内涵。歌谣唱词往往呈现对称或者押韵的形式，比如布依族的山歌、酒歌、情歌，有些被文人加工或润饰过。还有一些特殊的口传吉祥语，如立房子时要说吉祥语，有些地方叫上宝梁，撒抛梁粑；开财门时要说很多吉祥语，叫说福字。结婚、满月酒、寿宴等场合都有相应的吉祥语。这部分与历史文化有关的传说故事不同，它是比较随兴的。歌谣唱词这一类是弥散在社会中的，收集比较困难，在调查时要仔细探索，设计一些生产生活、宴饮场景，找方式把它引出来，这就需要调查技巧，所以需要小组成员更密切的协作与分工。最好让熟悉者唱出来，做好录音录像记录。民间戏曲，比如地戏唱本、花灯词、丧葬中的孝歌或散花词，等等。这类往往有成文的本子，基本词调固定，但也可以随兴而作。

一个人的口传资料不一定可靠，因为记忆和口传各异，所以要对多个人进行求证。有的民间文学可能还有文献，如戏本、歌本；有些口传文化与文学，如曲艺、孝歌、丧葬诵经，还伴随有仪式和音乐舞蹈动作。我们对口传这一部分要仔细分类，逐样逐项调查，不能遗漏。要抓住文本形式、内容类型、传承方式、历史文化寓意几个方面。

9. 民间信仰与观念

对原始物的崇拜、自然物的崇拜应该被关注。一般有特定的崇拜对象，如特定的山、树、洞、石头、桥、水井、灶神、龙神等物象。这个崇拜以自然物象崇拜为主，对崇拜物极其尊敬，是一种万物有灵观念的体现。黔东南一带农历二月二要祭桥祭神树，又叫"浪桥节"。"浪"字的读音，应该与古代禳灾的"禳"字的读音相同。"禳"字的意思是通过祭拜祈祷，消灾除邪。布依族、仡佬族、彝族农历三月三要祭山。此外还应注意的是对祖先的崇拜，这相当普遍，形式主要有设神龛、节令时祭拜、清明节、鬼节等。镇远、三穗、施秉一带人亡后，三年内要"挂社青"，吃社饭。社日，有春社和秋社，就是立春、立秋后的第五个戊日，汉族人这天要祭土地神，即社神。但当地人在这一天或前后一段时间里，主要是为了祭祀死者，特别是去世不满三年的亲人。很多人家会邀约亲朋好友一起过社，并带着食物到坟地上去煮，共餐、送鲜花、放鞭炮。所谓社饭，就是为过春社日而做的，在祭祀死者的家庭里吃社饭特别隆重。久而久之，吃社饭则变成了当地人们一个共同的饮食习俗，不限于有祭祀的人家，也不限于春社日，时间延续很长，直至清明节前后。社饭的特别之处是：采野青蒿切碎后，与泡过一夜的糯米搅拌蒸熟，搅拌时还往往同时放一些香蒜、野葱、花生、腊肉颗粒等。黔东南南侗地区的侗族的始祖母萨岁崇拜也很有特色。值得注意的是，神龛不一定只有祖先神位，汉族地区神龛上供奉的神祇很多，有天地君亲师，天地诸神和人文始祖都有位置，儒佛道的神祇也在。这是非常复杂的天地人神交织互通的信仰系统，大概形成于宋代，到明清时期比较普遍。在民族地区又往往与地方信仰神祇混合，非常值得深入调查研究。黔东南民族地区有的叫"家先壁"，只注重祖先，其他神祇并未进入。

此外，特定的崇拜和习俗亦应被记录，比如生殖崇拜和求子习俗。土地神，土地崇拜，有土地庙。相对于这些民间信仰而言，宗教信仰往往在寺庙祠观中得以体现。黔东南很多地方土地信仰和宗教信仰又往往融为一体，以土地公、土地母与宗教神灵共处，将各种社会活动和心灵诉求都与信仰行为融合。这些地方有大量的挡箭碑、指路碑和功德碑，实际上是披着信仰外衣的社会思想和社会组织活动的记录。崇拜的目的是请求一些神秘的力量帮自己达成平安或其他的目的，通过特定的仪式和祭拜物，让外在神秘力量为我服务，具有极强的实用性、功利性。还有一类是辟邪的，如驱鬼，让鬼神世界的坏东西离开，或让它不接近自己。趋利辟邪保平安是民间信仰的核心，也是调查要注意的地方，对此还要具体问题具体分析。对它们的类型、形式、仪式、念词的记录要具体，既有仪式过程的描述、念词的录音，还要有物象的照片或视频记录。

在中国传统和古希腊等多种文化中，人的世界和神的世界是能够沟通的，也就是人神是可以互动的，我们不可能完全脱离"神"的世界，可以让神为我们服务。当然社会上还有巫师、"迷纳"一类人可以通天地通鬼神，它可以沟通人神之间的问题，民间的这类神职人员特别重要，得到社会的尊敬，社会也离不开它。所以在调查中要敬畏，即敬而远之。

过去人们认为鬼是人死之后而成，是人变的，人死后魂魄分离，魂为阴气，散为鬼。《礼记·祭义》谓"众生必死，死必归土，此之谓鬼"。《说文解字》也谓"人所归为鬼"。最初"鬼"字就是人死后的骷髅形状。《周易·文言》讲大人之事，"与天地合其德，与日月合其明，与四时合其序，与鬼神合其吉凶"。《中庸》讲君子获得道的途径及次第，依次为自身、庶民、三王、天地、鬼神、圣人。"质诸鬼神而不疑，知天也。""鬼神之为德，其盛矣乎！视之而弗见，听之而弗闻，体物而不可遗。使天下之人齐明盛服，以承祭祀。洋洋乎如在其上，如在其左右。《诗》曰：'神之格思，不可度思，矧可射思。'夫微之显，诚之不可掩如此夫！"这大致是先秦时期关于鬼神的普遍观念。

宋代以后对鬼神进行朴素的唯物主义理解。程颐谓："鬼神者，天地之功用，而造化之迹也。"张载云："鬼神者，二气之良能也。"所谓二气，指阴阳，鬼神不过是阴阳二气的屈伸，屈者为鬼，伸者为神。朱熹承二者之说。顾炎武《日知录》卷一"游魂为变"条从气的运行角度进行了唯物主义的讨论，他说："盈天地之间者，气也。气之盛者为神，神者，天地之气而人之心也。"把人心也囊括进来了。神与人心具有同源性，皆源自天地之气。

还有阴阳观念，这是一个非常了不起的观念，对中国民众的社会心理和行为方式产生着重要的影响。我们可以认为这既是信仰观念问题，也是思维方式和行为的问题。中国传统观念认为世间万事万物都为阴阳二气构成，人若阳气足，完全可以克掉心理上的恐惧感。人身上也有阴气和阳气，而且是二气最佳的搭配。有时候人身体不好，精神就会产生幻觉，这就是阴阳失调。"人之生，气之聚也。聚则为生，散则为死。"（《庄子·知北游》）"人生有形，不离阴阳。"（《素问·宝命全形论》）按照中医阴阳理论，人体是无数对和无数层次的阴阳运动，互为根本，互为转化，相互制约，相互补充。阴阳一分为二，又合二为一，对立又统一，这是人身心健旺协调的基础。这个就是信仰，是个观念的问题。千百年来阴阳观念在中国人民的社会生活实践中不断被丰富和认识，是中华民族特有的信仰、哲学思维、价值观和世界观，内涵十分丰富，至今仍然在深刻地影响着中国人的社会行为。

10. 节庆与礼仪

节庆，也可以叫节日活动，与婚姻、丧葬、信仰有共同的方面，就是表达人的哀、乐、喜、怒、敬、爱等不同的情感，只是不同的情感在不同的场合以不同的方式表现出来。中国传统社会被称为礼乐社会。礼和乐的含义在《礼记》这本书中讲得很透彻，真实反映了人类社会运行的一套密码。我曾说，我们下乡调查要体悟人类的真善美、爱憎恶，而这些个东西就是包含在人们的节日、婚姻、丧葬、信仰中的，要上升到这个层面，才能真正明白其中的真谛。但是，节日与婚姻、丧葬又有很大的不同。婚姻与丧葬重在礼仪与身份的区分，强调人的尊卑秩序和上下差等，就是把人区隔成不同的身份，担任不同的角色，完成不同使命，对人具有约束性和强制性；而节日则是普适性的，最关乎人的生产生活，不分男女老幼，全民参与，和和乐乐，欢欢喜喜，是人人可以分享的情感方式。中国很多节日是传统的礼别乐和之综合。

传统社会节日很丰富。我们从正月数起，一年十二个月，每个月都有节日，大大小小的都有。黔东南少数民族地区为多民族杂居，每个民族在不同的时节都有一些有特色的节日。这些节日大都因农事而起。大的节日基本都在农闲，特别是秋收后的农历八月至第二年春耕前最为集中。比如庆丰收的吃新节、十月禾蔸节、中秋节等。有的节日是祈求丰收的，如招龙节、"四月八"；有的是祈求人畜平安的，如二月二"浪桥节"（即"禳桥节"）；有的是祭祀祖先的，如清明节、七月半。可见节日中包含有天、地、人、神的沟通方式，是集体心理和行为的表达。节日中也有信仰、风俗、歌舞、竞技活动、吃喝玩乐这些内容，它们往往交织在一起，很好地体现了社会文化的综合性，是稳定社会秩序和文化心理的离合器。这一块现在被认为是非物质文化遗产，突出文化的视野，官方或商家以此来推进消费。我想，这是贬低了这些东西的价值。《礼记·乐记》说："礼以道其志，乐以和其声，政以一其行，刑以防其奸。礼乐刑政，其极一也，所以同民心而出治道也。"意思是礼乐与刑法政令各有所长，最终目的都是合同民心而使天下大治，但礼乐更为重要和持久。《史记》八书中有《礼书》《乐书》《封禅书》等，二十四史中大都有这方面的内容，详细记录了礼乐文化的各个方面。可见在古代，礼乐制度是非常重要的治国平天下的制度。它们是习俗也是制度，是社会心理的表达，也是社会规范，是经过长时间约定俗成的，反映的是人们的经济生活方式、人与自然环境和谐相处的智慧、人与人之间的和谐关系。从一定程度上说也是历史，因为信仰观念、节日习俗、风俗习惯都是从历史中演变而来的。社会学家、人类学家、历史学家都要好好来研究。对这一大块怎么去记录？怎么调查？最好就是在过节时直接参与体验。按照时间顺序，从第一个月到最后一个月，逐项记录，整个过程仪式需要一步一步、一点一点地记录清楚。

11. 历史文化遗存

这一块也比较复杂，包括可移动的遗物和不可移动的遗迹两大类。主要有水利工程与设施、古建筑、古桥梁、碑刻、墓葬、古道路、营垒，以及各种传世器物、古旧家谱、契约文书等。遗存的背后是历史与文化，本身记录着、承载着历史文化。当然，文化遗存往往是没有文字记录的，这就需要有考古学的知识，还要通过访谈获得相关的历史文化信息。而有些是有文字记录的，如碑刻、摩崖、契约、文书谱牒之类。不管有无文字，都得与传世的文献记载做比较。关于文字方面，我们要解决碑刻文字识别的问题，要一个字一个字地辨识抄录，要按照原文格式排版。认字工夫需要在田野调查中长期积累，有些字根本就不认识，字典上都查不到，它就是民间的一些俗体字，民间写者以前的一种写法。识别这些字要靠平时积累，多看就能识别，也可以多翻阅俗字和碑别字方面的工具书。我们在调查中也要学，要再积累。可能很多东西都是在老乡那里学到的，是书本上没有的。在现场，对于所有的碑文内容必须尽最大努力逐一识别出来，抄录下来，如果不去这样做细，我们就无法知道它的价值、清楚它的内涵。这对历史专业和文博专业的学者来讲都非常重要。

对历史文化遗存特别要注意几点。一是要清楚它的所在地，要记录下它的坐标。现在我们的手机都可以测坐标、海拔、经纬度。还有它所在地的小地名要搞清楚，要拍摄能展示它的周边环境的整体性的图片，以反映它跟周边环境的关系，这个信息要全面。另外要描述好这个遗存本身的材质、结构和形态，有些测量还是比较粗糙，很难精确。对于一座房子或一处营垒，能测量出它的占地面积；而对于一座桥的长、宽、高，我们只能做一个比较粗略的测量。我们拿着手机走一圈，手机上就可以显示它的图像和面积了，可以把手机作为一个测量工具。

关于遗存还有一个要注意的，即它的来历。对于历史遗存，不光要知道它是什么，还要通过调查或者相关的文字去了解它是怎么形成的，弄清楚关于它的一些故事、传说、文化现象。比如一座桥是怎么修的，关于这座桥有一些什么故事。有的地方一座桥修了又垮、垮了又修，就像福泉明代的葛镜桥（当地叫豆腐桥）、修文明代水西安氏土司修的蜈蚣桥、花溪区的清代宫詹桥，包含的历史故事就比较丰富，甚至有很多神话的色彩，反映了人不屈不挠的精神。贵州地形高低落差大，河流众多，道路崎岖，古往今来造桥修路十分普遍。围绕这些桥梁道路，有很多故事，要讲清楚这些文化现象，就需要我们去调查。一座桥是这样，一座房子也是这样，类似的还有古井。井往往被认为是有神性的，有龙王在里面住着……类似的故事也要把它放进去。但在前面我们讲口头文化的时候也会涉及它，这两个部分也要有所侧重。也就是说要对作为物态存在的文化遗存进行描述，同时围绕这个物态的还有一些故事、一些文化现象，要作为附录记录在里面。

文化遗存的类型应分开来写。比方说民居，就写一类，选代表性的民居来写；桥就作为一节来写（包括它的形状、工艺、碑刻、故事、相关文献记载）；如果是一座营盘，那就单独写一节，它是怎么修造的、修造以后发生了什么、现状怎么样等。这里面有些重要的历史遗存，需要我们具备一些常识。例如，建筑是一大类，建筑又有民居建筑、寺庙建筑、祠堂，还有一些像侗族鼓楼、黔中地区的石板房，都是属于建筑这一大类。一定要掌握建筑学的一些知识，描述它就需要这些专业知识。比如民居，是三合院、四合院、长亭，还是干栏式，这就需要我们备有一些建筑学的知识。

如榕江小丹江村这个地方干栏式建筑多，这种坡地里面的干栏式楼居，分成楼上楼下，楼下一般是用来关牲口和放杂物，楼上住人。平地发达的地区可能受近代的汉文化影响而有三合院、四合院、徽派建筑之类的。描述如前厅、正堂、廊道、厢房这些都需要常识，在我们调查中要具备这些常识。建筑的一些构造也要注意，其构造与内部功能有很大的关系。建筑的装饰有柱础石雕和雕花图案，有些什么工艺，是透雕、浮雕、浅浮雕还是圆雕。对于这些雕刻工艺（包括石雕、木雕）和图案，首先要拍照、记录、测量，再做详细描述，因为图案的结构、式样和主题，往往涉及一些民间关于平安富贵吉祥的文化内涵。

古代传世器物和书籍方面，要特别搞清楚它的产生或来源、流传与使用情况。每一份（套）文献都要记录其源流、作者、内容，相当于文献提要。它是在什么时间由谁做出来的，或者是买来的，还是手抄的，等等。比如家谱，它不一定是本地人修撰的，可能是很大范围的一个家族共同完成的。但家谱是如何进来的，则是很重要的问题，反映了历史上家族内部的关系。契约文书现在强调归户性，就是谁拥有，是谁立的契约，这可以看出源流来。可能也存在一些转手的情况，如我们在花溪区盖冗村调查时，在罗贤宽老人家里发现94份契约文书，经过访谈，才知道这是整个家族的，在"文化大革命"时期"破四旧"中，因他的这一家是贫农，大家都拿来放在这里，不会被外人发现，这样幸运地保留下来了。后来这批契约被老人捐到图书馆，我指导历史系的同学还以此为材料写过毕业论文。对于成系列的文献要认真编号，要保持原有的存放状态或排列顺序，各种类型之间也要分别清楚。契约文书内容极为丰富，有土地买卖（包括房屋地基、山地、林地、草场、阴地等），钱物典当与租借，以及民间各种事情的记录，如婚姻、过继、团会活动等记录文书，还有官方的票据文书之类，类型很多。如果发现的数量多，可以单列一章甚至单独成书。我们对契约文书要特别注意拍照、测量尺寸、文书识别与录入、分类统计（包括年代、交易类型、交易双方姓氏、交易原因、交易对象、交易货币及数额、税额、凭中人、执笔人、契约尺寸大小），在此基础上，归纳总结这批契约的历史文化内涵。契约在当时就是凭据，双方知晓，还有凭中人，具有公开性、真实性，里面的每一个信息都很有意义。所以我们对此要多加搜集整理，反复比较研究。对今人而言，它们的价值很多，可以从中理解当时的家族经济文化和社会关系、货币的使用、农业的发展状况、建置沿革、社会风尚习俗、政府对地方的管理、村民的自我管理等。

12. 当代民间文献

由于前面提到了古籍文献和传世文献，这里的民间文献主要强调当代的地方文献。具体调查搜集方法和要求是一样的。为什么要专门列出来呢？我认为，中华人民共和国成立以来，中国社会、经济、文化方方面面都发生了很大的变化，我们很有必要记录这段历史。对一个村寨来说，官方档案文件肯定是有限的，需要依赖民间文献来补充。即使有官方的文件，也只体现一个视角，而民间文献方方面面都有——个人的、家庭的、村集体的、政府的各个层面，这是一大块宝贝。我的这个想法，是受到了复旦大学张乐天教授的启示，他认为当代中国乡村文献是记录和研究当代中国社会发展变迁非常重要的资料。我们一般在村子里能够看到当代民间文献主要有：个人的经济活动账本、票据，新修的家谱家传，村民礼尚往来的礼簿，丧葬中的经单簿和祭文，民间组织活动的宣传资料，村规民约，政府建设工程的告示与功德碑刻，政治标语与宣传横幅，当地人员的个人工作笔记日记。民间留下来的成文的一些东西，可能小到一行字、一张纸，大到一本书，纸上的、石头上的、墙壁上的，各种载体都有。还有一些民间举办活动（春节活动、祭祀、婚丧等）拍摄的视频、刻录的光盘等，内容形式非常丰富多样。因此，我们视野一定要开阔，广泛搜集，分类整理。

我们现在特别要注意几大类：一是谱牒。20世纪80年代以来，民间修谱之风兴盛，有的家族已经有过二次或三次修谱。这些家谱对当代家族活动、人口变化与迁徙、文化教育发展等的记录非常丰富。二是宗教仪式文本。记录宗教仪式活动的文本叫科仪文本，在丧葬中戏班里面会有，它反映了当代民间信仰的变迁。还有一类是地方的精英（村支书、村主任、会计、退休返村人员）留下的一些工作记录、工作日记。还有民间藏书，这个相对宽泛，特别强调它是从外面借来、买来、抄来的，不是当地的，反映了地方人士的阅读习惯和文化眼界。还有一类叫作礼簿，包括礼尚往来的账本、记账的册子。如果村里经济活动频繁，可以特别关注他们的记账资料。政治标语也颇为重要，"文化大革命"期间，有大量毛主席语录上墙，现在一些乡村民房上还有不少，对其内容和书写形式也应该注意收集，并做相应的访谈。

系统的家谱是家族史的真实记录，能够比较真实地反映家族社会经济文化教育。对于家谱，要注意它的文本的形态、修撰的时代、组织者，要对里面的主要内容进行逐一介绍，特别是关于家族的迁徙源流、传承世系、家族人物事迹、家族文化和历史遗迹。通过对所记载的家族成员的生卒年月、出生背景、姻亲关系做一些统计，可以分析家族的人口、婚姻、年龄、联姻范围等方面的现象和问题。礼簿也是非常重要的一种当代民间文献，民间家家户户都有各种红白喜事，每次亲友都会送钱送物，有送就有还，所以记得很清楚，绝不能出现错漏，所谓"礼尚往来"实质上是经济往来。这个东西是乡村社会经济和文化礼俗耦合的产物。现在我们能够搜集到的礼簿绝大多数是中华人民共和国成立后，尤其是20世纪80年代以来的，民国时期的很少见到，再往前就基本上见不到了。搜集来的礼簿，要分清是哪家的，因哪方面的喜事而收的礼，按照时代逐一拍摄记录。这些丰富的资料很生动地记录了不同时代的经济发展状况和人们的生活水平，也反映了人们生计观念、价值观念和物质形态的变迁，通过纵向的统计分析和横向的类型比较，就变成了研究当地历史文化变迁绝好的资料。各种民间信仰、民间宗教、丧葬仪式中的科仪文本相对稳定，变化幅度不大，但不能只是搜集到文本，在调查中需要与相关主题结合，把文本放回到信仰、宗教和丧葬活动之中来进行访谈，而不能孤立看待。要有比较专门的民俗学、宗教学方面的知识做基础。

对于各种民间文献，要注意保持它们各自的独立性和完整性。如1949年后集体时代，乡村有很多原始统计表，如公分表、家庭财产分配表、分类账表之类，一般都是分年度按月份或者按户头逐一登记的统计表。它们有自己的关联性，搜集、拍照、存档时一定不能错乱。如果原来的顺序已被打乱，要通过细致的比对加以恢复；如果原来已被编排归类的，尽量尊重原样。对文献中的很多名目、称谓、特定的表述要提取出来，问清楚其所指，不能妄加揣测。对民间各种文献有所了解和研究后，还要对文献的持有人或见证人做专访，询问文献的产生、使用和当时书写的背景及一些相关社会现象。这就把文献与口述史结合起来了。比如我们在榕江县小丹江搜集了1964年至1978年小丹江村小组会计杨光能所存留的几十本原始统计记录材料，非常系统，弥足珍贵。通过逐一拍照、归类、统计，发现了很多历史的真相。

还有一些民间文献就是个人创作的，一般都没有发表过。以前我们在侗族地区调查侗族文化，特别是北侗地区，很多农民会写诗。2007年8月我们在天柱县石洞镇调查，发现那里很多农民家里都有诗集，一个家庭几代人都写有诗，而且装订成册。布依族和水族地区也有上述情况，这个就是民间的创作。其中有些成熟一点，有些相对不成熟；有些写诗，有些写散文。还有一些祭文，带有文学创作的性质，是民间一些文化人创作的。有老人过世，亲朋好友去送一份礼、给死者写一篇祭文，以表尊敬，在丧葬中祭奠时要念这篇祭文。在晴隆县北部"喇叭苗"地区，如有老人过世，或者举行谢墓催龙仪式，会收到十几篇由乡间文化人手写在白布上的祭文。

13. 碑　刻

前面在文化遗存和民间文献部分都提及碑刻，这里之所以单列出来，是考虑到碑刻文献及其文化现象的重要性。如果碑刻资料多，我们可以从文化遗存中脱离出来单列一章。如大的墓地里面会有很多墓碑。我们曾在黎平肇兴调查，发现 800 多座墓，有 200 多座墓有碑刻，时代最早的在康熙末年，晚的一直至今。这样的话，放在家族部分不合适，在遗存中与其他类型也显得不平衡，非常有必要单列。

贵州碑刻文献时代相对较晚近，但内容十分丰富。时代较近就意味着当地人跟它的关系很密切，人们甚至还知道它的故事，如为何立碑刻石，里面的内容跟他们的前辈人的关系，这种情况往往体现在村口寨中的规约碑、功德碑中。本地区碑刻文献多为各族群所制造使用，服务并服从于各族群的社会文化生活规则，而碑刻一旦生成，又发挥着其规范性、约束性的功能，人们往往视之为神物，尊之敬之。这个方面以苗族栽岩（埋岩）、侗族款碑、瑶族石牌以及屯堡人、布依族、侗族的祠堂庙宇碑最具特色，充分显示了社会组织制度与信仰文化的多元性。为了适应喀斯特地貌和脆弱的生计条件，各民族在生态环境保护和自然资源的合理利用方面充满了智慧，这些在碑刻中也有非常多的记录。本地区山高坡陡水深，各地都有路、桥、义渡、栈道、路牌、井、亭楼、馆舍之公设，以便人与物之往来与停息，其事缘起经过及捐助情况皆有碑记可循，此类碑刻实为一大宗，最能反映地方社会之自助自治精神和文化。本地区还有历史上各级政府官员刊布的大量告示碑，多反映官民互动、基层民意与官方意志的博弈，这类碑刻中以中央王朝对地方各民族的军事备防、戡乱与抚慰最具特色。此外，还有一些地方官吏、乡贤耆老昭示文治武功的记功碑和摩崖题记。

由于环境变迁、自然剥蚀、保护和利用不善等因素，碑刻面临着严峻的问题，如碑刻字迹不清，碑身小片剥落，周围环境杂乱，基础设施不完善，展示利用不充分等，急需采取措施进行保护和展示利用。当前，这一地区正与全国一道步入全面建成小康社会的快车道。然而，在城镇化建设、基础设施建设、新农村建设中，散佚和存留于民间的各种碑刻也遭到不同程度的破坏，抢救性调查搜集和保存这些碑刻文献已刻不容缓。我们认为，碑刻文献作为历史文化遗产，不能只作为供学者研究时使用的历史文献，而是急需保护保存和复原研究的有形文化遗产与无形文化遗产的融合体，其所在的自然环境系统和原生社会文化系统信息应该得到全面科学的记录，其在当代社会的文化和艺术价值更应该通过建设开放的数字资源平台得以发挥。因此，从学术研究和文化传承及社会文化建设诸方面看，用现代的科学手段和方法对碑刻进行全面系统科学的调查、整理和传播迫在眉睫。

14. 人物传述

人物传述记录男男女女、老老少少，各种各样的人、形形色色的人。只要认为有意义的人物都可以进行调查，大家应尽量调查，包括小孩子也可以调查立传，只要有一善可陈。要考虑政治、经济、文化教育、军事各方面的人物，如村干部、教师、创业经商者、土医生、鬼师、手工艺人、优秀学生、寨老、军人等。民族学强调尊重隐私，而历史学写人物传记肯定要写真名真姓，有一些思维和民族学的稍微不同。历史学强调真实性，需要写清楚姓名，不能用符号来代替，如果用符号来代替就没有意义了。比较有利于我们的是古人讲地方人物志重在扬善隐恶，这就避开了比较隐私的阴暗面。我们写人物志时尽量把姓名、年龄、身份、文化程度、职业现状、生平都写清楚。接下来重点写人物做了什么对当地有意义的事情。对于一位老干部，要从他的重要成绩着笔，比如说带头修了一所学校、造了一座桥、挖了一条沟渠、开荒种地等。选择的人物既可以是活着的人，也可以是去世了的人。与人物活动相关的物像佐证资料要收集完整，比如修的水渠的照片、获奖的荣誉证书、参加培训的证书等。人物传记要有典型性，可以问他的情感及其对社会、职业、自己的评价等，也可以问当地的一些事情。

撰写人物还可以列统计表的形式来实现。比方说当地上大学的人，通过列表的形式把他们的姓名、性别、年龄、考取时间、考取的学校、专业都放进去，一目了然。还有，对于各届村干部，也可通过列表的形式，把他们的姓名、性别、年龄、任期、主要业绩列出来。

15. 其他方面

除了上述内容，服饰、医药、音乐、舞蹈、语言、饮食等方面有特色的地方也可以写进村志。服饰分男服、女服、不同年龄阶段的人的服饰。服饰是人社会身份的一种表达，也是性别的一种表达，体现的是人的社会关系、社会身份。服饰的结构造型由哪些部分组成，工艺、装饰、材料等也要特别关注。医药方面主要找当地医生做访谈，在人物传述这一块已有体现，这里主要抓住药材的采集、加工处理、配方对症、药名（民族语言称谓）等。实物一定要拍照片，当然专业性很强，很难做。音乐、舞蹈、语言方面更专业，所以真正要做好村志，必须由多学科多专业人员共同完成，不是一个历史学专业就做得好的。

对于所在地区的各种社会现象，学历史学的人一定要进行关注。对于现在民间的很多社会现象，我们都要记录下来以资料形式呈现出来。现在，乡村经济社会的发展与变革很快，基层社会治理也在不断加强，如果有成功的案例和治理制度上的新建设，可以专辟一章来写。比如我们在榕江小丹江村调查，就了解到当地在上级政府的要求下，推广了锦屏县华寨村的"寨管委"经验，这个事情就值得认真调查。村寨志的调查编修内容和村寨志的写法其实有很多的差异，我们的一个核心就是要以村落为本位，突出当地有特色的历史文化。以上所有部分并非在每个村落都存在，所以村寨志的调查与编修没有绝对的固定模式。

实践运用篇

第十讲　田野调查方法之运用

一、多学科合作，数字化记录与保护

大学有很多专业，可以搞联合调查。调查组成员不光来自历史学和文博专业，还要考虑吸收民族学、社会学、管理学、影视、音乐、舞蹈、绘画、语言等专业的成员。可以实行招聘制，面向全校专业招聘志愿者，跟我们专业的同学一起组成调查小组，真正实现多学科合作调查，撰写全面的村志。我们也在考虑能不能请绘画专业的同学帮我们的村落绘制手工画，配上文字说明，出成专辑；请语言学的来写地方方言，专列一章；社会学或管理学的做乡村社会管理与治理调查。另外，我们也希望历史学的学生在调查的基础上做一些视频化的东西（拍纪录片），希望能够做成一部纪录片，或可以直接在微信上、网上传阅的小视频、小短片或宣传片。通过这种方式把历史变成活的东西，让别人可以去阅读、感受、分享，给人以美的享受，用轻松愉快的方式传播思想文化。其实如果真要是纪录片拍出来，肯定就是一个大的突破，但这需要一个长期的过程，也就是说一次两次是不够的。我们是希望用四年时间让同学们学会这些基本的东西，以后出去可以直接独立去创设自己的东西，这是本专业新文科发展的一种实践教学的新动向。

更大的设想是在保存完好的传统村落里建一个数据库，建民俗文化博物馆或陈列馆。把调查的所有东西分类置入，对外开放，动态更新，对文化传承、现实治理、每个人的生活都有体现。坚持跟踪调查记录，开展系统研究和社会参与，真正实现我们提出来的目标，为田野史学做出一个典范来。

二、在调查中增长学识

希望大家不要停留在书斋里面，书斋里面其实很有限。以前同学们去调查时，一开口说话，很多东西都不知道，人家说一个名词可能都不知道。就像黔中地区民间常说"调北征南"，我们还要回去查，但文献中也没有这个说法。这其实是屯堡地区对明初朱元璋派傅友德等平定云南，并屯军贵州这段历史的记忆。这样的调查对同学而言，会增加很多地方性知识和乐趣。我们的培养还是要带有地方的特色，在不同的地方，融入的那种历史底蕴、文化气氛、风土人情有很大的不同。据我们调查，黔中一带各民族都有对清咸同时期军事起义这件事的记忆，还说"下八府反上八府"。什么是"下八府"与"上八府"，为什么是这样的格局，对贵州历史有怎样的影响。民间就只有一句话，但是有深刻的社会历史背景，民众也不知其中的深义，需要我们以此问题意识，去查阅各种文献加以解读。咸丰、同治年间，贵州人民大起义。对于这个起义，文献也有记载，但是我们调查中收集的是一些具体的案例，文献中是没有这些内容的。而且我们以前在调查中发现有很多生动的故事，比方说当地人为了抵御进攻，自发组织起来，在村寨附近险要的山顶上修筑营盘，或者寻找一个洞，在洞口修筑一道墙，躲到里面去，叫作"躲反"。历史的深处的东西你不知道，只有通过这种方式去理解真实的历史是什么。历史的种种细节和真实性，只有在活态社会中去发现和感悟。

三、访谈技巧很重要

这个问题比较复杂，很多同学前两次都做不到，往往会被别人牵着鼻子走。访谈一般是要有一个明确的问题意识，不能没有目标，没有核心的内容，否则会让被访问者认为你不会问问题，感到厌烦，不愿意配合。作为一个调查者，怎么把问题化解成一个一个小问题，这方面的能力就比较重要。提问方式也很重要，问题意识和层次意识都要在具体的访谈场景中一步一步深入，要有逻辑、有层次地不断深入。尽可能用当地方言，或者用通俗的方式提问题、交流，提的问题不要太书面化，尽可能像聊天一样，不知不觉就聊进去了，是最好的。可以从闲聊开始，如聊天气，聊周围的山水，边走边聊，看见什么聊什么，都是个人临时掌控的，没有绝对具体的模板。只需掌握一个基本原则，就是有问题意识，有层次感，用通俗语言去交流。还要注意问一些禁忌类的问题不能太直接，如找一个老人问关于死亡的问题。避免问别人忌讳的东西，提问不能太直接，要委婉。

所有的访谈都更强调临时发挥，要有对话的环境，要尊重别人，要设身处地为别人着想。如果别人很忙，没时间配合，就不能死缠烂打，可以约下次，有回旋，使下次能更友好地相处。这个时候最好换一家，换一个访问对象。这些都是技巧问题。

提问题越细越好。很多同学访谈结束后发现问得不详细，该问的没问到，许多都是大而化之的。所以访谈不可能是一次性能完成的，为了更好地完成这个访谈，首先要做一个提纲，列明大概问些什么问题。回来之后，当天问的当天处理，录音主要内容转化成文字，就会发现有漏洞，如原来想问而没有问到的。或是出现新的问题，别人延伸的新的线索，又需要去补充。要有敏感性，抓住这些漏洞和新线索，下次带着这些新的问题，再去追问。有些访谈需要两次、三次，甚至更多，只有这样反复才能彻底弄明白，才能更全面。访谈可能是田野调查中最容易失误的，比较难以驾驭。而遗址、碑刻、文献这一类可以拍摄测量，是固定的，相对容易掌握。最难的是访谈部分，技巧不容易掌控，方法运用失当或对问题的敏感性不够，都会无功而返。

四、善于运用典章制度分析历史现象

典章制度，一般是由国家制定执行的，但在地方社会并不可能完全推行，或者差异性太大，到了地方就变味了。把田野调查与书本中的历史文化知识结合，充分运用文献中关于国家典章制度的记载，理解其地方化的历史过程，可以看出国家层面与地方社会的互动。举两个例子来说明。

2015 年我们去贵安新区平寨调查，待了几个月，其间问到一个老人家里的田土面积，他说，我们家有五斗田，以重量单位来计量面积。同学们当时没有意识到"斗"是一个新线索。他们回来，突然想起问我，我也不清楚，但感觉到这是一个很有历史来源的词，再去追问老人，只说是种的种子数量，最后还是没搞明白，看来田野中的问题又要回到室内。后来回到室内查文献资料，找来《安顺府志》《贵阳府志》，都没有明确的记载。最后在《黔南识略》贵阳府部分才找到。"田土历未丈量，民间不知亩数，但计布种多寡。斗种之地宽约一二亩。丰年上田可收米五石，中田四石，下田三石至二石不等。"看到这句话，眼前突然发亮，疑团终于解开了。原来，贵州很多少数民族地区以前没有丈量这些田土，官方的田亩计量系统没有进去，而征田赋时是以官方的石、斗、升为量器标准，被称为"京石""官斗""官升"。现在当地人家还常见"官斗""官升"，并以斗来测量种子的重量，进而计量面积。这个斗当地叫"官斗"，就是用官方制定的斗的规格来计算粮食，而不是去称重。"官斗"上面有横梁可以提，小一点就是"升"，升和斗都是方形的，十升为一斗。这个就是民间粮食重量标准和换算关系。他们用官方发的这个标准量器去衡量家里的田和土需要多少种子，不需要知道面积，只需要知道播种多少。你说这个科学还是用尺子去测科学？我们小时候在农村生活，看见民间邻里之间借还粮食也是按这个标准，借多少还多少就按这个来算，而不是按斤两来算。彼此借还就是用"升子"，这种"升子"家家户户都有，木匠们制作的规格都是一样的，很便捷。这些不走出书斋是无从知道的。

其实，这个传统由来已久，丈量土地反而是很晚的事情。从战国时期商鞅变法，实行"平权衡、正度量、调轻重"就开始了，两千多年前的历史似乎一下子就回到了现实，在现实中寻求历史如此美妙、如此快乐！因为古代长期是按人头而不是按土地面积征赋税，即使有所谓"计亩而税"，亩数多是按照户主根据田地产量来倒推估算，自报其数，不可能每垞每块都实地测算，即使国家测量土地，完全实施的不是主流。因为管人比管土地更有效，管住人就有土地开垦和种植。大概从明代起，特别是明代中期赋税制度改革后，才从按人头逐渐转向按亩数征收。明代万历时期贵州也按照当时的制度推行田地丈量，但贵州的田多是弯弯曲曲的，而且因水土流失垮塌严重，增减变化大。如果老老实实地用丈尺去测量，看起来很科学标准，但得出的数量却不是很合理。各家各户田地很分散，很多少数民族根本不习耕种，生活贫苦，土地流动性强，甚至不乏权势者的操弄，丈量出来的田地亩数是非常不准确的。到清代乾隆、道光时期仍是如此，所谓"地贫民瘠，赋入最简，所赖良有司抚而恤之，俾相安畎亩享乐，利于轻徭薄赋之时"①。而用播种数量几升几斗来测量它是最便捷、最有效的，这就是智慧，历史的智慧，是国家典章制度与贵州具体民情的折中。

在民间发现的问题在民间解决不了，在田野中解决不了，还要回到历史文献中，回到书上去解决，这是一个大循环。我们带着书本上的大框架去，下乡之后问题出来了，解决了。有些没有解决的，再回来看地方志，这就是带有针对性的研究性学习。如果发现了这样一些问题，能够上升到这个层面进行分析，就不得了了。

再举个关于地名问题的例子。我们在思南县板桥镇调查时，发现一个地方叫后屯，很特别的地名。这是个地名问题，我们在调查中要把其来历讲清楚。在调查中，当地人肯定会告诉我们一些，但是可能还不完整，还要回到历史文献中去查资料。又比如清镇有个地方叫"中八"，对于为什么叫"中八"，当地人可能只知其一不知其二。还有一次我们去贵安新区高峰镇调查的一个地方叫"后二"。像这类地名，后屯、中八、后二等，都跟屯军有关。明代朱元璋在贵州搞军屯民屯，设置卫所屯军。一个卫标准有 5600 人（正规军人，军籍世袭），卫下设五个千户所，一

---

① 引自乾隆《镇远府志》卷十三《田赋志》。

个千户所 1120 人，分别为前后左右中，每个千户所下设十个百户所，每个百户所 112 人，每个百户所下设两个总旗，每旗 56 人，每总旗下设五个小旗。一般屯军是以旗为单位。或称屯，或称堡，都是共名，就像一般所谓的村或寨一样。具体称谓很复杂，有的以长官姓名为名，如花溪的陈亮堡，就是以陈亮为长官的屯军所在地，还有麦坪乡的彭官堡，长顺广顺的燕旗堡等。安顺平坝、西秀区、普定一带比较普遍，则称"屯"，东屯、两所屯、鲍屯、鸡场屯等。贵阳的花溪、白云、乌当及龙里一带也不少。回到前面讲的地名上去，所谓后屯，就是后千户所屯军之地，乾隆《镇远府志》卷十二"镇远卫屯地"部分明确记载有"板桥前屯后屯"，这表明思南板桥确实在明代有过屯兵，且属于镇远卫下辖。据我们调查，从山东来的屯民较多，板桥还建有千户所，首任千户所千户乃山东人孙斗轩。"中八"就是中千户所第八百户所屯军之地，属于威清卫；"后二"就是后千户所第二百户所屯军之地，属于平坝卫。如果不具备书本上所讲大的历史背景知识，怎么调查也不能说明清楚。这就是典章制度的重要性。

对于某个具体的历史问题，去调查得出了什么，这个只是一个过程，只是一个初识的东西，要真正把它说清楚还要回到室内。室内不行还要回到当地去，这个大循环，从室内到田野，从田野的实物到访谈、到口述，从口述再到实物再到文献等。反复经历这样一个大循环，才可能对当地历史文化有深刻的理解。

五、善于用数据说话

村落中有很多琐碎的东西，如文物类型、碑刻文献、文书、人物及其事迹、人口比例、性别比例、家庭收入、考上大学的学生情况、生计方式、草药名称、语言、食物、野生动植物等，都可以通过列表来说明。特别是各种各样的小人物，只要有一善可陈，都要列入，以资后人纪念与自检。数据表中也可见社会的方方面面，小至一个人的日常生活与事迹，大至一个社会的生计方式。这些背后其实就是数据，大数据。这些数据有的是相对固定的，有的则是随时在变动，统计的数据也就是相对的。抗战时期浙江大学所编撰的《遵义新志》，关于地理、气候、物产等部分，就有很多数据表格。我们一定要尽可能多做统计，数据表越多越好，但要归纳总结数据的逻辑关系。数据背后的关系就包含有规律，不同性质和类型的数据关系能从不同角度反映当地的社会经济活动与文化变迁的规律。每一项数据表格的制定要科学，反映的相关事项要全面、真实、准确。

六、口述史方法问题

关于口述部分，很多学科都在挖掘整理，特别是民族学、民俗学和民间文学，有很独到的理论方法。20 世纪 80 年代以来，我国通过口述记录，编辑成了《中国民间故事集成》《中国歌谣集成》《中国谚语集成》。史学在这些学科的基础上，形成了口述史学的方法。口述史学现在是国际上史学的一种分支，这个分支相对来说方法上有其独特性。虽然在对象上都是跟过去有关的，但是最大的特点就是它保留在人们的记忆之中，以口传的形式去对历史进行沉淀、叙述、解读、传承。对于某个历史事件的记忆和理解，不同身份、年龄、性别、文化程度、人生经历的人，都会有理解上的差别。比如说，就同一件事或文化现象，对一个中学生和对一个七八十岁的老人进行访谈，两者之间的理解肯定会有其差异。还有就是当地有的人对这个没有兴趣，那么他的理解也不同。因此，访谈对象就显得很不准确，不是单一的。这些因素告诉我们访谈需要做细。往往其中就会有夸张的、改编的部分历史，这一部分就是活态的历史，比如说关于历史重要人物，书上的评价只有那么几种，而人们口里的评价肯定是不一样的，这部分其实变化万千；又如《三国志》和《三国演义》，《三国志》相对来说是客观的事实，《三国演义》则从三国到明代，中间经过无数人的夸张、附加、剪裁。传统上认为元末明初罗贯中是主要的完成者，民间文人罗贯中在陈寿《三国志》和裴松之注的基础上，吸收民间传说和话本、戏曲故事，写成《三国演义》。直到明代后期又经过不断改写，至清初才形成一个定本。到现在制作成电视连续剧或者动漫作品，又在不断地延伸。形式不断变化，但又都有一个关于人事的描述与人文评价，这就是一种活的历史，这就是口述史最核心的意义。实物资料与口述史之间有没有必然的关系？这就需要我们寻求历史遗存和外围的口述史料两者之间内在的、必然的关系与规律，即古今相通关系，就是历史的本质规律。

但是口述史不是解决所有问题的万能之法，它只是在一些方面有效，有些在口述中是找不到的，或者说在口传中是涉及不到的，有局限性，就像文献本身有局限性一样。口述的这个部分，是隐藏在人间的，没有写出来的，我们去调查就是去把它挖出来、写出来、呈现出来。这个部分一旦记录下来就是史料了，就与地方志有相似的性质，它都是史料。就像同学们的档案就是史料，访谈你的口述的东西也是史料，这是配套的，相对来说有一个对应关系。去调查的时候要兼顾这两个东西，这两部分都是史料，都是解决问题时要参考的资料，还加上实物，如证书、记录本之类。对这几个层面的信息，一方面是单独调查搜集，另一方面又要综合起来看。就相当于说档案、证书与记录、访谈时的口述部分以及别人的评价，这四个方面的材料要兼顾起来看。可能口述的东西有些是假话，或者掩盖一些东西，那就去翻看档案。那档案也是人做的，也有局限性，就再从别人口中去了解一些情况，然后再去看记录和一些证书。这几个方面是相对独立但又相互促进、相互依托的，共同实现对历史真实的理解与呈现。

所以下乡调查就不是简单的看碑文记古代的史实，最困难的是访谈。访谈做了四五次的大有人在，只有做了四五次才知道得全面准确，而且访谈得越有味道。因为访谈是活态的，当地人头脑里面装的很多，他们是在民间的知识海洋里面，当你走进去之后越来越宽，可以在里面遨游。如果只是看文献，会很枯燥，或者看实物也很单调。做好访谈既是一个系统的工程，同时也是人性化的对话，人性化的过程，在这个过程中要感悟人是什么，人怎么活，怎么活得有意义，访谈中触摸到了，慢慢地进入。

口述史范畴很广，包括个人生命史、文化史、政治史、风俗变迁史。个人生命史的口述史记录是比较成熟的，有自传自述与他传他述之别。口述史研究可以借鉴人类学、民俗学的访谈方法，但要有历史学的功底。因为访谈范围太大了，不只是对历史古迹，对各种地方文献和相关正史都要熟悉。人物传记的访谈，重点就是访问其生平和人生的独特经历，这个过程中会发现很多值得回味的东西。还有这个老人对他的家族怎么看，有什么贡献，或者对历史上的人物有所研究、有所认识、有自己的想法，这都是很人性化的、具体的、有关怀的。所以在这个过程中不只是接收资料、获得信息，同时也是在体会人生，去认识活态的一个人怎么过一生，怎么去实现他的价值。或者他的人生很普通，或者他很成功、很有地位、很有影响力，各种各样的形象，人生百态，都可能在访谈中见到。把访谈做好，田野调查才算真正成功，最后与被访谈者成为朋友，互相产生共鸣，建立一种可以信赖的关系，访谈就非常成功了。

当下的人形形色色，他们的人生、他们的心态、他们的感情、他们的生活方式各有不同。比如去访谈一位乡村教师，他如何一步一步走到今天的？现在的家庭怎么样？他的孩子怎么样？他对自己的职业是怎么理解的？对当下教学生是怎么理解的？当下的人是怎么生活的？他们的生活有哪些方式、哪些内容？访谈一位村干部，他可能有许多经历，对于村里的一个矛盾他是怎么处理的？当完不成上级派的任务的时候怎么办？通过面对面的深度访谈，会看到每一个人都有他的无奈、他的困惑、他对人生的迷茫，伟大的人性之美和无法遮蔽的人性之恶都能够呈现出来。当然要充分尊重别人的隐私。每个人都是一本书，都有独特的故事，怎么去把它挖掘出来？访谈一定要从这个角度去思考。这种访谈就是田野调查的重要方式，一切历史都是当代史，这就是在记录当下的社会历史。田野史学就是去了解、去认识当下的社会，面对的就是当下社会。但是当下社会有其历史的一部分，也属于现在人生活的一部分，这两者是不能分开的。这部分在民族学里叫地方性知识，小传统是通过代代传承而来，是人们通过总结经验而得来。

与口述史相对的是文献史料整理。中国传统的史学中文献史学尤其发达，文献的搜集、考据、编著和传承非常系统。相关的方法，可以研读顾炎武的《日知录》、梁启超的《中国历史研究法》、傅斯年的《史料论略》及《历史语言研究所工作之旨趣》、顾颉刚的《古史辨》（第一册）等。其中，两位顾先生颇值得关注。顾炎武博学广识，所著《日知录》会通古今，是古代历史文化百科全书式的研究，对传世文献中所承载的事实多是以归纳法做专题性的考论，又往往结合口述史料加以论证。今举其书卷二十八"土炕"条为例：

> 北人以土为床，而空其下以发火，谓之炕。古书不载。《左传》："宋寺人柳炽炭于位，将至则去之。"《新序》："宛春谓卫灵公曰：'君衣狐裘，坐熊席，陬隅有灶。'"《汉书·苏武传》："凿地为坎，置煴火。"是盖近之，而非炕也。《旧唐书·东夷高丽传》："冬月皆作长坑，下燃煴火以取暖。"即今之土炕也，但作"坑"字。《水经注》："士垠县有观鸡寺，内有大堂甚高，广可容千僧。下悉结石为之，上加涂塈，基内疏通，杖经脉散。基侧室外，四出爨火，炎势内流，一堂尽温。"此今人暖房之制，形容尽之矣。[①]

顾颉刚先生是历史学家，也是民俗学家，对其关于中国上古史的"层累地造成说"，应加以深刻理会，其中就包含着文献学与口述史方法的兼用。主要思想是说时代越后，关于古史的时期追述就久远，人物就越放大，通过文献可以知道不同时代如何追述和放大古史。而且，人们最关心的是历史的时间和人物故事，后人可以从文献和口述史记忆中理解历史被不断构造的过程和原因。顾先生对孟姜女故事的研究，就是最优秀的案例。[②]这可以说是中国的历史人类学方法，具有非常深刻的

---

① 〔清〕顾炎武著，周苏平、陈国庆点注：《日知录》，甘肃民族出版社，1997年，第1230-1231页。

② 顾颉刚、钟敬文等：《孟姜女故事论文集》，中国民间文艺出版社，1983年。
　论文集中收集了顾先生在20世纪20年代关于孟姜女故事研究的所有文章。

历史学思想和方法论意义，完全可以用来指导我们对口述史和文献资料的整理。

七、保持好奇心，于平易之中见历史

好奇心对于田野调查非常重要，很多时候，最为普通的现象往往会被人忽略，但其中又往往蕴含有重要历史信息。下面讲两个例子。

凡是去黔东南地区做过调查的人，都见过当地人吃饭不用高的桌子和凳子，而用矮桌子、矮凳子。像在榕江县城里，即使是一些餐馆，都是用当地常见的矮凳、矮圆桌，而且凳子是一人一个，圆桌则是对半，用时拼合起来，不用时就可以挂起来，或者把一半翻起来，跟另一半叠在一起。这是我们都知道的，当地人天天用，太平常了。但一直以来，每次带学生到那里调查，都没有人对此发问过，我一问他们，他们也说从来没想过这个问题，不知为什么这样用。这个现象，据我分析，应该是跟他们的饮食之处的火塘有关，而火塘又与他们的木楼居生活有关，木楼居又与他们生活的山地和丰富的木材资源以及潮湿的气候等有关。这样我们顺着理解就好了，山地、茂林、潮湿→吊脚木楼，人在楼上饮食起居→为了防止失火，则要在楼板下方垫土或砌石头灰灶，并与木板隔开→在低于楼板的灰灶上架三脚架或吊锅，人围绕火塘饮食，故无高宽之桌凳。这样，人可多可少，围坐火塘，共食一锅，不断添柴以水煮菜，而无固定的长幼尊卑之席位。通过这个分析，我们可以看到他们饮食习俗背后有深刻的自然环境因素和生计方式。而由于文化习俗的惯性作用，人们即使离开楼居生活环境，住进了新的现代楼房建筑里，也还在使用原来的那一套桌凳。当然，受外界影响，高宽的桌椅也越来越流行。

再举一例。我们在黔中地区调查发现很多清代以来的墓碑时间落款与众不同，不是在右边最后一行，而是在左边首行。当然，也有时间落款居右边末行的，但一般不是民间的墓碑，而是具有官方性质的告示碑，或受其影响的记事碑刻。这两种不同的时间落款方式本身是当地极为普遍的现象，但却有深意。对于墓碑的这个问题很多学生也不曾注意，其实我也没有注意到这一点。有一次，2010 级历史学的一个同学突然问我这个问题，我只搪塞了几句，说可能是与死者身份有关，并要同学们问一下当地人。当地人也没有说个明白，只说祖上一直就这样，典型的文化盲点，最熟悉的却是最无知。很久以来，我也不得其解。后来我考证今黔中布依族丧葬中的《引路幡词》，得出一个结论是这个东西受唐宋时期内地的买地券文的影响。买地券就是丧葬中向人买地的券文，这种"买地券"汉代就出现了，最初是实实在在的土地购买交易记录文字，考古出土不少。东汉时期道教兴起后，由道教人士书写，由其代表死者向神祇购买土地，逐渐变成一种虚构的凭据，其时间正是居于左边首行。宋代尤其盛行，券文刻写或笔写于长方形的砖、铁板、铅板、石板、木板上，以便于墓中久存。北宋时期编成的《地理新书》卷十四《斩草建旐》专门录有买地券范文，开头即为"某年月日"。[①]买地券文关于四神（兽）或以天干表四至的记载，以及关于神祇的表述，都跟传统的风水观念、信仰有着密切的关系，这是一套关于安顿死者灵魂的处理文书和仪式。现在民间仍在使用，只是换成纸质的印刷体了。又过了一段时间，我搜集碑刻资料，发现花溪高坡有幅明代的摩崖石刻，就是著名的"永镇边夷"摩崖，时间"弘治庚申"也是在左边第一行，最后落款是"洪边兵临"。修文县阳明洞明万历十七年水西土司安国亨题"阳明先生遗爱处"时间也在左边首行。这是摩崖石刻书写的排版需要，与墓碑体裁不同，但首行即书时间的行文方式也具有独特的地方色彩。再看北京大学张传玺先生编的《中国历代契约会编考释》，发现宋代的契约文书时间主要居左边首行，但也有居末尾的。越往后，居末行的越多，至元明时期，基本是居末行。2016 年我到广西桂林龙隐洞，看了很多宋代的摩崖，时间居首行和末行都有，但前者较普遍。后来又查阅河南省新出墓志铭，也反映了这个规律。从贵州北部出土的宋代至明代的墓志铭和买地券看，

---

① 〔北宋〕王洙等编撰，〔金〕毕履道、张谦校，金身佳整理：《地理新书校理》，湘潭大学出版社，2012 年，第 428 页。

时间落款变化的趋势也是从左首行向右末行转变，在明代早期基本定型为右末行落款。但同样是在黔北地区，明代播州土司墓碑碑文时间一直在左边首行，立碑人在右边末行。①经过反复琢磨，我认为黔中墓碑时间落款问题基本可以得到解决：首先应是土著（很可能是布依族）先民在宋代或稍前吸收内地买地券文的书写方式，运用到丧葬文书书写和仪式中。后来受其直接影响，到了明清时期墓前树碑风气盛行时，并转移到碑文的书写之中，而沉淀在黔中大地，一直延续至今。后来的一些民族，包括汉族在内，也受到这个书写体例的影响。黔中形成的两种时间落款方式恰好是不同历史时期外来文化叠加所致，虽然现在是并存关系，但在历史形成中有先后顺序，我们就可以从这个侧面来深入地理解黔中历史变迁的轨迹。

八、注重当代性的实物资料的搜集，与口传资料相结合

我们在田野调查中碰到的所有的形态资料都可以采集，也相对容易采集到。口传资料是一大类，它是动态的，有增有减，自有它的规律。相对而言，实物资料更具有真实性、直观性、稳定性，主要包括碑刻、文献、古迹三类。但我们往往会把目光投向古代，不注重当代的实物资料。如中华人民共和国成立以来，特别是近几年来竖立的碑刻、修筑的桥梁、建设的各种水利工程等，切实地反映了当代农村的新变化，要系统记录下来。现在的东西大家都看得见，不是什么学问，但千万记住，这就是活态的历史，我们真正能够感悟到的真历史就在当下这个活态社会。我们能否意识到这一点，并科学系统地加以记录保存，对后人全面理解地方历史文化的延续性很关键。当地的人们，包括我们调查者，都会忽视它们的存在，这叫选择性遗忘和习惯性忽略。千万不要以为这是现在，与历史无关。现在的很快就是历史了，而且，我们一直强调古今

---

① 参见何烨、陈季君、刘世野：《播州土司文化遗存图释》下篇，中央民族大学出版社，2015年。

一体与古今相通，历史只是一种变化的过程，分别为过去与现在，只是教大家知识和记忆的一种方便法门。越早的历史部分，口传就不准确了，就越要实物来证实。发生的事情，或保留在口头中，或保留于实物中，或沉淀在人们的言行举止与生活习俗中，或数者兼具，或皆不具备。可以说，每一件真实的历史或文化事项只凭口传是靠不住的，最好都能有实物资料来佐证。但是实物资料又很稀缺，越早的越少，所以口传资料与实物资料必须结合。对于当代历史，我们既要访谈记录，还要拍摄照片和视频，把活态社会的方方面面都系统保存，以供后人研究，现在我们的技术条件完全可以做到。我把口传与实物、过去与现在、田野与书本这种对立统一看成历史过程本身的体现，把它们放在一起来思考，不仅不矛盾，反而可以发现整个历史过程及其规律。这个方法我叫"执两用中"法。两，就是指对立统一的两个方面，即口传与实物、过去与现在，田野信息和书本知识；用中，就是在两种资料中寻求历史真实性，古今互通互证。比如，民居调查要关注民居本身的建筑结构、特点、技艺水平，又要能够去访谈这座房屋里发生的历史故事、主人的活动。调查一座军事营垒、一座桥梁或一座墓葬等，同样也都要用这种方法。尤其是当代的物质资料，更能够充分地展开口述史资料搜集，因为当代的人、事、物方方面面基本上都很清晰明朗，记录当代要有足够的重视和自觉。

九、从细微处读懂民间文献

我们在做田野调查时，会获取很多民间文献，读懂这些文献很难。难在民间文献是一种特定时代的个性化表达和非常规性书写，与官方文献书写非同一模式，必须从细微处深入其中。这里举三个例子。

花溪黔陶乡骑龙村对面的小山石壁上有一块摩崖，落款是"天运庚子岁在春月望日"。单看这个时间就会发现问题："天运庚子岁"是很模糊的，不知是明代还是清代，为什么要这样写，这背后有没有什么玄机？

有人把它定在康熙五十九年（1720），这个是有问题的。我在 10 多年前就指导学生抄录了碑文，当时因为时间紧张，有些文字没有完全识别。直到 2019 年国庆节期间，又带了几个学生去读碑，做拓片。

经过这次努力，有了新的认识。碑文中有几个信息值得注意。一是撰写者和书丹者都是明代末年的四川地方官吏："中宪大夫前分守川东道四川布政司参议兼按察司佥事里人周汝麟撰文，中宪大夫四川马湖府知府周锤□书丹。"根据我对贵州历史的了解，我很怀疑这两个人属南明时期，入清以后不愿称臣。后来在《贵阳府志》卷 74《明耆旧传·明忠节传》终于找到与书丹者关系密切的信息，即周思稷之孙周锤璆，璆"桂王时官至马湖知府，明亡居于白纳司，终身不出城市，盖亦逸民也"。桂王即南明永历皇帝，这样一下子豁然开朗，周锤璆就是书丹者，官至马湖知府，而不是有人认为的周锤琰。最有意思的是作者在叙文里面讲其始祖周可敬的历史："国初从军随大将军傅讳友德公征南九股，硐箐负固封豕之区，□王□籍版图，论功行赏，题授白纳司正长官，职从流品正六。永乐四年颁印世官，食以世土。因沃壤□地浪流，开阡陌沟洫。"这里直接用的是"国初"二字，显然是明代人的立场。再往下读，大概是周氏土司族众捐地建龙标寺的说明，特别列出了当时周边的官员和乡绅。官员主要是武职，有定广总镇刘某、龙新总镇李某、青岩驻镇班某、巴乡驻镇马某和贵州卫指挥，这些都是清以前贵州的地方军事设置。而贵州卫在康熙二十六年（1687）与贵州前卫合并，改为贵筑县，此后不可能再存在贵州卫这个机构，所以把庚子年定在康熙五十九年（1720）是明显错误的。《贵阳府志》卷 8《职官·明贵州守将世表》专门引用了周汝麟这篇碑记，并且明确指出这些军事机构和官员都是南明桂王伪永历庚子年（1660）所授，且"皆职官志所不及言者"。奇怪的是，碑文明目张胆地写上了"伪永历"朝的官职，以致 180 多年后还引起地方修志者的特别关注。我认为，碑文写上这些官职，表达的是一种对南明永历政权的认可与依恋。碑文中还突出了佛教的因素，"帝祖建文飞赐其手书岩下"，所请住持被称为"圣立白云昆尼律堂和尚如下安受闻黎护法弟子宗僧住持太师性空"。可见这个龙标寺还散发出建文和尚的光芒，脱虚向实，也脱实向虚，在历史记忆与现实痛苦选择之中实现精神的依托。

因此，从以上的叙述可知，这篇碑文反映的是明清易代之际地方人士的政治心态。这一年，是南明永历十四年，清顺治十七年，正是西南历史的转折之年。在这一年清军攻下贵州，进入云南，永历皇帝出逃，但地方反清复明势力还很强大，随时有可能反复。可是《贵阳府志》卷87《土司传》都统一把贵阳周边的土司内附归顺记为顺治十五年，朝廷也原封不动地承认土司自明以来的世袭权力和地位。其实这最多是一种形式上的归顺，广大土司内心还处于观望状态。事实上，到顺治十七八年，还有土司与南明官员联合反抗清朝。在这样的背景下，碑记的作者既不敢写成永历，也不愿承认大清王朝的统治，而是比较模糊地写成天运庚子年。白纳土司周氏家族颇受明朝厚遇，也为明朝做出了牺牲。书丹者之祖周思稷就是在天启年间平定贵州"奢安之乱"中，随贵州巡抚王三善进水西撤回时牺牲的，后被朝廷封赠为鸿胪寺卿（《贵阳府志》卷74《明耆旧传·明忠节传》）。总之，碑记内容中流露的无不是对明王朝的留念，对南明永历政权的惋惜，特别是对自我土司身份的确认与强调。同时是与清王朝的隔空对话，委婉地表达了某种期待，希望清朝继续认可明朝给予周氏家族白纳土司的这份政治遗产。

总的来说，对一些田野资料，要有敏感性，而敏感性来自对材料本身的细微的品读，不放过一个细节。历史的真味往往就在细节处。

第二个例子。2017年6月，我们在花溪镇山村调查，发现了乙酉年编修的《李班氏族谱》。这个族谱很特别，有趣的地方很多，这里只谈谈修撰时间的问题。族谱封面上明确说明是乙酉年照古本实录，但后人在封面上竖排写了"一九零九"和"一五八五年"两个时间。前者是用毛笔写的，对应的干支纪年时间为己酉年；后者是用圆珠笔写的，对应的干支纪年时间为乙酉年。我当时也没有在意这个问题，只是在进一步研究这本族谱时，发现时间不够明确。最后我的结论是这本乙酉年编修的《李班氏族谱》修谱时间为1945年。

那么，到底怎么确定这本族谱的修订时间呢？为什么会有三个时间在封面上呢？首先，谱序中"岁值乙酉孟春之初，约我兄弟及我叔侄恭俭章程"这句话，可以明确修谱时间为乙酉年，也就是说，封面上的"乙酉年"三个字是准确的；第二，谱中第八页所载第十二世中有一个人叫李锦江，是广顺州学附生，又是"师范毕业生，保送北洋留学，就京师陆军大学堂大学生"。这个人的身份值得注意，我从这里推算修谱时间。虽然历史上没有"京师陆军大学堂"，但根据这个叙述的基本信息，我认为应该是（保定）陆军军官学校。它创办于 1912 年的河北省保定市，是中国近代史上第一所正规陆军军校，停办于 1923 年，校址前身为清朝北洋速成武备学堂、北洋陆军速成学堂、陆军军官学堂。这样，时间不会在 1912 年以前，而在此后。在 1912 年以后而又在中华人民共和国成立之前，按干支纪年推算，就只有 1945 年了。

接下来的问题是，封面为什么出现另外两个时间呢？很显然，这个时间肯定是后人推算的，因为采用了公元纪年方式，这是中华人民共和国成立以后逐步推广起来的。然而，1909 年的推算是错误的，说明当事者对干支纪年与公元纪年对应方法使用不够熟悉，或者是把"乙酉"误成了"己酉"，字形近而误。至于出现 1585 年，当是更晚的事情，对应干支纪年正是乙酉年，但早到明代万历十三年。很奇怪吧！其实不奇怪，因为谱序特别说其始祖李仁宇是明万历年间以军务入黔的。估计就是家谱持有者误把乙酉年当成是始祖入黔的时间，这是追溯族源的一种误读，把口传始祖入黔的时间具体化。这反映的是这个家族里的有心人的某种文化自觉和对家族历史的特别关注。

第三个例子。在贵州三穗县滚马乡的下德明寨，当地的杨氏家族在维修自己的祖茔时，发现了康熙五十九年的一通墓碑。这通碑对于理解明清时期的邛水长官司很有意义。其碑文如下：

万古如新
镇远府邛水司正长官司孙杨再槐 次 孙胜杰 立
诰封世受邛水一十五洞平蛮侯王杨公 讳通称 府君之墓
大　祖
康熙五十九年三月吉旦

这通碑文初看起来平淡无奇，但结合墓主杨通称所处的时代和立碑者所处的历史时代，就会有很多值得深入思考的问题。

首先，关于邛水土司形成及杨通称其人其事。

历史上的邛水土司长官为杨氏，综合道光十四年修撰的邛水《杨氏族谱》和今人杨昌林编著的《邛水土司秘闻》记载，邛水司最早可追溯至北宋元丰年间的杨昌除，其从古州向思州邛水开垦拓展，朝廷授思州邛水沿边溪洞万户总管。其后历经杨胜聪—杨秀袍、杨秀初—杨再启—杨政绪—杨通称，杨氏这五代都一直在邛水地区经营。至北宋末年至南宋初年，随着思州田祐恭的归附，朝廷还设置邛水县，隶属于思州，从而加深了邛水地区与内地的联系，政治上杨氏世代袭任邛水沿边溪洞万户总管，是本地区实际上的管理者。大概在南宋后期，蒙古势力从四川南下，占领云南后，又从云南向东进入贵州中西部。宋朝为抵御蒙古的进一步入侵，主要依靠罗氏鬼国、思州田氏和播州杨氏的势力，资助大量银两，派大员筑城堡设关隘，以土兵值守，在乌江沿线和长江上游沿线建立了牢固的军事战略防线。这样，包括邛水地区在内的贵州高原都被纳入整个国家的战略范畴。就西南的战事看，长江上游、乌江和广西红水河流域在抵御蒙古中都很重要，构成西南地区的北部、中部和南部三条防线。比较而言，今黔东地区更趋于内地，形势相对缓和，但由于处于三条防线的交汇区域，则必然变成了军事战略防线的后方，也逐渐纳入战时体系建设之中。在贵州锦屏县敦寨镇的一个洞穴内有一处南宋末年的摩崖，其内容就反映了景定年间朝廷阻挡蒙古从广西北上进入长江的意图。①

按照《杨氏家谱》记载，杨氏从杨政绪到杨通称，就大致处于南宋后期，重要的事件就是其父子二人都参与了抗击蒙古的战争。《杨氏族谱》记载杨政绪淳祐元年（1241 年）袭父职，但杨昌林先生认为其在端平三年（1236 年）蒙古入侵珍州时奉命帅兵抵抗，宝祐年间，积劳成疾死于沙场。②杨通称宝祐元年（1253 年）袭父职后，更是参与到黄平一带的筑

① 参见叶成勇：《从贵州锦屏〈戒谕文〉摩崖石刻看宋朝对湘黔桂边地的治理》，《中华文化论坛》，2015 年第 8 期。
② 杨昌林：《邛水土司秘闻》（内部资料），第 128 页。

城工作，受到朝廷官员的抚谕。①入元后，杨通称任德明长官司长官。②杨氏参与抗击蒙古，正史虽无记载，但与当时的形势则是吻合的。宋宝祐五年（1257年），筑思州三隘，六年正月朝廷诏枢密院编修官吕逢年诣蜀阃，趋办关隘、屯栅、粮饷，相度黄平、思、播诸处险要，缓急事宜，具工役以闻。七月，吕文德入播州，诏京、湖给银万两。十一月筑黄平，赐名镇远州（镇远之名始于此），吕逢年进一秩。开庆元年（1259年）正月癸丑，诏吕文德城黄平，深入蛮地，抚辑有方，与官三转。③调查中，我们得知今下德明有杨通称时修筑的营盘和练兵场，结合黄平、思、播诸处要隘等防御设施看，这也很可能就是整个中线防御体系的一部分。

杨通称之后，据道光《杨氏族谱》，其有三子（光绅、光晟、光昶）。杨光绅景定四年（1263年）袭父职，光绅之子杨昌盛于至正二年（1342年）平蛮功，晋封"平蛮侯"。但杨昌盛之子杨胜桐反而早于延祐五年（1318年）袭父职。这样的记载是明显有混乱的，说明道光时期所修族谱已经不能明确记录元代的世系传承和事迹。总体而言，明代以前的杨氏世系的这种混乱，恰恰反映了中央王朝管理的松散，土著杨氏的家族式扩张，政治上显得很无序。不过，这也不能否定杨通称是宋末元初人，因为从杨通称—杨光绅—杨昌盛—杨胜桐的这个世系来看，四代人的时间与宋末元初到元末明初大致百年的时间是能够相符的。

但是，郭子章所撰的万历《黔记·土官土司世传》"邛水司"条又云："正长官杨通称，任元时德明长官司长官。洪武二十五年革司，男光荣归并邛水司，改任正长官。"杨通称则变为明的正长官，又任元时德明长官司长官，以此而言，杨通称不可能处于宋末元初，而是元末明初人，与家谱的记载前后相差百年左右。但有一点叮以肯定，杨通称确实是邛水土司定型的关键人物，是第一位被朝廷任命的土司。杨通称死后即葬于德明金墩，被奉为邛水土司杨氏太祖，即土司身份的始祖。

第二，明王朝管理下的杨通称身份重构问题。

---

① 杨昌林：《邛水土司秘闻》（内部资料），第129页。

② 郭子章：万历《黔记·土官土司世传》"邛水司"条。

③ 〔元〕脱脱等：《宋史》，中华书局，1982年，第14181页。

　　中央王朝在邛水地区的建置，据万历《黔记·舆图志四》，北宋大观年间，思州田氏内附，始置邛水县。德祐元年田氏降，元改安宁县。至元二十年，复为邛水县。明初归附，洪武五年置团罗、得民、晓隘、陂带、邛水五长官司，隶思州宣慰司。二十五年，省团罗等四长官司入邛水。永乐十一年，革宣慰司，改隶镇远府，编户二里。这时候邛水司的正式名称是"邛水一十五洞蛮夷长官司"。明代以前确实很松散，这客观上造成了土著势力的自由迁徙与空间拓展。特别是杨光荣，处于元明鼎革时期，杨氏跟随思州田氏归附明以后，经过朝廷势力的介入和管辖范围的调整，土著割据一方的地方混乱局面基本结束，政治秩序得以规范，土司承袭和管理得以强化。其标志就是邛水司正式成立，杨光荣是第一位邛水司正长官。永乐年间随着思州宣慰司的革除，邛水划归镇远府，编户二里，中央王朝对地方的管理进一步加强。至于编户二里，明代的划分不甚清楚，但据清乾隆五十六年《镇远府志》卷 12《洞寨》篇所记的邛水司上下里及其具体管寨，估计是对明代管辖的一种沿袭。其中上里 12 洞 23 寨，下里 10 洞 31 寨。

　　《黔记》的记载很显然忽略了杨通称到杨胜桐的世系，尤其是继承杨通称者变成了杨光荣，而非族谱里记载的杨光绅，这里必定有玄机。《黔记》只是从官方的角度记录从杨通称到杨光荣的职位变化，或许，杨光荣是另外一支，而非直系。根据家谱资料，在邛水地区，杨氏支系繁多，主要的还是杨通称的后裔分支，即德明杨胜桐下来的长房和八弓镇木界杨胜武传下来的一支。前一支就是后来的邛水一十五洞蛮夷长官司正长官，洪武二十五年随着归并从德明转移到了今司前村（原名荡洞），后一支很可能就是邛水五洞长官司长官。但是在明初，这两支关系很密切，而且可能是互相牵制，其中杨胜武在永乐年间就扮演了这样一个角色。[①]

　　明初是邛水司政治变革的关键时期，特别是从洪武五年置团罗、得民、晓隘、陂带、邛水五长官司，到二十五年省团罗等四长官司入邛水，正所谓"革司"，此后才是杨光荣改任归并调整后的邛水司正长官。这过程中，杨氏内部支系之间免不了有利益上的争斗与调整。需要特别注意

---

① 杨昌林：《邛水土司秘闻》（内部资料），第 129-131、153-155 页。

《黔记·土官土司世传》对杨通称非常模糊的记载，说"正长官杨通称，任元时德明长官司长官"。其真实的身份是元时的德明长官司长官当无疑，但又是明的正长官，到底是洪武五年的五长官司的正长官，还是其中的某一个长官司的正长官？邛水正副长官司的设立是在洪武二十五年归并后，杨通称根本到不了这个时候，说明当时是有意识模糊化处理的，或者说是后来追认的。邛水五长官司只存在了二十年，由五长官司扩充合并为一十五洞，范围明显扩大。虽然明初五长官司中的邛水长官司和德明长官司都是杨通称支系后裔，但在归并后，却没有采用"德明一十五洞蛮夷长官司"这个名称，而是以原邛水长官司之名来总括其名，居于名称首位，显然是德明长房支系向邛水支系的让步。我们认为，《黔记》的记载反映的是归并调整后官方和杨通称不同支系承袭者三方的妥协，追认时代较远的宋末元初的德明和邛水共同的祖先杨通称为明代新设立的"邛水一十五洞蛮夷长官司正长官"，以表明杨氏从德明长官司到邛水一十五洞蛮夷长官司传承的合法性，而又为邛水支系的延续性留下了空间，从而化解了不同支系之间的争斗。前文提及的杨胜武，就是从德明分出的，为邛水支系的始祖，但又是归并后真正获得朝廷颁发印信的邛水一十五洞蛮夷长官司长官。而其子则只是承袭邛水五洞长官司长官之职，回归原来的管辖内。看来，从杨通称到杨光荣的过渡，不能只从杨氏世系的视角去看，更要从中央王朝的管理视角加以审视。这个过程既是官方的行政管理模式调整，也是杨氏内部的势力经过了一番争斗，才达成归并的妥协方案。以杨光荣为杨通称之男，实质上是一种家族内部的妥协和政治上的承袭关系，并得到官方的认定，与实际上的世系传承是两回事。官方书写和民间历史记忆各自加以选择，都回避了归并中的斗争过程和敏感事实。这种情况在土司历史上并不少见。

虽然经过了归并，但自明代以来，邛水长官司不等于邛水一十五洞蛮夷长官司，分别一直存在。直到清乾隆五十六年《镇远府志》修撰时，在"镇远县分县邛水图"中，邛水一十五洞蛮夷长官司与邛水司分别标出，前者标记为"邛水署""邛水营"，后者为"邛水司"。据今日调查可知，邛水署和邛水营在今三穗县长吉乡司前村司前寨，尚有残存遗址，后者在今三穗县八弓镇中团木界一带。根据杨昌林先生的考证，邛水司，即明邛水五洞长官司，从永乐年间杨胜武以后，有独立的传承世系，一直延续了十八世。此地原为大小田洞，包括今八弓镇的中团、寨央、大小田、木界，古时记载均为"大小田土司"，管辖上里十二洞，受邛水一十五洞长官司所辖。[①]

第三，康熙年间邛水土司对杨通称的记忆重置。

如果说明代前期是邛水一十五洞蛮夷长官司的定型时期，而明代中后期则是其发展繁荣时期，地方社会经济发展较快，与内地的联系越来越密切。[②]明末至清康熙前期，整个贵州经历了南明王朝的军事混乱和吴三桂时期的割据叛乱，邛水司也受到严重影响。康熙二十年，平定吴三桂叛乱，地方逐渐恢复秩序。这时期的邛水土司杨秀钦、杨再榱相继袭职，特别是杨秀钦任职期间，"文运兴旺，朝廷经考试多用地方人才，苗疆稍安，得以休养生息"[③]。在这样的时代背景下，土司势力得以发展，社会安定。康熙五十九年，一个和平的年份，处于暴风骤雨式的雍正初年开辟苗疆和改土归流的前夜，邛水司正长官司杨再榱为杨通称树碑实属自然，在难得的美好现实中饱含着对家族祖先的回敬与未来的憧憬，此意在横批"万古如新"四字中足以言表。但是，对杨通称的身份表达既不是官方文献记载的"元时德明长官司长官"，也不是明初归并调整后被追认的"邛水一十五洞蛮夷长官司正长官"，而是"诰封世受邛水一十五洞平蛮侯王"。诰封，很明显不符合杨通称的身份，世受也说不上，因为杨通称后裔直到明洪武二十五年后说得上是世受，此前数代则只是袭职而已。邛水一十五洞之名很显然是明初归并后的说法，与归并时杨氏内部不同支系的妥协与官方的追认有关。"平蛮侯王"的说法，很显然是夸大了，王且不说，侯也不可能。"平蛮侯王"这种模糊的概念在明清各土司谱牒资料中屡屡有之，是对土司宋元时期祖先身份的想象式表述。而且从蛮夷长官司长官"逆袭"为"平蛮侯王"，即从土著的身份，

① 杨昌林：《邛水土司秘闻》(内部资料)，第153-155页。

② 杨昌林：《邛水土司秘闻》(内部资料)，第131-136页。

③ 杨昌林：《邛水土司秘闻》(内部资料)，第137页。

改变成了平定土著的侯王。这明显是站在国家立场的身份重构，俨然一种从内向外、从上向下的睥睨心态。

看来，康熙年间的杨再榱其人虽为土司，但对祖先的身份已经很模糊了，其中既有明初归并调整对杨通称的认同性记忆，也有对明以前的想象化的记忆和世俗化的表达。这种不同时代的记忆叠加和重塑在清代土司或土司后裔的追述中十分普遍，往往是找有重要事迹并得到朝廷认可的某一位祖先来加以重构。重构祖先，不只是追忆家族悠久的历史，为家族的长远发展寻求动力，更是在合理性中创造独特性和神圣性。客观上，这个重构也加深了对中央王朝的国家认同和依赖，特别是中小土司往往如此。①

还有一点，对杨通称的生卒时代碑文中没有任何的说明，是不知道，还是有意回避？前文已经分析指出，杨通称本是宋末元初人，却非要向下拉到元末明初来，以适应明王朝对邛水土司的政治管理需要，这当然是杨氏被迫的选择。碑文选择用"诰封世受"这个抽象的政治观念，来填补从宋末元初到元末明初的时间空洞，其实并不是真正的遗忘，而是一种对历史过程的特殊记忆。真实的杨通称，我们更相信道光年间家谱的记载，不过"宝祐元年袭父职"而已，非常普通的一个人。明知道有康熙五十九年墓碑上的记载，家谱却偏不采用，这又是为何呢？我想，这也得从时代中去寻求。杨再榱立碑之后，很快经历了雍正年间在西南的开辟苗疆和改土归流，邛水司正处于开辟苗疆的前哨，多次战事都与邛水司有关。继任的土司事务繁多，到乾隆四十二年，第十四任土司杨通礼承袭时，朝廷收回了土司官印，权力严重削弱，但要承担的义务和责任不减。第十五任土司杨光鉴"为肃地方，呕心沥血"，于道光十四年死于任上。此一时期，邛水还出现了陆、邹、曾、甘四大望族，势力日盛，土司家族受到强族的挤兑。②在这种背景下，道光十五年所修撰的《杨

---

① 如瓮水土司清代后裔在其始祖牌位书"唐朝敕封万户侯尤崇艺侯爷之神位"。贵州省地方志编纂委员会：《贵州省志·文物志》，贵州人民出版社，2003 年，第 44 页。

② 杨昌林：《邛水土司秘闻》（内部资料），第 138-142 页。

氏族谱》中关于邛水土司的历史书写显得格外的平淡而真实，略显几分愁苦与凄凉，完全放弃了虚幻的土司梦，也顾不上杨通称曾经被赋予的"辉煌"历史及其所带来的所谓"世受"之恩。稍后不久，咸同年间各族人民大起义此起彼伏，持续十余年时间，本已处于衰落的土司家族势力彻底崩溃。

总结起来看：三穗下德明康熙五十九年杨通称墓碑碑文，本是一通普通的碑刻，但是当我们把它放到历史的维度里去纵横考索，却发现有着非同寻常的历史韵味。我们以墓主人杨通称的身份变迁为线索，剖析了不同时代土司族人对杨通称独特的历史记忆与身份建构，还触及了邛水土司的演变和中央王朝的管理。在一定程度上展示了几百年土司的命运与历史走向，不禁让人感慨。

从以上的分析可见，对民间文献的阅读要特别小心，这里面有很多玄机，细节何其重要！

十、关注文化习俗背后的历史

我们在一个村落调查，开始的几天都是看到一些新奇点，然后渐渐深入，进入平易状态，似乎没有什么可以做的，没有什么独特之处，调查难以继续深入。这是因为我们抓不住关键现象，找不到关键问题所在。如果我们的记录仅仅停留在这个层面，那么意义很小。这个时候遇到了瓶颈，我们只有运用以往的调查分析的经验，但同学们恰恰缺失这个功底，更主要的就是要自觉综合运用以前的书本上的各种知识和理论。要抓住关键现象，找准关键问题综合分析。考验我们知识结构和分析能力的时候到了，平时具备了哲学上讲的唯物辩证法，宗教学、历史学、社会学、民俗学、人类学的各种关于社会文化的分析理论与方法，那就可以大显身手了。这些知识和理论本身就是对社会历史文化的不同视角的观察研究的结论，可以拿来作为我们的武器。社会是一种系统的存在，要联系各种知识理论对核心文化现象综合分析，这就叫作"就变而从时，见末而知本，观指而睹归"。

举个例子。我们 2017 年 8 月在榕江小丹江调查了 25 天，开始大家一起了解小丹江，3 天后都有了一些基本印象和特殊的信息。一周后，我们发现这里的信仰中"龙"的这个文化意象很普遍，但这个龙又有不同，二月二招五方龙（金、木、水、火、土）以保寨，仪式非常隆重，是招大龙。二月中的龙场天各家各户又可以招小龙进家，一般置于屋背后屋檐下，只是土龙，叫招地脉龙神。另外，人死后，生者以为祖先保佑不力，则在二三月间请鬼师择吉日招坟龙，护佑祖先灵魂，进而保佑生者，也属于土龙。所有招的龙都是求吉祥、保平安的，可见龙在当地传统社会中的地位。同学们能细化到每个环节就很不错了。这种招龙现象其实在雷公山周边民族地区很常见，如果我们仅停留在这个层次，则很难发现其在小丹江的真味。此前我们在听当地人讲一个"铜鼓岩"故事，讲到以前这里曾经吃"鼓藏"，后来因为"鼓藏头"很贫穷，吃不起，而且铜鼓成"器"了，要吃很多肉，威胁到人了，于是大家商议把铜鼓埋起来，等以后生活好了再吃"鼓藏"。这个故事又跟当地传说的苗族李氏家族祖上"老虎公"有关，因为"老虎公"就是当时的鼓藏头。这件事情的发生距今已有 6 代人，约在 120 多年前，但直到现在都没有恢复。这个传说与招龙其实有内在关联性。当吃"鼓藏"被取消后，特别是招大龙，在满足村民欢娱的同时，它可以替代吃"鼓藏"的功能。随后，家里招土龙和坟山上招坟龙，"招龙"仪式进入家庭的层面。可以说"龙"变成了当地人的主神。祭祀五方龙的习俗是汉族的文化，这一点与小丹江浓厚的汉文化很吻合。其背后的深层原因是这里地处清水江上游，木材资源丰富，汉族不断涌入，以求得生存之所。120 多年前用招龙替代吃"鼓藏"，实质上是汉文化在主导地方信仰文化变迁。在变迁中，汉族的五方五色龙，则变成了五方五行龙，而且主要是与地方密切相关的犀牛龙（水牛龙），这就是文化融合。其中既有外来的影子，也有本土的观念和实际的社会因素。

十一、如何读懂"文物"

对文物进行搜集整理研究，是田野史学的重要内容，这是认识历史的需要，也是开展文化遗产保护利用传承的需要。文物是一个广义的概念，一般指历史的文化遗存（Cultural Relics），但并非所有的遗存都具有文物的价值属性。20 世纪 70 年代以来，联合国教科文组织不断深化对文化遗产概念的探索和保护实践，特别是 2003 年通过了《保护非物质文化遗产公约》。根据公约中的定义，非物质文化遗产指被各群体、团体、有时为个人所视为其文化遗产的各种实践、表演、表现形式、知识体系和技能及其有关的工具、实物、工艺品和文化场所。各个群体和团体随着其所处环境、与自然界的相互关系和历史条件的变化，不断使这种代代相传的非物质文化遗产得到创新，同时使他们自己具有一种认同感和历史感，从而促进了文化多样性和激发人类的创造力。公约所定义的"非物质文化遗产"类型主要包括：口头传统和表现形式，包括作为非物质文化遗产媒介的语言；表演艺术；社会实践、仪式、节庆活动；有关自然界和宇宙的知识和实践；传统手工艺。

这样，国际上逐渐形成文化遗产的概念，包括物质文化遗产和非物质文化遗产，对人类文化遗产形态和价值的理解更为系统全面。物质文化遗产大致等同于文物，而非物质文化遗产很显然是对物质文化遗产的补充和扩展。在当今后工业文明时代，全球有识之士在剧烈的文化变迁和传统大量遗失的挑战下，为了人类的长远发展和持续创造，提出了保护文化多样性、活态性和本真性的追求，对人类创造的历史文化遗产切实加以尊重，不断突破认知的局限，并让文化遗产的保护工作回归其所在社会的日常性、民族性、区域性、大众性和活态性这种本然的状态。

在中国传统的古老话语体系中，"文""物""文物"有自己的内涵，从历史文化根源上去加以理解，有助于我们今日去认知什么是"文物"。商周金文里的"文"，很像一个人身上的文身花纹或衣物上的花纹，《说文》谓"文，错画也，象交文"，正是这个意思。郑玄注《礼记》《尚书》等经典中的"文"，作动词时主要是指画、饰、经纬天地等意思，作为名词，有美善、文辞、才美、道艺等意思。①文，花纹的"纹"之本字，引

---

① 唐文：《郑玄词典》，语文出版社，2004 年，第 225 页。

申为交错有致的文理，故有"天文""地理"与"人文"。最早的文字正是对"天文""地理"与"人文"观察体验后的模拟和图像化表达，八卦就是非常重要的一种"文"。《周易·贲卦·彖辞》："刚柔交错，天文也；文明以止，人文也。观乎天文，以察时变；观乎人文，以化成天下。"①所以，"文"是人为的创造，但又是基于天地人客观存在的意义抽象和文明化成的成果形式。关于"物"，商周金文中无此字，但有"勿"字。郭沫若认为"勿乃笏之初文，古人于笏上书事以备忘，字正象其形。"②《说文》则谓："勿，州里所建旗，象其柄有三游，杂帛，幅半异，所以趣民故称勿勿。"《周礼·春官·司常》："司常掌九旗之物名，各有属，以待国事……杂帛为物……大夫、士建物，帅都建旗，州里建旟。"③可见"勿"即"物"，指色彩的杂帛旗帜，按照郭沫若的观点，或指记录在笏上的事，很可能是书事于彩色旗帜，大夫和士以急于国事。从"勿"到"物"，是一种重要的意义抽象，更是文化的升华。《说文》谓："物，万物也，牛为大物。天地之数起于牵牛④，故从牛，勿声。"物，即万物，其字左边作"牛"，象意；右边作"勿"，象声兼象意。郑玄认为"物"主要有三种义项——"畜兽"、"事物"、动物之毛色，意义更为全面。⑤据此来理解"物"的本义，应包含祭祀中大物之"牛"的具体性和记事导民的旗帜之"勿"的抽象性两个方面，经过进一步抽象后，则指向特定的有意义的物件或事情。正如王国维所言："由杂色牛之名，因之以名杂帛，更因以名万有不齐之庶物，斯文字引申之通例。"⑥牛是自然物，这是自然和客观属性的物，但在中国早期文明国家的社会里，毛色全纯的牛被赋予重要的社会文化意义，成为重要的祭品，"牺牲""太牢""少牢"等与祭祀有关的字皆从"牛"。《礼记·曲礼下》："凡祭宗庙之礼，牛曰一元大武。"

① 传世本"天文"之上无"刚柔交错"四字，此依朱熹《周易本义》补充。朱熹云："先儒说'天文'上当有'刚柔交错'四字，理或然也。"
② 参考陈初生编纂，曾宪通审校：《金文常用字典》，陕西人民出版社，2004年，第886页。
③ 参见徐正英、常佩雨译注：《周礼》，中华书局，2014年，第577-578页。
④ 《礼记·曲礼下》有"大夫以索牛"之语。疑"牵牛"乃"索牛"，字形近而误。
⑤ 唐文：《郑玄词典》，语文出版社，2004年，第307-308页。
⑥ 王国维：《释物》，见《观堂集林》，中华书局，1959年，第287页。

大武，即"大物"。可见，"物"非指一般的牛，而是毛色独特的牛，颜色在其美善之性。①与"物"字相关的还有"品"字，《说文》谓："品，众庶也，从三口。"品类、品物之谓。《周礼·天官·膳夫》："以乐侑食，膳夫授祭，品尝食，王乃食。"郑玄注曰："品者，每物皆尝之。"②就是品尝牺牲之物的味道。这里我们特别要注意到祭祀中"牛"这种独特祭品被称为"大物"，其产生很可能在周代祭祀文化成熟的时期。现在还在使用的"物色"这个词，是从这里引申出来的，即从普通之物中挑选有意义的代表性的类型。又有"人物"一词，指人中之美者大者，非为普通人。

基于"文"与"物"的含义而合成"文物"这个词，春秋时期已经出现，最初是指符合天地人运行轨迹的国家礼乐文明及其物化的器用等级制度。《左传·桓公二年》："夫德，俭而有度，登降有数，文物以纪之，声明以发之，以临照百官，百官于是乎戒惧而不敢易纪律。"《后汉书·南匈奴传》有："制衣裳，备文物。"其根本指向是融合天人的具有人文意义之物，是历史上国家治理和社会大众日常中长期沉淀的符合天人关系的礼乐典章制度及其物化体现，而不是普通的器物与遗物。今天我们把文物理解为历史文化遗产，范围很宽泛，相对而言，中国传统的"文物"的概念比现在要狭窄，但是最重要的是强调其社会的功用，而且与国家制度和文化认同密切相关，既包括有物质性的实物层面，也包括社会制度约束的层面，还包含有非物质性的活态展示的层面。

现在，我们早就摒弃了古老的文物观中过于关注上层文化的倾向，但旧文物观中所包含的上述独特视角，却是不能抛弃的，比如兼顾天人与人文、凸显社会功用、维系文明国家制度和文化认同等，这在今天仍然有重要的参考意义。文物价值大小是相对的，其中历史价值、科学价值、艺术价值和文化价值既有历史客观属性，也会随着时代变化而变化。

---

① 《说文》谓："美，甘也。从羊，从大。羊在六畜主给膳也，美与善同意。"美善皆是从"羊"，羊甘口味，即"善"。美善又从饮食之味美，上升为对好的事物的抽象。

② 唐文：《郑玄词典》，语文出版社，2004年，第84页。

从历史遗存变成"文物",是在特定时代条件下,被不断发现、选择、研究、认定、评价、收藏的结果,明显受到时代价值观、国家观和文化价值观制约,很大程度上具有主观性和变异性。但这都脱离不了文物本身所承载或呈现的天人关系与人文思想,其发挥的社会功用及其与国家制度、文化认同等方面的价值维度。田野史学对待历史遗存的态度,不宜先入为主,一定要首先把文物放回到所在社会的历史文化中去理解,基于当地社会客观历史本身,结合国家与时代性,与民众一起去发现、研究与评价。评价的主体应该是当地人,而不是我们。我们在田野中经常碰到各种历史遗物和遗迹,既有废弃不用者,也有仍在生产生活中使用者。废弃不用者,也是当地社会进程中的产物,在当地发挥过一定作用。随着时代发展,其功能丧失,成为死的东西,但是,当地人对它的态度很值得关注。一些东西已经退出了生活现实,当地人为什么还要去保留,甚至小心翼翼地珍藏,这就不是一个简单的功用问题,而是"文物"与社会秩序的维系及人的情感表达密切相关的问题。《尚书·盘庚》说:"人惟求旧,器非求旧,惟新。"求旧,是人的历史记忆和情感的依托,更是社会秩序的延续与维系。人是精神动物,是有深刻历史感的,对旧物的保存是求旧情感的一种自然表达。器惟求新,则是为了适应和改造环境,改善现实生活的需要。"物"在这个意义上讲,既是物质的现实生活中的实用物,也是精神的历史的情感寄托。当"物"还是现实生活的器具时,就是为我所用的工具;而当它成为"文物"时,就是人的精神文化尺度的展开。基于这个认识,我们在田野中,对"物"就要有精神与物质、主观与客观、历史与实现、国家与民众的双重观照。

比如,一通乡规民约碑刻,其内容包括立碑的社会背景、组织者与民众参与情况、逐项罗列条规条约、对规约的执行和违规的惩处措施。这里面既融合了国家的制度规范要求,又体现了地方民众的自我管理和秩序的寻求,是大历史与小历史互动的遗物。其碑一般竖立在交通要道边或公共场所内,以便于过往人员知悉。立碑时,要举行特别的众人参与的树碑仪式,这样,其合法性和权威性才会被人接受和理解。碑刻树立以后,民众还会围绕碑刻展开一些社会活动,如奉为灵物,烧香祭祀,表达敬畏之情，这客观上使碑刻在当地被社会化和活态化。乡规民约碑的文字是固化的，其社会约束力往往还要依靠地方精英们来具体执行。精英们一般会通过节日活动或信仰仪式不断加以再现和传述，着重发挥其教化的功能，使其真正融入民众的日常生活之中。所以，对其产生的历史背景和意义的把握自然要回到当地的过去，但它又不仅仅是历史的产物，又要走进人们的现实生活中去理解它如何被再现与重塑。这样，碑刻的研究既需要回溯与复原其本身所承载的历史信息，又需要置于社会文化的互动场域中，去加以活化理解。

十二、类型学方法的运用

物在整个社会历史文化中具有独立的本体意义，对于物的研究，本身需要一套科学有效的方法。这里的类型学方法指的是考古学关于考古遗存的类型学研究方法，其核心是通过出土遗存的器物、遗址、图像等的形态、组合、功能、特征的分类分型分式，探索其演变发展的过程和原因。其实，我们可以扩大这种方法的运用范围，对活态社会里所有可见物的研究，都可以创造性地运用这种方法。小到不同工具的功能分析，大到传统村落的结构类型的比较，完全可以成为理解现实的乡土历史文化的重要方法。

对于普通的生产工具和生活器具，如果孤立去理解，是无法深知其文化意义的。对这类文物，最好是能够选取一定区域，借用考古学的类型学方法，对各种器物进行分类分型定式。然后选取区域内农具保存完好的典型人家，对其生产工具和生活用具，按照前面的类型式进行器物组合登记和演变分析，这类似于考古学的典型单位典型器物型式分析。再次，扩大范围，对周边进行验证性分析。这样做，就能够突破单件器物的认识，从器类到器物组合关系及其变迁不断深入。又通过单位家庭的农具组合个案分析这个中间环节，抓住人的活动和社会关系这个核心层面，最后上升到社会生计文化系统和经济技术系统的分析，实现从物到人到社会的逐层递进。另外，对生活用具、家具、嫁妆、礼仪用品等都可以用这样的方法加以分析。

当然，我们也可以就某一种器物进行类型学的分析，比如传统的食物加工工具——磨与碓。首先，磨与碓的种类有很多，磨有大磨与小磨之别，碓则有轻重之别，磨的大小与碓的轻重则与加工对象和方法必然相关。其次，各种磨与碓的组合关系也不同，不同的地区粮食结构不同，磨与碓的形态、大小、结构、使用方法也有区域性差异。再次，磨的材质则有木质和石质两种，其制作方法也必有差异。此外，磨与碓的摆放位置、制作技艺也需要关注。对这些不同的磨与碓及其所依存的文化背景，很有必要进行类型学的分析，这样才能够理解其所在社会的生计系统、饮食结构和食物偏好。

从大的方面来讲，我们还可以按照类型学的方法，分析传统村落的类型结构及其变迁。不同生存条件下，不同的文化传统、思想观念，都可能在人们的居住形态、房屋建筑布局、田园区划、公共空间布局有独特的表现形式。这些不同可以从不同的视角加以理解，但类型学的方法可以用作比较分析，通过比较传统村落的类型，从微观层面上升到宏观层面，可以把区域社会形态的历时性研究推向深入。

十三、从社会结构到历史变迁的转换

活态社会充满了各种结构，这是很多社会科学家普遍的认识，政治学、经济学、社会学、人类学、历史学、语言学都从各自的角度关注社会、政治、经济、文化、心理的结构。我们在田野调查中会发现很多结构现象，如选举、商业贸易、劳动分工、社会交换、家庭生活、家族活动、婚丧礼仪、节日庆典等行为就是一种结构性行为，不同的人以不同的身份参与各种仪式与活动之中，扮演不同的角色，而且都是自觉地参与进来，没有强制性。整个活动有序开展，不会发生冲突，这背后好像有一种无形的力量，在牵引这些人。

　　按照社会学、人类学的观点，它们就是社会文化结构，实质上是社会运行中的显性制度化规范和隐性心理制约机制（深层结构）。经济制度、政治制度、礼俗、宗教、法律、规约、价值观等都是对它们的不同形式的表达，它是相对稳定的社会动力系统。各子系统运行和变迁有自己的逻辑规律，各子系统之间相互作用、互嵌互补，某个系统的变迁会影响其他系统。各个子系统组合而成为社会整体系统，社会网络结构因此得以织就。每个人都离不开这个结构网，扒在这个网上，个人得以实现其价值，创造自己的历史。历史的进程，从这个意义上说，就是社会、经济、政治、文化思想的结构性变迁。

　　理解社会结构应该遵循马克思主义历史唯物主义的基本原理，社会学和人类学的结构功能论、整合论只能作为借鉴。历史唯物主义关于不同社会形态演进的理论本质上就是对历史发生演变的结构性理解。它认为一定的社会形态是一定的经济基础和一定的上层建筑的统一，经济基础的性质决定上层建筑的变更，上层建筑又服务和反作用于经济基础；主张由生产力与生产关系构成的经济基础是根本性的基础性的结构，是一切重要历史事件的终极原因和动力，社会上层建筑和社会意识形态、法律制度和价值观念都是建立在这个基础之上的。经济基础的变化会促进其他方面的改变，而上层建筑、意识形态、价值观、人的主观意志的改变也可以反过来作用于经济基础。社会的变革发展就是生产力与生产关系、经济基础与上层建筑的矛盾运动，也是社会结构与个人行动的互动过程。

　　社会运行原理不是直接可以观察的，但必须经由对社会文化现象的观察与体验而加以理论抽象。由此可见，历史过程是客观的，但离不开我们的主观建构，复原历史过程则需要结构的思维和概念。田野史学面对复杂的文化事项，要有结构的思想，自觉运用历史唯物主义观点，吸收与结构过程相关的各种理论，否则就会迷失在田野之中。理解文化结构本身也是把握历史的一种方式，因为结构有各个层面，对经济的、政治的、文化的各个子系统的分析，就是对历史不同层面的分析。现在史学研究出现文化和社会转向，大量借鉴人类学和社会学的理论方法，注重文化的视角和社会的层面，更加关注人的主动创造性与生存价值的找寻。田野史学也在积极参照这个学术范式。这本无疑义，但也存在忽视经济和政治层面的倾向，因为按照唯物史观，文化与社会脱离不了经济，也与政治密切关联。所以，我们要时刻记住，在大结构大历史中才能实现微结构微历史的活化理解。

比如节日，在具体的村落或区域社会中，其仪式过程、参与者、文化表现形式各有不同。首先需要对某个节日做全面的结构性的记录，对各要素都要详细记录，包括何时何地举行、什么人参与、具体举行的程序、各家各户做什么、饮食有何讲究、物资如何进入、人员如何组织起来、如何分工、表演什么，等等。对于其文化意义，仅仅借用人类学结构的、象征的、认知的观点加以解释是不够的。我们认为，眼前见到的所有现象都有自己的时间历程，因此最重要的是能够从横向的结构去发现纵向的时间轴线，善于从横的关系把握纵的历史演变，实现从社会结构到历史时间的转换。从历史时间轴线上去发现人在结构里的主观意向、存在方式和文化行为，是更为真实的。什么要素何时进入这个系统，为什么进入，如何进入，不同的要素嵌入后带来了系统怎样的变化？人们如何在更大的现成的时代背景中去选择要素，如何在旧体系中添加新要素，不同的人如何评价新要素的进入？为什么有的要素变化快，而有的没有明显的变化？哪些经济因素在改变节日，或者节日内容和形式的变化由哪些经济因素决定的，商品化、市场交易、交通便捷等如何具体影响节日变化？有些问题是可以直接观察的，但其内在逻辑关联，需要抓住关键的要素组合关系，进行历时性考察才能有深度的把握。这样，从节日的社会功能变迁和文化内涵转换视角，可以触及人类社会的复杂性与真实性的深度。其他如家族祭祀、婚姻、丧葬等都可以按照这样的思维去理解。

从物质再生产和人口再生产的矛盾关系，可以理解传统婚姻家庭的形态与功能向现代家庭婚姻形态与功能的变迁。传统农耕社会的小农经济基础上的家庭，既是社会物质再生产单位，也是人口再生产单位，基本形态就是"男耕女织"。孟子概括为"五亩之宅，树之以桑，五十者可以衣帛矣；鸡豚狗彘之畜，无失其时，七十者可以食肉矣；百亩之田，勿夺其时，八口之家可以无饥矣"。这里八口之家汉代以来，一般是五口之家，都是在强调一种人口的稳定性。但因为家庭内的人口再生产往往又超出社会物质再生产所提供的保障条件，传统社会往往有重男轻女、弃婴溺婴现象。孟子同样强调统治者必须保护小农家庭的人口与物质生产的持续平衡，这是统治者最大的德政。"是故明君制民之产，必使仰足以事父母，俯足以畜妻子，乐岁终身饱，凶年免于死亡，然后驱而之善，故民之从之也轻。"这是农耕文明时代家庭与政治、经济关系的必然要求，家庭规模的稳定与延续发展是保证农业生产的必要条件，也是国家赋税力役的主要来源。到了工业文明时代，社会分工越来越细，物质生产超出家庭范围，家庭的物质生产功能被社会大生产取代。家庭主要是人口再生产单位和物质消费单位，个人脱离家庭，依赖社会分工体系，才可能获得经济独立。这样，男女各自的独立性越来越强，机会与权利的平权意识因此而凸显，家庭小型化，人口再生产的经济成本较高，受制于家庭已婚男女的社会经济地位与实力。婚姻与生育必然从传统的"合二姓之好，上以事宗庙，而下以继后世"的观念束缚中解脱出来，自由恋爱、晚婚晚育、自由结婚与离婚，成为新的婚姻家庭常态。现代社会越发展，也越来越出现社会生产与人口生产失序，生育动机减弱、"去婚姻化"，甚至出现无嗣家庭与无性婚姻的情况。这实质上是经济基础的变化导致的家庭结构、功能变化，进而促进观念的转变。当然传统的婚姻家庭观念作为一种意识形态，仍然会长期影响人们对婚姻家庭方式的选择。中国古代长期延续下来的基本家庭伦理关系、文化传承功能、家国一体的社会本位观念和家长责任主体的道德意识等，又是中国现代婚姻家庭中非常重要的滋润济和调节系统。《中华人民共和国民法典》中关于婚姻家庭的规定充分地反映了这种传统与现代的交融。

十四、善于挖掘细微处的历史价值

在调查中不断问"为什么"，从做细向做深飞跃。对于活态社会的活态性，我们还是要首先弄清是什么，有什么，现在怎么样。接下来对这些进行访问、记录，最后就要通过这些资料对这个地方社会总结出一个纲领性的、理性的判断，即这个地方怎么样，存在的问题是什么，下一步应该怎么做，要形成对这个地方社会总体的看法。现代社会活态的文化有很多，各个地方的重点和特色不一样，我们就要抓住重点和特色去调查。

同学们在调查过程中要不断问为什么，一起讨论和研究问题，要做实、做细、做深，才可能发现一些隐秘性的东西。这里举黔东南的牛棚这个例子来说明。牛棚是个常见之物，一般都在远离村寨的田地之中，主要圈养牛，但也放置一些农具和养殖工具。在很远的一些坡地上的牛棚也可长期住人，存放粮食，但建筑本身比较简易。同学们经过反复调查追问，发现牛棚的形成有经济、社会结构两方面的原因。经济方面是田地比较远，施肥不便，就地圈养牛，主要是积肥、耕地，这一点一问当地人都讲得很清楚，同学们也能明白。但就此止步，则难以理解更深层次的社会原因。我们要问为什么，为什么还可以住人，而且都是中老年人，又可以存放粮食。这是一个结构问题，原来当地人分田地时，村寨近处每家都有一点，但近处的田地很有限，人们往往要到较远的山坡上开垦耕种，而且每家多是开成集中成片的梯田梯土。这样，牛棚就成了管理耕作的临时营地，可以在此休息、饮食。为什么都是中老年人呢？因为子女成家了，寨里的房子有限，老人们又不愿意跟子女一起吃住，就可以往牛棚。再者，原来多养水牛，现在则多养黄牛。水牛吃得多，粪便少，黄牛吃得少，粪便多；水牛力气大，要滚塘水，黄牛则相对力气小，不需要滚水。水牛渐次退出，重要的原因是现在机耕犁越来越流行，水牛的作用可以被替代，养黄牛更简便些。一个小小的牛棚，却追索出这么些东西来，从细到深，就要这样做。

如果再往深度想想，是不是当地人很早的时期就是住在田边地头，分散居住，哪里有田，哪里就住着人家，与牛和犬为伴，这是村寨形成以前人们耕田而食、兼养殖狩猎的生活场景。我们在小丹江的调查，确实能够证实我们的推测。现在小丹江村寨旁边有两个田坝，苗语分别叫"由昂""历昂"。"由昂"田坝中还有七座牛棚，仍在使用；"历昂"田坝中及周边原来也有牛棚，住的是来自不同地方的移民，由于很分散，中华人民共和国成立后不久，地方政府统一把他们集中起来，分田地、森林给他们，遂发展形成了现在的小丹江村新寨。"昂"是苗语，是"人居住的寨子"的意思；"历"是田的意思。合起来，"历昂"就是田中的寨子或有寨子的田。特别是苗语"历昂"，说明人们当时以田为居住地，田和居住地重叠，二者互相依存。当地还传说，最早的祖先是住在"由昂"田坝里，后来这个地方出的女孩子很有本事，都进京赶考去了，而男孩子则很无能，于是老人们就商议集中搬到现在村寨的后面叫"屋背坡"的地方居住，建有芦笙坪，击鼓吹芦笙。住了一段时间，某家的狗跑下山去滚水塘，身上带着浮萍（一种水面浮生植物）回家，主人们才知道山下面有水塘，有饮水之处，人们又才搬下来，以水塘为中心居住，形成现在的村寨。而水塘大概在民国时期被填平用作芦笙坪，成为人们节日公共活动的场地，直至今天。现在小丹江大寨叫"昂切"，"切"，沙子，直译是"沙子寨"，大概是指建在丹江河流冲积而成的沙土台地上的众姓共建的苗族寨子。虽然都是"昂"，但内涵已经不同，由"由昂""历昂"变成"昂切"，由依赖田地的生计而形成的分散的居住地变成了聚居的众姓合寨。

这个故事和地名所反映的当地苗族村落形成的过程及其早期的历史是很真实的，而且在现实中保留的大量的牛棚其实就是最早的苗族居住形式的缩影。由于生产力发展和人口的增多，人们才聚居成村落。这确实是我们上述结论推测的重要依据。这一点还可以帮助我们对整个中国早期历史中人们的居住形态变迁的理解。先秦时期文献有"庐井"一词，庐，房舍；井，井田。《左传·襄公三十年》："子产使都鄙有章，上下有服；田有封洫，庐井有伍。"《诗经·小雅·信南山》："中田有庐，疆埸有瓜。"郑玄笺："中田，田中也。农人作庐焉，以便其田事。"孔颖达疏云："古者宅在都邑，田于外野，农时则出而就田，须有庐舍，于田中种谷，于畔上种瓜，所以便地也。"《史记·刺客列传》记载聂政是战国时期魏国轵县"深井里"人，深井是轵县一个里的名称。《汉书·王莽传中》："古者，设庐井八家，一夫一妇田百亩，什一而税。"中国古代井田制，八家共一井，因用以指井田和房舍，也因称共一井的八家庐舍为"庐井"。《通典·食货四》："因井庐以定赋税。""井庐"也称为"庐井"。"庐井""井庐"与苗语"历昂"就是一个意思了，指田和房舍，是并列的、共生的关系，有田就有房舍，有房舍就有田。不过在中原地区很早就在庐井的自然形态上编户里伍，征收赋税，而形成一定的基层行政区划和建置单位。而在苗族地区，从原生的"里昂"向村寨聚居，是一个自发的过程。从苗族干栏式建筑的传统遗风来看，应该是与新石器时代河姆渡文化干栏式建筑形态和居住相类似的，到了明清时期不断地受到汉族居住形态的影响，而变成了现在的吊脚楼建筑风格和楼居的居住形式。

调查小组在每天总结讨论的时候，一定要有一个全局性、提纲性的问题意识，要找出一个问题来带动我们的资料，把我们的资料整合成一个有机的整体。这就是要有问题的导向，这对你们来说比较难。这个问题可能来自当地一个独特的现象，这种现象是我们能观察出来的。举个例子，我们在贵安新区平寨调查比较深入，我们就发现一个问题：每一个寨子都是单姓，一寨一姓，这八个寨子相互间的距离差不多，基本是等距离的关系，中间是平寨，四周有其他寨子，形成七星拱月般的格局，它们的体量差不多大，没有特别大，也没有特别小，当然有相对小一点的，但总体来说差不多。这种等距离、等规模并以一姓为一寨的寨子就是一种现象，那么我们怎么去理解这种现象？我做了一些分析：第一，土地的资源应当考虑进去，我们要去调查这个寨子的界限，田土的界限怎么区分，这样方便耕种，资源相对集中，便于管理。我跟他们提示这个方向，从自然资源、人和自然的关系角度去考虑。这里都是水田，旱地很少。水田密集，旱地较远，在坡上。远的地方他们很少耕种。他的土地资源密集，如果寨子也过分密集，那么有些家族的土地就要分得很远，这样不平等。这是一个重要思路。还有一个就是社会结构上，是以一姓为一寨，那么就要考虑这个寨子的建寨史。后来我们发现寨子差不多是同时建的，都可以追溯到明末清初，前后相差只有几十上百年的时间。那它们是什么关系呢？是平等的关系，没有独大，是同时发展的，而不是从一个母寨分出来的，不是母子关系而是并列发展的关系。这个就是从社会结构角度来考查的。我们看到这个现象，要作为一个问题去深入分析它。

调查丧葬和家族时，不应只盯住一点，而看不到全局。调查小组带队的老师就要有一个全局意识、问题意识，问题要能够覆盖我们同学的材料。还有一个现象，我再举个例子，也是在平寨。我们发现，它的每一个小寨里面都有四合院或三合院，而且建的规模都不小，不止一栋两栋，它是比较普遍的。这个现象，就是调查建筑的同学的问题。这些三合院和四合院在当时来说是较豪华的，高规格的。因此要去思考这个问题，讲清楚这个问题，它背后的逻辑是什么。但我们的本科生能把问题、现象讲明白就可以，到后来我们写序言、导读，要上升到研究层面。但解决问题不是到最后才完成，而是要在过程中慢慢地把一个问题引出来，然后以问题为导向并围绕问题整理材料，把不同类型不同时期的史料融入进去。它是一个逻辑分析过程，是一个整体，这是我特别要强调的。这里面有很多或大或小的问题，我们到每一个社区，它的问题是什么，我们开始不知道，要在调查中慢慢发现问题。另外，我们在理解的时候还要有一个更高的层次，要考虑到调查对象的差异性和同一性、共性。做调查不是哪里稀奇、对哪里好奇就做哪里，或者哪里有花样的东西我们就写。这两者要平衡好，就是说，我们面对的这个活态社会里面既有特殊的文化，也有普遍性的东西，这两者实际上是一个有机体，不要割裂它们。

我们调查的时候要有一个总体的原则，要关注作为人、作为社会群体的总体表象。我曾经多次讲人们的存在属性不外乎自然属性和社会属性。普遍性是隐藏在社会表象背后的，比如说生老病死的调控、吃穿住行的需求、喜怒哀乐的表达、敬业乐群的追求，是每个人、每个群体都要解决的问题。而怎么解决，怎么去表达感情，怎么去行孝，怎么处理尊卑关系，这些东西就会表现出地域上的特殊性、差异性，各自有一套相应规则。比如说怎么管理这个社会，怎么防止这个社会出现分裂，怎么让老人得到该有的位置等问题，既要看到殊途，又要看到同归。不同的文化思想中包括了统一的东西，人的本性的东西，又表现出了它独特的行为习惯、心理方式和特殊的情感。要把特殊性和同一性贯穿在我们的村寨志中，这个要求比较高。我们调查不是为调查而调查，为村寨志而村寨志，我希望同学们在调查中要有真正的身心体验与文化思考。

十五、要坚持田野史学的当代性和服务意识

　　村志的当代性和服务意识，就是记录当代社会生活，通过文化形式服务地方群众，是继承了传统方志修撰的优良传统。首先它要有系统的资料，可以备查，可以参照，但我不希望村志只是一本资料书，更不是束之高阁的所谓项目成果。村志要给老百姓看，要让他们喜欢，这就应该接地气，主要写人民群众，要有血有肉、生动活泼，充满人情的温度、人性之美和生活味道，反映老百姓的生产生活、社会行为、心理取向、价值追求和人生态度。比如，现在每个村都有卫生计生室，农村医疗条件大为改善，老百姓就医有什么难处？健康观念有何改变？从我们调查的情况看，人们就医意愿很高，这个变化说明什么？是医疗条件改善，成本低的原因，还是人们的健康观念在变？我们除了访谈当地人，还要访谈当地的医生，听听医学界一线人员的意见。此外，现在乡村人从事农业生产越来越少，闲暇时间多了，特别是在中青年人中出现一些赌博现象，或者是沉迷手机，不管孩子和老人，社会风气在急速转变。怎么引导人们选择好的生活方式，对我们来说也需要思考。现在政府不断加强乡村治理，体现在公共资源配给上，脱贫致富、幼儿小学教育、医药医疗、社会救助、安全保障各种制度措施完善起来。那么，乡村社会到底发展得如何？还有哪些问题？如何进一步发展？据我的一些调查发现，很多地方文化设施落后，文化自觉不够，社会发展整体滞后，动力不足，贫富差距不断扩大，生活方式受外来的负面影响较明显，社会结构大转型中有明显的分裂趋向。

　　我们还可以做一些具体的面向村民的工作，如邀请村民参与座谈，听取乡亲们关于自己家乡建设、经济需求、文化需求的各种意见，也可以洞察他们的思想观念、价值取向和社会觉悟。我们无法解决全部问题，但交流本身就很重要，了解民情民意，及时反馈与疏导，也是作为读书人应该积极考虑的，这本现实的大书活书值得认真阅读研究。我们还可以把我们的观察写成散文、新闻，通过自媒体及时传播，发挥正能量。记录下我们与他们共同度过的几十天光阴，发生在大家之间的美好往事，

可以微信中转发，让村民们也可看得到、感受得到，让人情味与人性之美尽情地释放出来。

十六、写什么、如何写、为谁写与谁来写的问题

2012 年，我们在长顺县调查时，就曾发现一位 97 岁的老人自己书写了本镇的故事《古羊传说》；2017 年在贵安新区调查时，我们发现一位 77 岁的退休干部写他们村的历史《大寨村史》；2019 年我们发现施秉县退休教师张乾才书写其家乡的《平地营苗寨》。这些自发的乡村志编修一定程度上体现了乡村文化自觉，但还未成系统。系统而完善的乡村书写作为乡村文化建设的基础性工程，迫切需要更多真正懂历史、懂文化、有文化自觉和文化担当的人才参与其中。

这是一个非常复杂的理论问题，也是实践的问题。

写什么，涉及选择材料，而哪些材料有意义，这是主观的判断。如何写，是体例与方法的选择和运用。对于中国历史上的正史与方志，历代的文人杂记，还有西方的民族志写法，必须进行比较分析，吸取创新，切合实用才行得通。为谁写，是为谁服务的问题。写给谁看？主要还是给当地人看，研究者也可能关注，现在没人看不等于将来没人看。谁来写？调查者、研究者虽然有专业积累，但写得不一定生动、好看。当地人可以自由写，也可以加入我们的写作过程中。这四个问题其实是开放的，需要长时间的探索。

这就是田野史学的当代性。视野要开阔，要发现现象和问题，借助不同学科的知识方法，分析当代不同社会行为。我们在调查时，老乡们知道我们要写村志，他们有些担心，说要写得好看、合心。这就提醒我们在系统调查基础上写出来的村志既要写实，也要讲究文学之美。村志服务村民，不是直接给他们多少物质的东西，也不是要他们做这样、不能做那样，而是促使他们了解自己家乡的历史文化，知道自己家族的来源和故事，知道家乡是独特的，根本上是唤起文化的自知自觉、自尊自信。在此基础上，我们与乡民一起创造新的更有意义、更舒适的生活方式。

第十一讲　资料收集整理与调查报告的撰写

　　资料的收集整理和报告的撰写是田野调查中的核心工作。我们在田野调查中，需要获取大量的第一手资料，报告的撰写也要依赖于田野调查收集的第一手资料。如果我们的资料收集不系统，对于收集来的资料又缺乏有效的整理，就无法形成报告。即使勉强写出报告，也是漏洞百出。资料的收集和整理是撰写报告的前提，资料的系统整理出了问题，报告也就写不好。

一、资料的收集整理

　　在田野调查中需要收集哪些方面的哪些资料？资料的范围很宽，只要是当下看得见的或历史上形成的，我们都要上心。这是地毯式调查，全方位、无遗漏、无死角，具体包括村落、家族、农耕生计、教育、风俗、婚姻、丧葬、信仰、节庆、文献、历史遗存、碑刻、人物、大事记等。内容很多，包括很多细节，像敲骨吸髓一样，层层深入，一点一点地拔出来，只有这样对我们来说才是有意义的。前面已经讲得很多了。

　　一般 5~6 人组成一个小组，对一处传统村落的全面调查，需要 40~50 天时间才能基本完成。资料收集整理工作全程都是在田野中完成，边收集边整理，当天收集当天整理，若资料特别多也不能隔太长时间，要讲究时效性，这是资料整理的总体原则。一般就是当天收集的所有资料当天晚上整理完成，并在离开调查地点之前把所有的资料盘点清楚。

　　1. 第一层次的整理

　　田野调查中获取和收集资料的方式主要有三种：一是拍摄，二是访谈，三是测量。有形的东西都可以纳入我们拍摄的范围，如建筑、碑刻、桥梁、遗址、书籍以及我们的活动现场都可以拍照或录像。照片是静态的，视频是动态的，它相对立体。那么访谈呢？主要是找当地的老人、知情人，对他们进行系统的访问。测量主要就是针对有形的文化遗迹，测量它们的海拔高度、经纬度、长宽高尺寸、面积等。比如传统村落可以用手机测它的经纬度和海拔高度；碑刻除了拍照片和访谈，还需要测量它的长、宽、高，这些资料都要综合到报告中去。历史文化调查主要是调查这些，但是以后我们还可能测量更多，还可以做一些不同民族的人体特征测量，如身高、体重这些基本指标。下面讲这三种获取资料的方式应该注意哪些问题。

先谈拍摄。拍摄的对象一定是可以看得见的，是什么呢？村落、房屋、建筑、古桥梁、碑刻、文书、笔记、生活用具、服饰、饮食、田间庄稼等。对拍摄的东西要进行分类，一定要有分类的思想。如建筑类，村落建筑都是建筑群，我们要从整体到局部，先拍整体，再拍代表性的建筑。代表性建筑要从正视、侧视、俯视各个角度拍摄。然后从外到内，进入局部。局部的包括屋顶、墙，墙壁上的装饰、室内的重要装饰；空间的布局，包括里面的中堂、前室、后室、门窗、器物的摆放位置。每一个重要的细节的部分，比如一个花纹，特别细微，拍的时候要特别认真。这些都是从整体到局部，从大到小，从宏大到细微，要有这样一个层次感。每张照片要拍清晰和准确。建筑资料拍完以后，要建一个总文件夹，并进行命名，命名时要写上某某村落古建筑或古民居，名称要完整，地点要清楚，对象要准确。总文件夹里面要细分子文件夹，比如拍了 5 栋房子，就要以每栋为单位，建 5 个子文件夹，每个文件夹单独命名，这样归属才清楚。比如说××家民居，如果是四合院，就写××家四合院。文件夹包括整体和局部的所有照片。当然，如果不是小组调查一个村落，而是单独或临时去调查，还要写清楚地域概念，如某县某村，这是一种行政上的归属。另外，文件夹名称后面要附记上拍摄者和拍摄时间。为什么要写拍摄时间呢？因为建筑是时代的产物，今天拍了明天可能就会变，它可能重修，可能拆了，时间表明建筑在某个时间点的状态，拍摄者表示这是谁的拍摄作品。所有照片要归纳好，方便以后查询，知道是何地哪家的、谁拍的，每张照片的关系和来龙去脉都很清楚。这些可以保证将来数字化工作的有效性。

当然我们拍摄的对象还有碑刻、文书类。古代的碑常见的有墓碑和记事碑，记事碑又包括很多种，如修桥、建寺庙、修祠堂、建路、建渡口的功德碑。还有一类是官方告示碑，为政府某一级官员以官府的名义下发的公开文件或通告。比如政府惩治贪官的告示，反映了国家对地方的治理。要注意碑的名称、时代、所在地点，分类型保存照片，命名时都要反映出来。民间有很多文书，这些是当地不同时期的人留下的，有土地交易或者与外界打交道留下来的凭据。在拍摄契约文书的时候要注意有些是破碎的、糟朽的，要将其置于宣纸上慢慢理开、铺平，然后再进行垂直拍摄，保证文书内容的完整性和清晰性。有些文书不止一张，而是一套，如红契中有契据和契尾，这是拍摄中要注意到的情况。拍摄时，要对每一张契约尺幅进行测量，因为纸张大小不一样所反映的时代就不一样，存档时要注明契约文书的尺寸大小。在整理契约文书时应以户为单位来建文件夹，总文件里建子文件夹，以"××村户藏文书"为文件夹名，有多少户，就建多少子文件夹，名称中要包括契约时代和类型。然后把每张契约里面的文字逐一录入电脑，录入文字的 Word 文档要和照片放在一起。

当代的文献种类颇多，如票据、交费单、粮票、账本、礼品簿、日记、记事本、科仪文本等。像这类资料也必须详加分类，哪一家、哪一户要分清楚，记录明确。20 世纪五六十年代的粮票、集体账本、交粮食的公粮本，另外还有一些土地承包单、契约、合同书，民间有的尽可能收集拍摄。民间也有人写日记，如有些老先生、退休的同志会写。我们曾在小丹江调查，找到一位陆姓人家的日记本，记录了他何时去哪里做了什么，他的儿子什么时候上学，哪一年考大学，哪年哪月哪日结婚，亲戚送了什么礼物，这个很有意思。日记是个人的记事本，记录的是个人、家庭或当地社会的一些事，调查日记要去找年龄大、文化素养高的老人家。还有当地村干部的工作日记本，其实它属于记事本这一大类。

如果一个人藏有很多民间文献，种类比较多，或是几类交叉在一起，就要为这批文献立一个专门的总文件夹，以"××家藏文书"为文件名，下面再分类建子文件夹。另外一类就是科仪文本，是民间一些做法事的文本。比如老人过世，请相关人员来写的唱念文书。它主要是宗教或者地方的一些"地理先生"跟鬼神打交道的文书，这是宗教信仰的一种表现。对于祭祀这一大类文书，也要分类，要记录文书的来源。还有光盘，民间结婚或者过节会拍刻一些光盘，这也是文献的一种，是可视性的、动态的文献。大家要注意收集光盘，名称上要写上某某家什么时候结婚的视频。还有就是当前政府的一些宣传资料，政府建设、告示、政治标语、宣传横幅，它记录了这几年国家对农村建设发展的一些政策。这些进入民间的官方性质的文字，可能小到一行字。标语，就是一行字，或是一张纸，有的写在纸上，贴在墙上，有的直接写在墙上，有的横幅挂在村头寨墙上。这些都要拍摄下来。我们去黔东南调查，看到老乡家家墙上都有记事。他们是木板房，黑色的墙上用白粉笔写字就很清楚。每家墙上都记录有他们家自己的一些事情，这个就是写在墙壁上的家庭历史。这种墙壁上的文献很多，就是当代历史，需要特别注意。

一般重大的仪式、节日、婚丧活动不但可以拍照，也可以录视频。每个视频也要建文件夹并命名。如果说涉及重大的活动，要以活动名称作为文件夹名，比如以清明节为名称。视频和照片记录的有些重要环节为了防止弄错，我们就要现场对照片或视频进行命名。拍视频的时候，应当注意活动背景信息的收集和配套说明性的文字，用笔记本记录下主要仪式过程，相关的人、事、物的名称和含义。我们调查的时候一定要注意拍动态的影像，跟随他们在民间劳动，拍他们生活的场景，拍他们之间的交流，拍他们怎样过节，或是饮食，在公共场合说什么。方方面面都要用我们的视频去记录，这是我们调查的重要方法。要去记录他们动态的生活，这是当下的一种反映。在一个重大的活动中，拍视频要能够抓住主线，除了拍中间，还要拍边缘；除了拍台上，还要拍台下，要有整体的思维。

接下来说说访谈。访谈工作要有录音、照片、视频。访谈对象有当地的老年人、中年人，有女性、男性。每一个访谈都要有一份录音。在正式录音之前，先介绍访谈的基本情况，比如说，2019 年 9 月 12 号上午访问某某某，访问什么内容，这就相当于访谈录音的标题，回放时才知道这里面讲的是什么。我们在访问一个问题的时候，不是所有的访谈对象都能针对这个问题去回答，有可能离题很远。所以访谈录音很难整理，一定要有一个围绕主题做访谈的意识。那么访谈资料怎么整理呢？第一，建文件夹，以访谈对象＋访谈内容来分类建文件夹。如果访谈某人，就要写上"××访谈录音"或者"××访谈视频"。关于访谈内容，如果是关于生平的就要注明"××生平访谈"，如果是丧葬则要注明"××＋丧葬访谈"。以此类推，可以写成"××＋节日类访谈""××＋历史人物故事访谈"等。同时要注明访问时间，因为我们访问同一个人可能要分多次完成，这是为了避免访谈内容的混淆。访问多少人就要建几个文件夹，如果有录音、照片、视频，先建一个总的文件夹，再在总文件夹中建子文件夹，将三者分别存放，目的是将其分层次排列出来。回到室内先听一遍访谈录音，然后边听边录入文字。注意一定要尊重原话，不能随便改动。然后再在电脑上进行整理加工，梳理出比较完整的内容后写入报告。录音的文件夹中一定要把录音的原文件以及 Word 文档放在一起。有些问题可能没听清楚，或者访谈对象口音太重，没听明白，还要回去再确认，再问一遍。访谈的过程中技巧很重要，怎么抓住别人的心理，怎么引导？很多人开始不知道怎么开口，提的问题都是乱的，主题不突出，访谈结束回听时才发现核心问题没问到。这是一定要避免的！

下面谈测量数据。拍摄照片或者书籍中出现的数据，不用单独建文件夹，相关的数据要整理到相关的文字里去。但是有一个问题，在测量的时候要画示意图，或者是做数据统计表格。这个示意图和统计表也要放在文件夹里，内容并不是独立存在，而要融入相关的文字系统里面去。

以上主要讲了照片、访谈录音视频、测量三种资料的收集整理方法。所有这些资料的整理，实际上是一个分类的系统整理，这就是我讲的第一个层次。

2. 第二层次的整理

在整理时除了将资料分门别类地保存、存档以外，更重要的是要对里面的信息进行录入提取，即资料所包含的信息的整理。比如一通碑和一张文书，原始文字就是第一手资料，对于它本身包含的历史信息必须梳理清楚。录入并分析原文就是对调查资料更深层次的整理。这就是我讲的第二层次的整理。

对碑上的文字要一行一行、一个字一个字地录入电脑，按照它原本的格式排版，它的尺寸也要记录下来。这是第二个层次整理中最重要、最核心的部分。特别是一些重要的文本资料，对其文字要逐一录入，这是每天调查结束回到室内必须完成的。同学们的报告往往存在只拍张照片而没有把里面的信息转化过来、提取出来的问题。凡是能够看得到的文字，如契约、碑刻、文书、账本，都要录入相关的信息，这些工作量都很大。录入后跟我们的照片、视频、录音存放在一个文件夹里。

大家做到这个层面，我觉得田野调查就完成了三分之一。而这两个层面恰恰又是开始就讲的，一定要在田野调查的过程中完成，现场完成。每一天早上出去拍摄、访谈，晚上就要对白天收集的所有的类型资料进行文件夹分类。白天室外收集，晚上转到室内整理，对当天的收获以及所有信息进行整理、录入。当天的事情一定要当天完成，不要拖延，"当日事当日毕"。对当天的工作进行整理，就是一个回顾，是一个再认识的过程，是一个不断深化的过程。对资料的系统分类整理和录入是我们进行田野资料研究的开始。

3. 开展小组讨论会

每天晚上除了整理材料、输入资料以外，还有一个工作，就是做小组讨论。我们一般由五六个人组成一个小组，分工合作，每天整理完后，围绕资料的类型及内容展开小组讨论，这其实是对资料收集整理的升华。收获了什么？有什么问题？下一步如何推进？每个人都要谈自己调查的内容、收获，要做总结和交流。

讨论的目的是大家互通有无。因为我调查的东西可能对你有帮助，你调查的东西可能对我有帮助。大家在一起讨论，可能你的问题就是大家的问题。有哪些发现，大家共同分享。小组交流讨论可以促进有效地收集资料，可以为明天的调查做一个好的准备。每次小组讨论都要做好记录。

这样的工作有什么好处呢？第一，回顾。看看资料有没有出问题，有没有遗漏，有没有错乱。每天有每天的任务，每天有每天的材料。每天分类整理就不会出错乱，不会张冠李戴，材料不会审，不会颠来倒去，能够保证每天资料的真实性、完整性。第二，为明天的调查做准备。如果今天有收获了，明天就不再做了；如果还有问题，明天就要突破。

每天的田野调查包括室外调查、室内整理、录入电脑和小组讨论，每天完成这四个方面的工作。第二天又重新循环或者推新。把这个工作日复一日地做下去，这个是一环扣一环的，不能乱套。这个规则一乱，调查就没有效果，得不出结论来。这是我们长期实践总结出来的一个重要的路径。每天的调查不只是收材料，更是要通过整理为下一步奠定基础，这样收集的资料才会有意义，不然即使有资料也会变得乱七八糟、混乱不堪。所以说一定要按程序，不然无法实现目标。

在田野中坚持这种收集整理资料的路径，意义有几个方面：一是有效归类，这样就不会出乱。整理可以让当天的资料不至于混乱。二是可以提升对调查资料的认识，提高发现问题、解决问题的能力。三是通过整理可以为明天的工作提出明确的目标，做好计划。比如讨论发现问题后再继续做，只有充分认识到不足后，才知道下一步怎么做。四是可以为后期报告的撰写奠定坚实的基础，确立好研究的开端。田野中的整理和讨论越往后就越深入，研究就慢慢地开始了。所以说每天的整理工作、小组讨论是田野调查的重要环节。

二、调查报告的撰写

调查报告的撰写十分重要，是调查资料的系统化整理和升华，既要客观真实全面记录历史文化，又要有所分析和思考，它是从材料到观点、从实践到理论的转换。调查报告完全可以独立成篇，也可以成为村志修撰的主要依据。

为了写好报告，我们要求田野之中每人都要写调查日志和小组简讯。日志是个人的，简讯是以小组为单位。日志就是要记录当天的工作内容和问题及其思考。简讯则是通过小组会的交流汇总，将当天大家的收获和讨论思考整理出来。一定要对材料本身有清晰的记录，必须提出问题，思考材料的意义。这些就是为报告的撰写做铺垫。

1. 标题与署名

标题要求直观明了，不能太大也不能太小，要跟内容衔接吻合。如果是综合性的调查，一般以"某县某乡（镇）某村历史文化调查报告"为名称；如果是某一专题的调查，如家族史调查，则以"某县某乡（镇）某村某某家族史调查报告"；民间建筑、碑刻等以此类推。标题用小三号字，黑体，居中。作者名字在标题下，空一行，字号与正文一样，小四号字，不加黑。若是一个人的调查报告，作者署名一个人；若是一个小组，则要全部署名，在文末交代分工和各部分撰写者，既体现团队力量，又能各尽其能。

2. 绪论部分

绪论，也可以叫引言、序言，但不需要写"一、绪论"，不必有标题，就相当于我们写文章有前言，作为开场白。这部分应该交代几个方面：第一，调查的时间、经过，具体到某年某月某日至某日，经过了一次两次，或者暑假一次、寒假一次调查。第二，调查的原因，我们为什么调查这个东西，出于什么考虑。比如毕业实习，或者是某种研究的需要，或者是兴趣使然。第三，讲讲调查中运用了哪些方法与手段，小组成员构成与分工。如果前人有过相关的调查或研究，要做一个简单的综述。绪论部分内容不要太多，少则几行字，多则两段，讲清楚就行。

3. 正文部分

第一部分是介绍调查所在地的基本概况，即调查点的自然地理环境与社会人文背景，标题可以写成"一、自然地理与社会人文环境"。这部分要着重讲，它是理解乡土历史文化形成和发展的重要参照。具体包括它的自然、地理、行政区划与建置沿革，还有它的地名来历。此外，人口、文化、经济状况，都可以涉及。部分人所提交的报告，内容是有缺失的。有的就只有地理位置，没有社会人文方面的介绍。所以这个概况，归纳起来就两大块：一个是自然的环境的，一个是人文的历史的。乡土历史文化是在特定的地理环境过程中形成的，在概况中就需要把自然的和人文的综合地反映出来。自然的很多、人文的很少也不行，这两者要相对平衡，而且它们得有一定的相关性。后面调查的内容，就是在这个自然的和人文的环境里面成长起来的。要让别人一步一步地去了解，自己先得对这个地方大体的自然景观、民族与人口、社会基本的文化面貌、经济发展情况做个简单的交代，所以大家一定要学有所用。报告是要讲逻辑关系的，不能想到哪里就写到哪里。

接下来就是要逐一介绍调查对象，将调查内容逐项记录下来。要注意，写的时候要有个顺序，有个谋篇布局的问题，要琢磨先写什么，后写什么。如果调查的是一部家谱，这个问题就相对简单，就按照家谱的修撰情况、内容体例及其得失评价的逻辑来写。如果调查对象相对复杂，包含很多样东西，那怎么办？一般按照时间的先后顺序来排列。如果调查的资料有没有时间性，那就要考虑分类排列，如家族、人物、古迹、节日、丧葬等。先是古迹，再是家族，节日、丧葬，最后是人物。这里面也有个逻辑问题。第二个原则就是从大到小，从宏观到微观。先介绍大的综合的部分，这部分内容比较丰富。比方说要介绍民居、家谱、墓碑时，先介绍民居，那是一个比较大的部分。不要先介绍了家谱才介绍民居，然后才讲墓碑。先介绍遗迹，再是里面包含的遗物，然后才介绍家族及其家族的文化。但这是一般原则，有的内容要做灵活的处理。比如说这个家族有祠堂，祠堂虽然是一种建筑，但是要把它放在家族里去讲，祠堂与家族是不能分开的。它是家族特有的，属于文化部分，所以有些内容要相互兼容。这个逻辑关系大家要去理顺。总的原则是按照时间的顺序从大到小，从遗迹到遗物，再介绍家族形成的文化。

　　如果调查的只是一个单一的内容，如家谱，需要明白是要先讲家族还是家谱。家谱只是记载家族历史和文化，或记载家族活动的某些方面。调查家族先讲家谱再讲家族起源，从后往前推，讲得通即可。家谱要加书名号，因为它是一本书，是成型的文字。家谱的修纂也是有逻辑的，要讲清楚它的修撰背景、历程、主要内容、篇章结构等。接下来就要依据家谱资料写家族源流了。"源"和"流"是两个概念。源是起源来历，家族从哪里来；"流"是到哪里去，发展走向如何。源流就是讲历史的线索，从早到晚，家族的起源、迁徙与发展，这叫"源流"。家族在发展中分了多少支系，每隔几世就要分房，这就产生了"世"和"系"。"世"是纵向的血缘传承，"系"是横向的分支分布，一个家族不可能固定在某个地方永远发展，每到一定的代数就要分支迁徙，分出来的就叫"系"。接下来是人物，要用表格形式把人物排列出来，包括他的出身、性别、学历、事迹等。后面专门用一章来讲家族文化，包括字辈、家风、家规、禁忌等。最后还有附录，在正文中不便于处理的内容可以放到附录中去，比如墓志铭、族人文章、墓碑图片之类。调查家族，除了族谱，还要注意墓碑资料，这两种资料一定要参照使用，不能偏信。如果出现了记录上的矛盾，就要反复访谈，充分运用文献学的方法，考证文字的真实性。特别是碑文录入要特别仔细，一字字一行行对照录入，录入后还要反复校对，看看有没有文字错误。文字录入是我最不放心的部分，大家在繁体字、文言文上的功底太浅，很难独立完成。大的家族墓志铭或碑文还涉及对联、典故、职官、历史事件等历史文化信息，对学生特别是初涉者来说难度很大。

　　贵州民族大学以往几届同学的不少调查报告不能叫真正的调查报告，还有很多同学其实是大量从书上抄下来的，或者是到某个名人故居、陈列馆拍点照片，把陈列的文字转换出来。这不仅不是调查，而且也没有新的资料发现，毫无意义。但我们做调查资料的汇编，大量摘录原文也不是什么坏事。现在呢，大家碰到问题就避重就轻，把难做的内容省略了，这也不利于真正的学习成长。

4. 插图问题

插图是必不可少的，因为图片直观、信息量大，可以帮助我们理解文字，增加文字的信息量。因为有些是文字难以说清楚，甚至无法表达的。图与文字又具有相关性和互补性，相互补充完善，图文并茂是最好的方式。这里最关键的是选图要精到，图不能随便插入，想插哪一张就插哪一张，同学们以往的报告里，有的图与文字不相干，图与文字的关系位置也不认真处理。

比如，介绍村落概况就需要有插图，因为乡土历史文化总是存在于特定的自然环境，图更能直观反映这个方面。如果插入一个县级地图，能反映调查点的自然环境吗？它是反映不出村落所在地的自然地理概况。图的范围太大，有些人甚至放一张贵州省的地图在上面，再标一个点，画一个村落在哪里，根本没有用。那太小了行不行呢？有些人只放一个村的地图，其他的什么也看不到，那也是不行的。所以，这图总是要和调查点匹配，与文字匹配，一定要跟我们讲的这个逻辑对应起来。因为这个自然环境是相对的，既能够反映出自然的状况，又能反映出它的行政关系、区划、相对位置、乡镇和村落，或几个村之间的相对位置，要兼顾自然环境和人文背景。最好在一张图中有县、乡、村三个层次的呈现，村落在县和乡镇的相对位置很清楚。以往的报告都没有能够处理好。

再看图及下面的图注。图注就是对插图的注解和说明，内容和形式可以灵活处理。如果是第一章第一幅图，就写图 1-1，后面加上名称，这个合起来叫"图号图名"，也称为"图题"。图的名称也很讲究，要简洁扼要，准确反映图的信息。如第一张图可以写成"图 1-1 调查点自然与人文环境"。为什么要这样写？因为既反映了自然环境，又反映了人文环境。另外，图与文字尽量靠近，最好不要分页，我建议把这个图和它的图注用一个文本框框定在一起。因为我们调查组的报告合并在一起，图与图注之间的内容会有一个波动，图与文字之间的位置就会有位移。这个波动，特别是图与图注之间的关系，会出现位移，有的被覆盖了，有的跑到下一页去了。合并的时候往往就有这个问题。可能在自己的电脑上看起来觉得是没有问题的，但是只要一合并，好多东西就变了。因为我们每台电脑安装的 Word 版本不一样，这些看似小问题，实则影响整个报告的效果，很多人都做不好，对于细节不去动脑筋、细细琢磨。

5. 总结部分

总结部分主要就是通过正文中资料的梳理和分析，针对其反映的问题，提出自己的看法。这个可以从不同角度加以理解发挥。如对历史事件的发生原因探索、文化变迁的分析、文化内涵的揭示等，第十讲已经讲得很多了。有的同学做了一点家谱介绍，家族的历史大概能够介绍出来，但重要的部分不知道如何写，有很多内容没写，显得不完整。如家族人物，只是提及，却不去分析这个人物为什么会形成清廉正直的风格。跟他的家教有关系吗？一定是有关联的，与他的家风、家教、家庭和成长环境都有关系。家是中国传统文化的母体，传统优秀的家风、家教、家族规则自成一套体系。家谱调查尤其要思考这样的问题。家庭、家风、家教，是我们国家基本的、稳定的、重要的体系，社会文化体系。以往各家族的老人们，各家各族的先贤，辛辛苦苦把这些家谱修出来，融入了他们对家庭、家风、家教的期待。现在去收集这些资料并写出报告就是一种继承发扬。

6. 注释问题

报告要有页下注，文末还要附参考文献。如果参考文献多，可以按出版时间的早晚顺序排列。页下注和参考文献的格式都是先写作者，再写书名、出版社、出版时间。参考文献可以不要页码，顾名思义，参考而已。现在一些期刊的注释也叫参考文献，其实并不规范。页下注就是正文中引用别人的资料、观点，要老实说明，在引号后面用数字右上标，下面就是页下注。引用或参考的资料要注意分类，出版物要用权威的版本，如二十四史最好用中华书局出版的，还要最新的校注本。非出版物也可以参考和引用，但同样要详细注明。

7. 附录部分

附录部分我们可以学习考古学家的做法。一般正规的考古调查或发掘报告都有很多附录，包括各种统计表、检测报告、遗迹遗物图。这些附录要占相当大的篇幅。我们的田野调查报告要根据材料而定，大体上要包括采访对象的介绍、访谈录、墓葬统计表、重要的原始文献图片、各种录音和视频等，分别以附录1、附录2这个顺序加以排列。附录也要讲究逻辑顺序和分类。但录音和视频无法打印出来，只能以电子版保存，所以整个报告中的附录要单独建立文件夹，直接命名为"调查报告附录资料"，下面根据内容建立子文件夹。我们千万不要以为这不是报告的正文，可以随便处理，其实最真实的系统的原始材料都在里面，它可以补充正文的不足，为研究者提供直接的可靠的材料。认认真真做好附录，才是对后人负责任，也才能体现对历史文化的尊重。清代章学诚在总结中国古代的方志学理论方法时，明确提出了"文征"作为附录，后来很多方志都在这样做，保存了大量地方文献。现在很多学术著作也特别强调附录部分。

第十二讲　家谱调查与研究

　　每个中国人，都是某个家族中的一个个体，往往都会进入家谱，从而进入历史。要说写历史，中国的历史记录是最完备的，不仅有正史记载、地方志，还有家谱。

　　现代史学界一般把我们的传世史学，也就是二十四史为代表的国史（除二十四史外，还有古史、杂史、霸史、起居注、实录、旧事、职官、仪注、刑法、地理等），加上地方志，再加上家谱，称为中国历史研究的三大史料类型。当然民间文书也非常重要，可称为第四大类型。随着当代音像资料的剧增，音像也成为一大类型。相对于正史而言，家谱、民间文书和音像资料又是民间记录历史的几种方式。正史是写宏大的历史，帝王将相的历史，统治者的历史，是少数人的。而地方志是关于某一区域的，在一定程度上补充了大历史的不足，比如省志、县志，还有以前的府志、州志，比如《平越直隶州志》。古代的方志写到府、州、县就没有了，没有某保某甲志，同时也没有乡镇志。清末民国时期，出现了乡土历史文化教材，但是内容不完善，书写系统也不完善。相对于正史和地方志而言，家谱作为一个相对独立的文献，或者一种文体，一种记录历史的方式，有自己的历史渊源，有自身的一套规矩，书写的体例。

　　我们今天重点讲的是家谱，讨论时可以做比较。家谱在中国历史记录中的地位、重心是什么？家谱，顾名思义，就是一门家志，记录一家一姓的历史。家谱是大众的叫法，除此之外还有很多种名称，如"族谱""宗谱""序谱""支谱""家乘""忆支簿"等，虽然这些称呼都代表家谱，但是细究起来它们还是有差别的。其中宗谱就是某一个宗族谱，而所有的分支也可以有支谱。宗谱和支谱又不是对应关系，从某种程度来说宗谱和支谱都是家谱的种类。家谱存在不同的形式，或者它侧重或涵盖范围的不一样，"族谱""宗谱""序谱""支谱"就表明这样的差别。但总体来说，我们都可以把它放到家谱里面，因为只要是写一家一姓的历史，都可以叫家谱。

一、家谱的起源

家谱起源于姓氏，而姓氏起源在商周时期，最早的家谱也同时产生。《左传·隐公八年》里有一种说法："天子建德，因生以赐姓，胙之土而命之氏。诸侯以字为谥，因以为族。官有世功，则有官族，邑亦如之。"姓，人所生之始也，为区分不同外婚制血缘集团；氏，血缘集团内部有世功者，有土有民，属于政治性质上的贵贱区分。所以，姓以别婚姻，氏以别贵贱。姓为氏之本，氏由姓所出。姓产生于前，母系社会时代已有，而氏因某姓中有世功而受封于后，很可能出现在父系社会时代。商周时期，因政治上的封建需要，氏族遂有世官世族，记录其官职承袭与官族世系当是合二为一，这就是最初的家谱，也是世官谱。我们中国人十分重视姓氏，跟这种世官世族政治传统有密切关系。战国至秦汉时期，封建制度衰落，姓和氏的区别已不明显，并渐渐合二为一。

中国最早的家谱是什么样子呢？司马迁在《史记·三代世表》中说："五帝、三代之纪尚矣。自殷以前诸侯不可得而谱，周以来乃颇可著。"故《隋书·经籍志》云："周家小史定系世，辨昭穆，则亦史之职也。"可见，谱最早只是有国者的世系，很可能由小史来记录。若从萌芽时期算起，它的历史比西周还要早，至少商代已有。安阳殷墟出土甲骨文中有殷人世系，乃商王轮番周而复始地遍祭其祖先的占卜刻辞，可见至少晚商时期已有帝王世系的记录。[①]故司马迁说"余读谍记，黄帝以来皆有年数"，但又说是"稽其历、谱、谍、终始五德之传，古文咸不同，乖异"。《史记·十二诸侯年表》有"太史公读春秋、历、谱、谍，至周厉王，未尝不废书而叹也"。又说"历人取其年月，数家隆于神运，谱谍独记世谥，其辞略，欲一观诸要难"。《索隐》注引刘杳云"谱起周代，艺文志有《古

---

① 参见常玉芝：《商代周祭制度》，中国社会科学出版社，1987年。

帝王谱》。又自古为春秋学者，有年历、谱、谍之说"。到了汉代，历、谱之书已经不少了，《汉书·艺文志》就载有 18 种，其中有《帝王诸侯世谱》20 卷，《古来帝王年谱》5 卷。且谱书是与历书放在一起的，可见谱和历实际上是两种纪年的方法，谱是帝王诸侯的世系官谱，宗旨在于"独记世谥"，但需要按照历的纪年纪月来编排。所以早期的史官多"为春秋学者，有年历、谱、谍之说"，这进一步表明，历、谱、谍是与春秋并存的史官记录方法。

谱、谍都是根源于历。《汉书·艺文志》谓"历谱者，序四时之位，正分至之节，会日月五星之辰，以考寒暑杀生之实"。这是处理天人关系最重要的依据。而对于人事，最大的就是通过正历数来"定三统服色之制"，这就必然要以帝王世系为事实上的依据。《史记·三代世表》的《正义》注谓"谱，布也，列其事也"，《索隐》谓"牒者，纪系谥之书也"。系谥，即世谥，唐人避讳李世民之名讳而改。郑樵《通志·总序》引桓君山曰"三代世表旁行邪上，并效周谱"。又谓谱为"古者纪年别系之书……春秋之前称世，谓之世谱。春秋之后称年，谓之年谱"。故所谓谱牒，一重其事迹，一重其世系，谱和牒虽是分开的，但皆以帝王诸侯为准绳。班固把谱放在历书类，而牒者，如《世本》，则放在春秋类。合起来看，谱牒就是纵向的人物代系及其事迹的记录，都起源于历，但各有侧重而已。《汉书·艺文志》在春秋家中就载有《世本》15 篇，乃古史官记黄帝以来讫春秋时诸侯大夫之事，就是先秦时期整理的古帝王谱牒之书。《史记》的本纪和年表比较详细地记录了夏商周时期的帝王谱系，依据的就是这种整理资料，而且关于商代帝王世系的记录得到了殷墟考古发现的证实。可见在司马迁以前就已经有人对三代的谱和谍做过系统的整理。

我们从已有的文献记载来看，比如《史记》本纪中对帝王的描写，重在"列其事"，兼有世系，而《三代世表》和《十二诸侯年表》则是讲第一个王，第二个王，什么世，什么系等，重在"纪系谥"，兼事迹。总之，先秦的谱和牒的功能，本身就是史官记录帝王诸侯历史的方法和手段，具有重要的政治属性，客观上已经具备了后世家谱的基本形式和内涵。当时可能还有古帝王形象和事迹图，画在宫墙上面，屈原《天问》

篇就有相关的描述。

除了史官记录整理帝王世系和事迹，周代贵族们已有铸鼎自铭的私著传统。考古发现大量西周中晚期的青铜重器，如大盂鼎、史墙盘、毛公鼎、克鼎等，皆记祖先事迹与功德。《左传·襄公十九年》记载鲁国臧武仲谓："夫铭，天子令德，诸侯言时计功，大夫称伐。"故《礼记·祭统》中专门论述道："夫鼎有铭，铭者自名也，自名以称扬其先祖之美，而明著之后世者也。为先祖者，莫不有美焉，莫不有恶焉。铭之义，称美而不称恶，此孝子孝孙之心也。唯贤者能之。铭者，论譔其先祖之有德善、功烈、勋劳、庆赏、声名，列于天下，而酌之祭器，自成其名焉，以祀其先祖者也。显扬先祖，所以崇孝也。身比焉，顺也。明示后世，教也。夫铭者，壹称而上下皆得焉耳矣。是故君子之观于铭也，既美其所称，又美其所为。为之者，明足以见之，仁足以与之，知足以利之，可谓贤矣。贤而勿伐，可谓恭矣。"后世家谱中记录先世美善的做法，实际上主要是继承了这个铸鼎自铭祖先功德以崇孝明教的传统。

这样一种表达和体系就反映了一个帝王和贵族世系与事迹，可以说是当时家族历史的一种线索。其实我们早期的政史和家史是有重叠关系的，《夏本纪》《殷本纪》《周本纪》都是按照王的世系顺序，从政治上讲它是王的继承关系。王的继承者是双重的，既是政治继承关系也是血缘承递关系。只是重心放在了政治这个层面，所以只写了王的这支，继承者的这一支，那些偏支，分出来的旁支就没有写，但又以铸鼎自铭的私著形式加以记录。以政治继承为纽带，保证政治传承的合法性与权威性。但是其中兼有世系传承，比如很多兄终弟及和父死子继的情况，保证血缘关系传承性。从这个层面来看，这种记录就是一个家谱，但是相对于后世来说又不是一个完整的家谱。

二、早期家谱的实质

先秦时期的谱、牒、铭就是后世家谱的主要渊源，殷周的宗法制直接影响了中国家族历史的这种修撰方法和精神。特别是西周宗法制，简单地说就是规定了家族内部的尊卑长幼亲疏关系，及其成员财产权利的传承秩序。小史"定系世，辨昭穆"。（《隋书·经籍志》）长幼亲疏有明确规定，并不是年长的就是族长。人类的通婚繁衍很复杂，皇后生的不一定是长子，宗法制规定正房所生的第一个男孩子才是嫡长子，他不一定年龄最大，而且还需要通过政治程序来认定立储。宗法制中规定，只要是长房，一直传下去，就是大宗，即使他是个小孩，其他年长的人都得以他为中心。大宗是权力的传承者，财产分配时大宗有优先权。除此，宗法制规定了祭祀的地位，祭祀时长房说了算。宗法制度的这种规定直接影响了中国家族的权力关系、财产关系和亲疏远近关系等。后人修家谱会排长房、次房，直至分到四房五房，五世之后又要分房，就是宗法制度的产物。宗法制度在摆放牌位、埋葬秩序、家族公共宴会活动上也有规定。总之，家族的一切活动都要遵循长幼先后尊卑秩序。周公把这套宗法制度运用到国家的治理上，实行分封制，由此得出在分封制中也能找到家谱修撰的体例和原则。后世的家谱往往把家族始祖及其受姓追溯至西周某个诸侯身上去，甚至更早的尧舜禹时代去，看起来难以置信，但确实与家谱源起和姓氏起源于商周时期有密切关系，曲折地表达了宗法制度和分封制度对家族历史的影响。

三、家谱的发展演变

再往后面，还可以找到家谱演变的痕迹。《汉书》《三国志》都有宗室或诸王传，虽然这些对家谱影响很大，但并没有导致平民姓氏家谱的普遍出现。那么家谱真正作为很重要的文献是什么时候出现的呢？魏晋南北朝时期出现了真正的谱牒，姓氏出现了等级化，大族郡望观念突出，有所谓四海大姓、郡姓、州姓、县姓，《隋书·经籍志》史部载有"氏姓之书"30 多部，可见其繁荣。谱牒是家族发展客观而普遍的需要，魏晋南北朝时期大族在世族政治条件下为了维护家族世代为官和特权，必须保证其家族的来龙去脉清晰，同时也是通婚的门户参考。很多庶族也通过修撰谱牒，追跟大郡望族来提高声望。此即郑樵所谓"官有簿状，家有谱系。官之选举必由簿状，家之婚姻必有谱系"。这些谱牒基本上没有留下来，但我们在正史中能看到一些痕迹。看这个时期的一些史书，可以发现宗室诸王传特别发达，更有写家传的，几代人合成一个传，如《魏书》《南史》《南史》等，这里面有很多传就类似于家传，有的甚至一个家族作为一卷来写，这个其实就是微缩版的家族史，这些正史的材料就是从当时的谱牒资料中转移过去的。这个传统一直到明清时期，传里面就已经能看出有家传的东西，如《明史》。但并不是所有家族都写，而是选择有代表性的家族。但正史的家传不等于真正的家庭史，也并非家谱。因为它不重在世系与源流，而是关注人物的事迹功业，这本质上还是中国古代修齐治平思想的反映。后来的家谱修纂者也自觉地收集整理家族人物事迹，表彰其道德品行，在一定程度上当是受了正史书写方式的影响，实质上是儒家思想文化民间化的表现形式。

唐代中期以后，世家大族逐渐衰落，变成众庶，与寒门同列，这些家族的谱牒都丢失了。唐高宗、武则天时期修的《姓氏录》促成了新的家谱的诞生，武则天当时把天下的姓都统计出来，编成《姓氏志》，共计有 245 姓，2287 家，当时五品以上的官员全部收录，从而出现了百家姓。但我们现在看到的百家姓，赵、钱、孙、李，它是宋代的。另外，魏晋南北朝至隋唐时期的墓志铭也大量记载家史。可以说，在宋代以前，家族史在谱牒、国史和墓志铭中都有记载，多种形式保存，内容互为补充，但都是以帝王之家和官宦之家的家族史和人物传记为主。

到宋代，我们现在看到的家谱终于成形，这与宋代寒门的真正崛起和文化传家有直接关系。宋代是寒门上升的时代，没有士族和庶族的区别，大家都是一样的。靠什么来取胜呢？靠科举，所以我们说学而"优"则仕。也就是说改变命运靠读书是从宋代开始的。有句话说：家无读书子，官从何处来？对寒门读书人来说，一切人生意义的起点其实就是金榜题名时，所以放第一位。寒门子弟凭真本事，家谱就是在这些有真本事的人的笔下诞生，告诉后人"我"从哪里来，如何读书入仕途，建功立业。不重在守祖先之旧功业，而重在激励子孙开拓新事业，是儒家入世精神的彰显，所以这时期的谱牒与此前千年的谱牒本质上不同，与士大夫铸鼎自铭的性质更近。前后两种谱牒编写目的、功能、内容的差别，是世袭任官与选举任官两种政治制度决定的。北宋以来，中国的传统家谱在书写方式上吸收了史志的模式，但更加全面系统，包括了源流世系、人物传述、家规族训、艺文、祖产、祠祭等，成为一种独立书写体系。脱离了家族世袭任官时期保守的政治化的习气，根本精神有了突变，就是强调凝聚人心、规范秩序、传承文化、崇德尚贤、建功立业。这是非常积极的，是很了不起的文化创造。宋代家谱主要为两大模式：一个是欧体，从右往左横向排列世系；一个是苏体，竖向排列世系。欧，就是欧阳修，大家都知道，他是寒门出身，他的父亲在他很小的时候就去世了。他的母亲用荻杆教他在沙子上写字，没有纸，没有毛笔，在艰苦的环境下读书成才。他编撰了他自己的家谱，叫《欧阳氏谱图》。苏，就是苏洵，他修撰了《苏氏家谱》。他们修家谱的时候，中国的那些世家大族都衰落了。欧、苏体其实大同小异。欧体就是从已知往未知推，"断自可见之世"，推五代人，五代为一段，即每隔五代就分支、分谱了，五世而终，五世就转。为什么只修五代呢？前面的难道就写不下去，就没有了？是因为确实找不到依据了，唐末五代的战乱使得很多资料都丢失了。而且苏洵、欧阳修，包括范仲淹都是寒门出身，五代以内讲得清楚就已经很不错了，再往上追溯到六、七、八代就很难靠得住。我们可以想象，凭我们的记忆记五代人，也就只有一百年左右。

四、家谱的内容

家谱都有谱序，序主要讲家族的重大历史事件和修谱经过。包括家族追溯到什么地方，这个家族怎么迁徙，从哪里到哪里，什么时候做过什么事，现在的分布情况，以及家族重要人物等。谱序一开始都是自己写，后来就请人写，以光耀门楣，材料由编撰人提供，而往往有溢美之词。甚至假托范仲淹、欧阳修、苏轼、朱熹、王阳明等名人手笔，更有以帝王之名者。另外讲世系，世系讲宗支图表，里面都是人名，通过宗支图表可以清楚了解一个家族的人丁、血缘纽带关系，以及历史上的支系分布。第三个部分是人物，人物传述相当于正史中的传记，一般从始祖开始，不是每个人都能写入人物部分，没有意义和不重要的难以入谱。人物部分一定是写对家族有贡献或者做官对国家有贡献的人物，核心是宣扬好的方面，坏的方面是一定不能入谱的。所以现在要重视家风和家族文化，就是因为家谱里都是正面榜样。那些作奸犯科的人不能入谱，只是家族的规矩，在正史中是可以写的，如《奸臣传》《佞臣传》，可以拿来做反面教材。

对家谱中人物部分的介绍必须写清楚几点：第一，生卒年，即生于哪一年，卒于哪一年。古代注重八字，干支记"年""月""日""时"八个字，这是古代的一种文化，如果不记得年月日，就写"生卒不详"。第二，主要事迹。从商、从事教育工作、从政等通通要记录，在古代，就是某某年进士，做过什么官，如知州、知府等。第三，人物归葬地，即死后所葬之地。古人是以家族为重，出去再远，去世之前一般都要回家，以寿终正寝。特殊情况下，在外去世的人由其子女扶灵柩回乡入葬，身份高的人回到祖茔地，身份低的人一般进不了祖坟。犯错误的人可以回来，但是进不了祖坟，坟地另选或者将尸体烧掉。能够归葬祖茔地是一种荣耀，但这是在世族里体现，老百姓就没有那么多讲究了。除此之外，还要写人物的配偶，配偶有几个，生有几子等。其实有了谱序、世系图表和人物这三块，家族历史基本上就有了一个框架和基本的内容，早期的家谱有这三块就足够了。

到了明代，家谱开始复杂化、系统化。明代中期以后，很多家族在家谱中增加了很多内容。比如"艺文志"，家族中写的很多文章都会放进去。文章内容很多，有些是奏折，有些是书信往来，有些是家族成员的创作，还有一些是他给别人写的序等。族产志中则包含家族里的公共财产，以前一般是公共墓地，登记的时候画图，标明边界。除墓地外，祠堂也是重要的族产，是家族祭祀的地方，家谱中要讲这个祠堂是什么时候建的，面积多大，有多少间房子，它里面举办了什么公益活动。田土山林也是需要登记的财产，这是重要的不动产，主要是记公产。以族产兴办义学，是祠堂里的公共收入用来资助贫困的学子，有的还开展家族借贷，临时救贫救困族内成员，这就是早期的社会福利和社会保障制度，相当于现在的家族基金会。家族的礼仪也进入了家谱，包括礼仪规范、制服、家规、家训、族训。家族的礼仪文化，还有祭祀、婚姻、丧葬礼仪等。婚姻有完整的礼仪规范，讲究门当户对等，丧葬最重要的是五服制服，祭祀祖先的安排等，都是家族的礼仪。但是对于家族文化传承的作用，大多数文化层次不高的人可能不能直接接受，还需要家族里的文化长老在各种重要场合加以宣扬说明，甚至演示。这是最活态的家族文化形式。

五、修撰家谱的意义

家谱修撰有什么意义？前文实已经从历史和文化内涵的角度讲了不少。家谱一直就是中国人安身立命的依托，历史上很多伟人都讲过关于家谱的价值。我们国家在 20 世纪 80 年代由国家档案局联合教育部、文化部有一个文件，要求编修中国家谱综合目录。1997 年，朱振华先生主编的《中国家谱综合目录》已经完成，由中华书局出版。2009 年，王鹤鸣先生主编的《中国家谱总目》由上海古籍出版社出版，1200 多万字，共收集海内外 600 多种姓氏的 52 401 种谱牒。这些目录书构成了中国人重要的文化基因库。

从史学的角度讲，家谱是一种重要的史料，它是比较真实的记载，其中的东西要用来教化后人，所以不能乱写。相对于正史和地方史，家谱的真实性更强。家谱还有一个价值就是文化传承。家谱会记载家族前人的思想文化和家族传统，这就有利于家族文化的传承。家谱还特别具有宣传家族文化和启示后人的作用，其中教化后人的价值非常大，现在家谱的这个作用是发挥得最好的。让后人看到前人的生活状态，家族前人好的生活状态和文化传统能给后人树立一个好的榜样，让后人学习，进而使家族发扬光大。如果家族前人有一些不好的生活状态和思想传统，也能让后人引以为鉴，革除家族的不良传统来促进家族的发展，这也是为创造和谐社会做出贡献。一个王朝也就几百年的历史，夏、商王朝最长也就五百多年，唐、明、清王朝也不过三百年，而一个有影响力的家族则常超过几百年的历史，孔子家族现今已延续到第八十代，已有两千多年的历史。一朝天子一朝臣，王朝可以亡，但国不可灭，家不能散。在家族里面，正是因为有了这些优良的传统，才会激励后人延续下去，才有今天。只要有这样一个系统的存在和延续，中华文化就不会断，国家不会亡，种族不会亡，这个文化传承也能延续下去。家谱的修撰是一个良性的循环，是中国人的一个伟大的文明创造。西方国家并不具备这个优势，在美国犹他州博物馆，收藏了很多中国的家谱，但他们不清楚其中的家族文化。家族基因的文化传承就是一套机制，西方文化中没有这种东西，所以无法理解，他们要研究就很麻烦。除了美国的那个博物馆，日本也收藏了很多。但是，尽管他们研究，也不知其是如何运转的。国内收藏家谱最多的是上海博物馆。家谱的价值远不止这三条，但是有这三条我觉得就了不起了。

六、新时代家谱传承与发展

现代社会怎么修家谱？我们讲什么东西都要与时俱进，家谱也在变，在经济全球化、中国现代化的背景下，怎么修好家谱，怎么发挥家谱的作用？按照我的理解，除了我们讲的谱系，以及祖先给我们留下来的完备的框架、成熟的体例，关键还是要创新。家谱修撰中除了谱系、世系、人物、一些佚亡的公益性活动记录以外，我想，现代社会适用的东西，都可以写进去，但是最重要的是怎么发挥家谱的作用。

如今存在一种现象，很多家族的家谱质量越来越差。现在书写条件很便捷，粗制滥造也多了，修成一本所谓家谱看似很容易，但实际上不耐看，没人看就没有价值。即使我们的家谱分区分发到各家各户，别人也不一定有时间去看。而且现代的年轻人很少会去看家谱，很少有人能看得懂。历史学专业的学生可能情况相对较好，在学习过程中会自觉不自觉去接触这个东西。所以现代社会条件下修家谱，可以考虑新的形式，如电子家谱、网络家谱。现在有很多宗亲会都建立有自己的网站，很多家庭还有微信公众号，所以把家谱写到网络上去，关注的人可能会变多。

我觉得这是未来一个很大的趋势。

所以我们现在要做的就是把已有的家谱电子化、数字化，而不要只是把它放在书柜里面，或是放在图书馆作为珍藏。将来要修家谱，我建议第一条就是数字化，这样不仅容易引起关注，而且扫描、携带、阅读都方便。另外一条，就是要有动态的活动记录。我们以前的家谱都是文字，都是平面化的，是因为那个时代没有条件，但是现在我们有条件进行数字化、动态的活动记录。比如家族里过节、集会、祭祀等都可以拍成视频，把它动态地记录下来，拍成纪录片。可能大家的思维还没上升到这个程度，但是有的家族在活动时会请摄影师摄录下来，刻成光碟，有光碟的也算已经有了这种思维。总体来说，我觉得数字化、视频化、动态化家族文化传承是非常有意义的。虽然强调创新，但它的文化传承这个本质性的东西不能丢，这是作为一种指导、一种本质的存在形式。

另外，在现代社会要满足大多数人的心理，需要建立一个家族历史文化陈列馆或者博物馆。以前的祠堂主要是用来祭祀祖先，祭祀结束之后大家一起吃顿饭就散了，有时在不得已的条件下还进行家法处置。古代祠堂的功能到现在都太单一了，有的已过时了。其实可以把祠堂改为文化馆，保留祭祀、议事等部分，另外加上展示功能，把拍摄的纪录片、各种版本的家谱、地方性文化遗产等很多东西陈列出来，让祭祀的同时也能感受家族文化。三穗县杨氏家族建了一个"邛水土司文化园"，在里面举办家族活动，展览家族历史文化，撰写资料加强对外交流，主要传承杨氏家族文化。用现代的科学的文化展示手段去传承我们的家族文化，这也是一个趋势，但这也只是一个趋势，不代表每个家族马上就要做到。有的家族可能还停留在一种状态：家谱都没有出来，哪来博物馆？通过博物馆、陈列馆的展示，传承文化的过程就是家族文化的社会化、扩大化。有些家族的名人故居或者祠堂已经是个博物馆了，如鲁迅纪念馆、贵州安顺王若飞纪念馆等，这种趋势现在已经上升到国家的、文化的战略体制里面去了。从这个意义上讲，家和国在文化认同和归属上是高度统一的。但是，现在有的家族修建奢侈的祖茔墓碑，买来大量爆竹放得乌烟瘴气，还真不如建个文化祠堂、文化馆，在里面放置的很多东西都是永恒的，供人阅览、纪念和瞻仰，温润心灵，丰满人情。说个言外话，学历史的可以成立家族文化公司，去帮人修家谱，修建祠堂、陈列馆、博物馆。

修撰家谱与传承家族文化，还要注意"超越家族"。现在修家谱，观念上要超越家族，打破家族这种封闭的体系。家谱修撰者不要只是在家族内部产生，主持者可以是家族内部的元老、公认的掌管者，但真正落笔、把关的人需要是专家。因为内部没有人才优势、文化优势，做不出东西，勉强做出来是会出问题的。现在的文化断层很厉害，有的家谱开篇就有一些矛盾，带有常识性的错误。有些家族花费了几十万元树一通祖坟碑，很多人跪在那里，声势浩大，但是修的家谱却有问题，甚至认错了祖宗。修撰的成员一定要组成一个内部理事会，理事会去聘请一些专家来帮忙修家谱。

除了编撰家谱的成员，家谱内容也要超越家族。在写家谱的时候，有些东西不是在家族里面就能说得清楚的，如家族的历史，可以把国家这个时期的重大方针和背景写进去，在叙述一些非常重要的活动之时，资料的来源和表述一定要超越家族。比方说编修家谱时讲到明代，如家谱里没有交代这个时代的一些大事情，读者肯定理解不了那么多，就会出现不完全理解为什么是这样的问题。我们调查发现民间有的家谱中图文并茂地补充了村寨的历史、地域性的节日、传说故事，附录了中国历史纪年表、朝代歌、传统婚姻丧葬礼仪、二十四节气歌等，甚至国内外一些著名家族人物的励志故事，这就很好，具有宽大的历史文化视野，丰富了家谱的文化内涵。总的来说，"超越家族"包括两个层面，一个是修撰的成员上，一个是在材料或者内容方面要有时代性的资料作为支撑。也就是说，家谱修撰要兼顾社会现实，以家族为线索，以人群活动、文化和社会为主题。

对于家谱的内容以及排版这一块，首先，要注意老谱的保留，因为现在很多家谱只要新家谱一修，老家谱就毁掉了。我们可以用扫描的方法将老谱原件扫描下来，但是要注意在书中的排版，老谱最好能在正文的前面排放，按页码顺序编排。其次，书中还应该放上家族祖先墓碑的照片，碑上的文字要录入书中，注意图文结合以及碑和碑文的排版。万事都讲究与时俱进，既然生活在现代社会，家谱修撰中就要含有现代的思维，比如，在家谱中放彩色地图，充分展现家族具体位置等。家谱的最后可以放此次家谱编修的相关人员的介绍。除此之外，家谱理应放置附录，附录内容可以是孝歌、地方历史事件、地名来源、家族兴衰的启示、社会风俗、节日活动等，以让子孙后代学习、吸取经验和教训。

一些简单的直系亲属表、世系表等都是最原始的家谱，它们具有家谱的最基本要素——世系，可以作为家族史料。一些少数民族地区具有民族独特性的家谱最有价值，这是属于少数民族特有的家族文化，如姓氏来源、连名制度之类。家谱是家庭文化的传承读本，在家谱中一般只写正面的，不写有负面影响的，随着时代变化，也许会加入一些事件以警示后人。编写族谱追溯源头时往往会有夸大的成分在里面，以提高家族的自豪感。我们在调查时可能会遇到这种情况，切记不能用讥讽的眼光去看待别人的家谱。因为修谱者并无恶意，主观上仍是出于光大祖先之德行，以感化子孙的目的。在调查过程中也要理解别人拒绝其家谱外现：第一，防备心理。家谱在古代是具有保密性质的，家谱的外现可能遭到对立家族或者冤家仇人的打击报复。第二，敬畏心理。家谱也是神圣的，在古代，家谱是不能随意拿出来的，只有祭祖时，在祠堂里面，在祖先面前，才能看家谱。家谱修了之后平常都是"束之高阁"的，是不能随便去玷污和触摸的，因为家谱本来就来之不易，里面都是祖先的名字，不能随便拍照。这既是一种传统也是一种敬畏心理，也正是如此，民间才保留下了大量的家谱。这两种情况就使得民间特别是一些上了年纪的人不愿意拿出家谱，这是正常的。但通过我们的耐心解说，讲清楚我们看家谱目的，这个结是能够打开的。

经单布是一种跟家谱很像的资料，在遵义、铜仁地区都有这样的文本资料。经单布虽是家族资料的一部分，但我们不能把它等同于家谱。它里面记载的东西，血缘纽带是纵向的，也有横向的，而且它不完整。但其中涉及人的尊卑和亲疏关系是相对完整的。编撰家谱是件不容易的事，我们需要了解家族历史，从已知往未知推，不能强求。

第十三讲　碑刻调查与研究

一、国内碑刻研究概述

　　碑刻文献研究在中国有十分悠久的历史，是传统金石学的重要部分，有相对完善的研究方法和著述体例，发挥着正经补史考史的功能。近代以来，随着现代考古学的传入，特别是考古学的田野调查与发掘方法的形成，整个金石学融入考古学中，成为中国考古学的重要传统和组成部分。中华人民共和国成立后，各省区文物部门和相关研究机构都不断地在搜集整理并汇编出版各种碑刻文献，数量大，类型多，为历史文化研究提供了非常重要的资料。与此同时，历史文献学家往往把碑刻当作特殊的文献类型，强调其独特的文献形态、类型、内容、特点和价值，注重从资料获取、著录、释读、考证等方面展开研究。但不管是考古学层面的还是文献学层面的，碑刻文献研究都是中国历史学体系的有机部分。不过总体而言，目前我国的碑刻文献整理汇编集中在特定地区和特定领域，搜集整理方法还比较传统，观念比较滞后，学者们也主要是从历史学、文献学、文艺学、宗教学等方面开展专题研究，研究的理论、方法、手段还不够科学合理，其丰富的历史价值、文化价值和社会价值远远没有得以充分实现。正如毛远明先生所言："碑刻文献的丰富性、研究价值的重要性同目前研究的成果现状相比，实在很不相称。"造成这种情况的原因一方面是碑刻材料的散碎、不系统，另一方面是缺乏以碑刻为本位的全面系统的搜集整理与研究。

　　目前对中国碑刻文献研究用力甚深的有赵超、徐自强、毛远明等先生。赵超先生《中国古代石刻概论》（文物出版社，1997 年）对中国古代石刻的主要类型及其演变、石刻的保存状况、历代石刻的研究以及石刻文字的释读、拓本的辨伪鉴定与编目整理进行了详细的介绍与分析。特别是对石刻的类型学研究和各种石刻形制的结构、功能、起源与演变有精深的考证，见解独到。徐自强、吴梦麟先生《古代石刻通论》（紫禁城出版社，2003 年）一书先按时间早晚顺序对各种石刻分门别类进行介绍说明，又对岩画、刻石、碑、墓志、画像、造像、石经等各类碑刻的特点和代表性作品逐一详加介绍说明，同时对各省石刻的数量、分布、特色等做了介绍。该书资料性强，注重对我国石刻文献纵向与横向的内在关系、发展脉络、时代特征的总结。毛远明先生《碑刻文献学通论》（中华书局，2009 年）一书是集成性通论之作，既逐一介绍了中国碑刻文献的形制、分类、内容、书写体例、保存形式，又对碑刻文献研究的历史发展、方法以及存在的问题加以详细的分析总结，整书取材丰厚而翔实，论述谨严公允。

近二十多年来，以明清史及区域社会史研究见长的"华南学派"，善于通过田野调查，系统搜集民间碑刻、契约、谱牒、宗教科仪文本、账簿等地方文献，运用人类学、社会学的理论方法和研究模式，结合传世历史文献，解读各种民间文献，企图通过梳理地方性史料，书写区域社会史，进而揭示中国大历史之内在理路，重构中国明清社会历史的基本框架。"华南学派"代表性学者有郑振满、刘志伟、陈春生、赵世瑜、科大卫等。[①]其中，关于民间碑刻调查研究的理论方法、如何解读及其对历史研究的地位、作用等问题，一直是"华南学派"学者们关注的重点之一，一些学者亲自调查搜集民间碑刻文献，汇编出版，如郑振满、丁荷生的《福建宗教碑铭汇编》兴化府分册和泉州府分册（福建人民出版社，1995 年、2003 年），张正明、科大卫、王勇红主编的《明清山西碑刻资料选》及其两次续编（山西人民出版社，2005 年、2007 年、2009 年）等。2002 年，张小也邀请郑振满、赵世瑜、科大卫针对碑刻文献研究做了一

---

① 王传：《华南学派史学理论溯源》，《文史哲》，2018 年第 5 期。

次访谈录，其访谈录整理成《碑刻——正在消逝的历史档案》，集中反映了他们对碑刻文献整理研究的主张。他们强调碑刻文献是当地人的历史记忆和社会结构的产物，是历史研究十分重要的材料，可以通过碑刻文献的解读来理解地方性知识和历史文化结构与传承。而当前最重要的是对碑刻文献进行科学全面的搜集整理，保存这些珍贵的史料。2004 年以来，郑振满主持了教育部重大攻关项目"民间历史文献与文化传承研究"，在中山大学、厦门大学主办民间历史文献研讨班和论坛，对包括碑刻在内的民间历史文献的搜集整理和研究方法提出了一系列新见。他们指出，要对民间存留的各种文本做科学分类，理解各种文本之间的内在联系，建立完整的文献系统；要考察文献的源流，必须通过回溯其所在的社会历史文化背景，对每一种民间文献的形成、流传、使用过程做了解。这些观点在其《民间历史文献与文化传承研究》和《新史料与新史学——郑振满教授访谈》中有集中表达。

而通过编制索引的方式方便读者对碑刻文献的检索与利用，也有一些相关成果。杨殿珣《石刻题跋索引》（商务印书馆，1941 年），将历代石刻分为墓碑、墓志、造像记、刻经、诗词、题名和杂刻七类。北京图书馆金石组编的《北京图书馆藏中国历代石刻拓本汇编》共收入自战国到民国时期的近两万种石刻拓片，共 100 册，另编索引一册。当代编有人名索引的石刻录文著作有毛汉光的《唐代墓志铭汇编附考》、中国文物研究所编的《新中国出土墓志》、朱亮主编的《洛阳出土北魏墓志选编》和王其主编的《隋代墓志铭汇编附考》，以及日本大阪教育大学伊藤敏雄教授为赵超《汉魏南北朝墓志汇编》和罗新、叶炜《新出魏晋南北朝墓志疏证》二书编制的《魏晋南北朝墓志人名地名索引》（2008 年内部发行资料）。杜海军先生所著《桂林石刻总集辑校》（中华书局，2013 年）则将桂林石刻中的墓志、摩崖、碑碣、牌坊里的人名尽可能全面地索引出来，包括典故人名、字号、官称、尊称等不显见的人名也一并索引并注明其本名，使得《辑校》的人名索引更具有文献利用价值。

近年来，一些图书馆、博物馆和科研机构建立了碑刻拓片数据库。中国国家图书馆的"碑帖菁华"，以国家图书馆藏的历代甲骨、青铜器、石刻等类拓片 23 万余件为基础建设的数据库，现有元数据 23 000 余条，影像 29 000 余幅。《历代石刻史料汇编》全文检索版，由几十位石刻文献研究专家精心选编。从现存的千余种金石志书（包括地方志中的金石志）中精心辑录出 17 000 余篇石刻文献，并附有历代金石学家撰写的考释文字，总计 1500 万字。北京大学图书馆建有"秘籍琳琅"古文献资料库。图书馆收有金石拓片 3 万余种，7 万余份，在国内收藏居于前列。

《中国金石总录》是由甘肃省古籍文献整理编译中心会同海内外近百家教学、科研与典藏单位，以及数百位专家学者和个人收藏者，经过四年努力完成的重大学术成果。《中国金石总录》是首次对全国地下出土和地上遗存金石文献进行全面调查、系统整理、全文数字化的一项世纪性文化工程，全面收存了历代出土秦汉以前钟鼎文献和清末以前出土、遗存历代石刻文献（含部分民国时期重要碑碣），总量约 30 万种、40 万件。《中国金石总录》分部、编、卷、类四级，设金、石、其他三部。"金部"下设前期、商周、秦汉三编，"石部"下设碑碣、摩崖、其他三编。收存的每方金石均包括完整拓片、按原拓行文格式录入的全文和叙录三部分，其中叙录包括名称、朝代、年号、材质、形制、行款、出土地（或遗存地）、出土时间以及收藏或保护单位等基本信息。《中国历代石刻史料汇编》辑录 418 种金石类古籍中的 15 000 余篇石刻文献，并附有历代金石学家撰写的考释文字，总计 1150 万字。全书从秦砖汉瓦到碑文墓志，上下两千年。

中国台湾地区有"台湾图书馆"的"金石拓片资料库"、台北"中央研究院"历史语言研究所"拓片典藏知识暨网络应用"，包括青铜器拓片、佛教石刻造像拓片、汉代石刻画像拓本、甲骨文拓片、辽金元拓片等，傅斯年图书馆收藏的金石拓片资料以及中法越国际汉拓研究室。

日本京都大学人文科学研究所所藏石刻拓本资料、美国加利福尼亚州立大学伯克利分校东亚图书馆的"馆藏中国石刻拓片"、东京大学综合研究博物馆的相关资料以及哈佛大学艺术图书馆的金石拓片数据库等可资参考。法国汉学家戴仁（Jean-Pierre Drège）主持的"Estampages chinois conservés en Europe"整合了 Bodleian Library、British Library、EFEO、IHEC、Musee Guimet、Rietberg Museum 和 Societe asiatique 等机构收藏的部分中文拓片信息。

国内区域性碑刻文献的数据库标准建设和建库工作也处于探索阶段。首都图书馆北京地方文献中心——北京记忆·燕京金石，厦门大学图书馆于 2010 年设立了区域研究资料中心，着力收集以族谱、碑刻、田野调查、地方史料为主的民间资料和中外文地图资料，构建独具特色的"东南海疆研究数据库"。洛阳师范学院图书馆参建 CALIS"十五"专题特色数据库子项目"河洛文化文献专题数据库"，建立了"河洛碑、志、石刻及拓片子库"。以中山大学图书馆为代表，对区域性碑刻拓片数据库论证和建设取得较大的进展。在已有的碑刻拓片数字化基础上，图情学界在开始关注并着手碑刻文献的数字化建设。如湖北民族学院图书馆的王文兵试图通过田野考察，利用 GPS、GIS、3D 虚拟现实技术，采集碑刻坐标、拍摄照片、录像及采集地理空间信息、立体图像、各类地图、文献资料等，构建一个立体的可视化的空间数据库，并融入已有的碑刻古籍资源数据库中。对碑刻通过田野搜集整理并数字化，较碑刻拓片数字化而言，工作量更大，难度更高，数据信息采集更复杂，对抢救和保护大量散佚民间的碑刻十分关键，其意义非同小可，预示着碑刻文献搜集整理的全新模式的开始。

在拓片数据库的建设中，元数据标准的设计及提取是数据库建设工作的重要组成部分，代表性的拓片元数据标准有《北京大学古籍数字图书馆拓片元数据标准（草案）》、科技部重大基础课题"我国数字图书馆标准规范建设"子项目"专门元数据规范"的拓片元数据规范研究成果、《拓片与古文书数位典藏计划暨辽金元拓片数位典藏计划拓片 Metadata 需求规格书》（台北"中央研究院"史语所）。

二、贵州碑刻文献的特点与调查研究述评

这在第九讲已有专门的说明，这里再做补充。贵州的碑刻文献，一般是指 1949 年以前各时期的各种碑刻文献，个别特殊形态和独特内容的可适当下延至 1949 年以后（如毛主席语录碑、中外合作开发碑刻）。贵州地区碑刻时代主要是宋以后，集中在明清至民国时期，主要类型有各种竖立石碑、石柱、石牌，也有一定量的墓志、摩崖、造像、崖壁题记等。

以贵州为主体的云贵高原东部为我国西南地区地形从第二阶梯向第三阶梯过渡的地带，是一个相对独立的地理单元系统，地形地貌十分复杂，西北高东南低，万山绵延起伏，重峦叠嶂，切割零碎，山高谷深，坡陡水急，山地、高原、河流谷地、山间小坝子，交错逶迤，纵横盘曲。历史上，南方各少数民族在这里大杂居小聚居，又交错而居。宋以后，这里连接着内地与边疆，成为内地与西南边疆最为重要的通道，使得汉族与少数民族之间及各少数民族之间长期分散杂居又交汇交融，发展形成了异常纷繁复杂的经济、政治和文化现象。相对于其他地区，其生态环境更复杂，历史文化形态更多样，层次性更突出，地域性和民族性更浓郁。

云贵高原东部保留的大量碑刻文献，是这一地区历史文化和民族文化的重要载体。这些碑刻文献以明清时期最为繁多，以汉文书写为主，也有彝文、水书、壮字、满文等文字形式。其中彝文碑刻在 500 通左右，水文碑刻在 400 通左右，内容十分丰富，具有多样性、民族性和区域性等特点，反映了西南各民族生产生活、社会组织与制度、社会管理、家族历史文化、民族迁徙与融合、历史人物活动、风俗习惯、审美艺术、观念信仰、语言文字、思想教育、生态环境适应与保护等方面，具有深厚的历史、艺术和文化价值，对研究西南地区独特的山地文明、保护传承历史文化遗产有重要的意义。云贵高原东部还存留着历代文人墨客留下的碑刻，这些碑刻的文字囊括了多种书体，具有较高的书法价值，不仅内容丰富还包含着多种文体，是中国历史文化研究和文化保护传承教育的宝贵财富，具有不可替代的教育价值。

贵州的碑刻文献整理研究一直为学术界所关注。1948 年完成的民国

《贵州通志》专列《金石志》，对贵州一些重要的碑刻有所记录，但很不全面。20 世纪 80 年代以来，陆续出现了一些单体碑文的考证文章，如余宏模《明代水西慕魁陈恩墓碑探证》（《贵州文史丛刊》1980 年创刊号）、《明代万历壬辰水西大渡河桥彝文碑》（《贵州民族研究》1981 年第 3 期）、《威宁乌木屯安巡如墓碑残文探证》（《贵州文物》1983 年第 1 期）。碑刻资料汇编有贵州省博物馆编的《贵州省墓志选集》（1986 年内部资料）；贵州省毕节地区民委、六盘水市民委、大方县民委编，贵州省毕节地区彝文翻译组、大方县彝文编译组译的《彝文金石图录》（第 1 ~ 3 辑）（四川民族出版社，1989 年、1994 年、2005 年）；彭福荣、李良品、傅小彪编撰的《乌江流域民族地区历代碑刻选辑》（重庆出版社，2008 年）。2003年贵州人民出版社出版的《贵州省志·文物志》中也收录了不少碑刻文献，但大都来自各地方志，转录中的错漏衍倒不乏其例。这些资料对散佚的碑刻文献有汇辑之功，但相对于庞大的碑刻文献数量和类型，远不够全面系统。其对所收录碑刻文献的自然环境、文化背景、相关的文献记录大都未做说明，碑刻本身的信息缺漏也较多。

近年来，以长江师范学院彭福荣先生为代表的研究团队，发表了关于乌江流域民族地区碑刻的系列论文，涉及人物形象、信仰民俗、生态和谐观念、妇女形象等方面，可以看出这个团队着重开展对乌江流域碑刻文化的调查研究与文化释读，从碑刻文字研究扩展至形制图像与思想文化的研究，拓展深化了碑刻研究的内涵和研究内容。与此同时，贵州师范大学严奇岩先生 2013 年主持了国家社科基金项目"近 300 年清水江流域林业碑刻的生态文化研究"，其研究成果也比较显著，发表的论文有《从禁渔碑刻看清末贵州的鱼资源利用和保护问题》（《贵州民族研究》2011 年第 2 期）、《从〈龙村锁钥〉碑看苗族洞葬的祖先崇拜与风水信仰》（《贵州民族大学学报》2015 年第 3 期）、《从碑刻看清水江流域苗族、侗族招龙谢土的生态意蕴》（《宗教学研究》2016 年第 2 期）等，注重田野调查搜集，善于结合碑文从细微处解读文化。

贵州民族大学也是碑刻研究的重要单位，笔者叶成勇、吴大旬、郭国庆等强调从碑刻本体出发，系统解读其反映的历史与文化现象，同时指导学生通过田野调查，搜集整理第一手碑刻资料。目前相关调查资料和研究论文正在整理出版中。他们作为专家参与学校图书馆贵州特色文献资源数据库"贵州世居民族文献数字图书馆"建设。这是一个整合研究和公开发布贵州地方文献的信息开放平台。"贵州世居民族文献数字图书馆"是中央财政专项资金支持建设项目，融合 WEB2.0（以用户为中心）和 WEB3.0（以资源整合为核心）的理念，与技术公司合作研发并拥有贵州民族大学自主知识产权的资源建设和服务平台。该平台已建成"傩文化""贵州地方文献""世居民族文化藏品""贵州人物"等数据库并面向社会公众开放。

特别值得提出的是国家重大招标课题"清水江文书整理与研究"研究团队对清水江流域碑刻文献的调查与研究。这个团队以张应强、李斌、龙泽江、吴才茂、姜明为主，涉及碑刻的分类、内容和价值及其所反映的清水江流域木材贸易、农业管理、社会结构、社会管理、婚俗变迁、教育文化诸多方面。这些研究注重田野调查，搜集和扩展第一手可靠资料，成果显著，思想活跃，自觉践行历史学、民族学、经济史、社会史的多种理论方法和多视角交叉研究，使碑刻研究已经有机地融入区域社会整体史研究之中，预示着新的研究范式在不断形成。

此外，贵州省文物考古研究所的宋先世先生通过考古发掘和田野调查，对水族墓群及其碑刻做了系统的介绍和研究，出版《水族墓群调查发掘报告》一书（科学出版社，2012 年）。该书最值得注意的是其结合水族的丧葬习俗和生活习俗来认识水族墓葬和碑刻文化现象，具有突出的考古人类学的色彩。当然，本书着重于墓葬与碑刻形制图像，对碑刻文字（汉文和水文字）关注不够，是一大缺憾。毕节学院的周北南先生正在主持国家社科基金项目"贵州碑刻文献整理与研究"，主要是对贵州地方志文献中的碑刻资料的整理，这是贵州碑刻研究的第一个国家级研究项目，促进了相关的研究。

从学术研究和文化传承及社会文化建设诸方面看，在当前民间碑刻大量流散损毁的情况下，应通过现代科技设备、技术手段和方法，在全面系统科学搜集碑刻资料的基础上，对云贵高原东部碑刻文献开展数字化研究，实现碑刻信息的数字化采集、保护、传播和传承。以历史学、文献学、图书情报、计算机科学技术为学术依托和技术支撑，可建立一套规范标准的数据采集体系，搜集整理云贵高原东部碑刻文献，探索编制碑刻文献索引以及加强碑刻文献数据库建设的途径，为我国区域性的碑刻整理及利用提供有效的借鉴。

主要参考文献

一、史　籍

[1] 〔清〕阮元校刻:《十三经注疏》,中华书局,1980 年。

[2] 〔汉〕司马迁撰:《史记》,中华书局,1982 年。

[3] 〔汉〕班固撰:《汉书》,中华书局,1975 年。

[4] 〔汉〕许慎撰:《说文解字》,中华书局,2012 年。

[5] 〔唐〕魏徵、令狐德棻撰:《隋书》,中华书局,1973 年。

[6] 程千帆著:《史通笺记》,中华书局,1980 年。

[7] 〔宋〕司马光编著,〔元〕胡三省音注:《资治通鉴》,中华书局,
　　　 1956 年。

[8] 〔宋〕郑樵撰,王树民点校:《通志二十略》(上、下),中华书
　　　 局,1995 年。

[9] 〔明〕王守仁撰,王晓昕译注:《传习录译注》,中华书局,2018
　　　 年。

[10] 〔清〕顾炎武著,周苏平、陈国庆点注:《日知录》,甘肃民族
　　　 出版社,1997 年。

[11] 〔清〕章学诚撰,叶瑛校注:《文史通义校注》,中华书局,1985
　　　 年。

[12] 〔明〕郭子章撰:《黔记》,《中国地方志集成·贵州府县志辑》
　　　 第 2~3 册,巴蜀书社,2006 年。

[13] 〔清〕爱必达:《黔南识略》,《中国地方志集成·贵州府县志辑》
　　　 第 5 册,巴蜀书社,2006 年。

[14] 〔清〕周作楫等:《贵阳府志》,《中国地方志集成·贵州府县志
　　　 辑》第 12~14 册,巴蜀书社,2006 年。

二、近代学人著述

[1] 王国维：《观堂集林》，中华书局，1959 年。

[2] 胡适：《中国哲学史大纲》，中华书局，2018 年。

[3] 李大钊：《史学要论》，上海古籍出版社，2014 年。

[4] 顾颉刚、钟敬文等：《孟姜女故事论文集》，中国民间文艺出版社，1983 年。

[5] 费孝通：《中国士绅》，赵旭东、秦志杰译，北京：生活·读书·新知三联书店，2009 年。

[6] 费孝通：《乡土中国》，北京：生活·读书·新知三联书店，2013 年。

[7] 陶行知：《陶行知文集》，江苏教育出版社，2008 年。

[8] 林耀华：《金翼：中国家族制度的社会学研究》，庄孔韶、林宗成译，生活·读书·新知三联书店，2008 年。

三、当代学人著述

[1] 何兆武：《对历史学的若干反思》，《史学理论研究》，1996 年第 2 期。

[2] 赵超：《中国古代石刻概论》，文物出版社，1997 年。

[3] 贵州省地方志编纂委员会：《贵州省志·文物志》，贵州人民出版社，2003 年。

[4] 张小军：《史学的人类学化与人类学的历史化——兼论被史学"抢注"的历史人类学》，《历史人类学学刊》第一卷第一期，2003 年 4 月。

[5] 唐文：《郑玄词典》，语文出版社，2004 年。

［6］ 陈初生编纂，曾宪通审校：《金文常用字典》，陕西人民出版社，2004 年。

［7］ 侯钧生：《西方社会学理论教程》，南开大学出版社，2006 年版。

［8］ 周靖：《百年中国历史教育箴言集萃》，学林出版社，2012 年。

［9］ 韩启群：《物质文化研究》，《江苏社会科学》，2015 年第 8 期。

［10］ 钱茂伟：《公众史学：与公众相关的史学体系》，《人民日报》，2016 年 2 月 22 日，第 14 版。

［11］ 王传：《华南学派史学理论溯源》，《文史哲》，2018 年第 5 期。

［12］ 周星：《物质文化研究的格局与民具学在中国的成长》，《民俗研究》，2018 年第 4 期。

［13］ 王晴佳：《拓展历史学的新领域：情感史的兴盛及其三大特点》，《北京大学学报》（哲学社会科学版），2019 年第 4 期。

［14］ 赵涵：《当代西方情感史学的由来与理论建构》，《史学理论研究》，2020 年第 3 期。

［15］ 杨念群：《昨日之我与今日之我：当代史学的反思与阐释》，四川人民出版社，2020 年。

四、国外著作

［1］ [加]西弗曼、格里福：《走进历史田野：历史人类学的爱尔兰个案研究》，麦田出版有限公司，1995 年。

［2］ [美]乔治·E·马尔库塞、米开尔·M·J·费彻尔：《作为文化批评的人类学》，王铭铭、蓝达居译，生活·读书·新知三联书店，1998 年。

［3］ [美]马歇尔·萨林斯：《历史之岛》，蓝达居等译，上海人民出版社，2003 年。

[4]　[美]芮德菲尔德:《农民社会与文化：人类学对文明的一种诠释》，王莹译，北京：中国社会科学出版社，2013 年。

[5]　[美]威尔·杜兰特、阿里尔·杜兰特:《历史的教训》，倪玉平、张阅译，中国方正出版社·四川人民出版社，2015 年。

[6]　[澳]查理斯·齐卡:《当代西方关于情感史的研究：概念与理论》，《社会科学战线》，2017 年第 10 期。

附录一　贵州省一流课程群重点建设项目
"田野史学特色课程群建设"总结报告

2017 年 11 月，我们在田野史学已有的实践教学成果基础上，提出并论证了"田野史学特色课程群建设"方案，2017 年 12 月被遴选为贵州省一流课程群建设重点项目。现将近 5 年来建设情况总结如下。

一、田野史学特色课程群建设的历史背景与基本理念

贵州民族大学历史学专业自 1982 年年底开设以来，注重实践教学，立足于地方历史文化知识的体验、传授和科学认知。田野史学的理念是历史系近 40 年来几代师生共同寻求到的一条治学求真与治心求善的总结。其基本含义可概括为三点：一是自觉融哲学的高度、历史的宽度与文化艺术的温度于一体，坚信只有从活态社会中才能感知、体察、认知历史本质和人类的真实状况；二是强调区域社会个案调查研究，记录书写历史文化，传承历史之道与文化之魂，对活态社会进行历时性变迁分析和共时性结构分析；三是主动参与活态社会的文化创建，与本地民众展开学理与常理对话协商，提出符合当地需求的新识见，共同寻求通往未来的合理进步之路。田野史学这种取向植根于中国历史的底蕴，又是对当前社会文化建设需求的回应。

二、课程教学团队及其目标设定

本教学团队核心成员 12 人，参与成员超过 20 人，年龄 34～48 岁，

核心成员具有博士学位者占 83%以上，其中正高级 3 人，副高级 8 人。团队学科背景多元，包括历史学、文博学、民族学、文献学、图情学、影视传播学、计算机学等不同的专业师资。具体分工如下。

项目负责人情况							
姓名	叶成勇		出生日期	1977.10	性别	男	民族	仡佬族
行政职务	历史系主任		专业技术职称		教授	学历	博士研究生
工作单位	民族学与历史学学院				联系电话		

团队主要成员名单							
姓名	性别	年龄	职称	职务	学历	专业	主要负责课程
郭国庆	男	47	副教授	文博系主任	博士	历史学	"贵州方志研修"，安排课程实践和田野调查活动
袁本海	男	44	副教授	无	博士	历史学	"乡土教材编撰"，具体财务报账
金德谷	男	36	副教授	无	博士	文博学	"贵州文物调查"，组织文博学专业第二课堂建设活动
杨春艳	女	37	副教授	无	博士	民族学	"乡土历史文化调查"，组织历史学第二课堂建设活动
孔维增	男	39	副教授	无	博士	历史学	"贵州简史"
白林海	男	46	副教授	无	博士	历史学	"田野史学"专栏组稿
王朝阳	男	34	副教授	无	博士	历史学	"贵州方志研修"
才佳兴	男	41	副教授	无	博士	文博学	"乡镇志编撰"
周永健	男	47	教授	无	博士	历史学	"家谱修撰"
赵室玉	女	40	副教授	无	硕士	传播学	"历史文化视频制作"
龚剑	女	48	研究员	图书馆副馆长	硕士	图情学	"贵州历史文化数据库建设"

为建设本课程，设定以下目标。

第一，充分发挥特色优势，努力建设成为教学水平高、研究能力强的民族地区高水平历史学应用型人才培养基地，更好地服务于民族地区社会文化建设发展。

第二，全面系统开展田野史学特色课程群的教学实践，真正培养应用型新乡土人才，形成稳定的教学团队。

第三，总体上建成省内历史学专业一流特色课程体系，对西南地区历史学专业人才培养模式产生较大影响，具有示范带头作用。

三、课程建设的主要内容

根据田野史学特色课程群鲜明的实践性特点，整个课程群的教学大纲和内容设计贯通了实践，凸显学生的主体性，以培养学生的动手动脑能力，以小组形式开展实践教学。课程目标科学合理，坚持知识、能力、素质有机融合，符合贵州民族大学办学定位和专业人才培养目标，能够有效支持专业毕业要求的达成，可测量、可评价。十门课程具体如下。

（一）"乡土历史文化调查"（开课时间：二年级秋季学期）

"乡土历史文化调查"是田野史学特色课程群中的基础课程，以课堂讲授为辅，田野实地调查为主，着重传授科学调查、记录、整理的方法，重点培养学生搜集、整理各种历史文化遗存的自觉性和主动性。为必修课，设 2 个学分，32 学时，由叶成勇主讲，金德谷、杨春艳参与教学与指导，授课范围为历史学、文博学本科专业。

1. 讲授的主要内容

绪论：田野史学视野下的新乡土人才培养模式探索

理论篇

第一讲 大历史与小历史：乡土历史文化透视

第二讲 田野史学之内涵

第三讲 田野史学的人才培养模式

第四讲 田野史学与"格致诚正""致良知"

方法篇

第五讲 调查过程中之注意事项

第六讲 人物访谈

第七讲 基于村志修撰的调查内容及方法（上）

第八讲 基于村志修撰的调查内容及方法（下）

实践运用篇

第九讲 田野调查方法运用及体会

第十讲 资料收集整理与调查报告撰写

第十一讲 案例分析之一：家谱调查与研究

第十二讲 案例分析之二：碑刻调查与研究

2. 考核方式

撰写调查报告。以小组为单位，分工明确，合作撰写调查报告。

3. 能力培养

主要通过实践调查和资料搜集整理，培养学生专业实践能力和书面及口头表达能力。

4. 课程教学实施方案

用 10 个学时讲授 1~6 讲，系统讲解乡土历史文化的内涵、调查研究的意义、基本方法和要求。中途利用周末带领学生下乡，发挥团队指导优势，每位老师或研究生分组带队，挨村地毯式实地调查乡土历史文化（考虑到交通便利和周末时间关系，重点选择黔中地区），实际操作调查方法，搜集资料。

返回课堂，指导学生按照课堂要求，整理资料，撰写报告，制作 PPT 汇报。团队成员老师和研究生跟进小组工作，参与针对性指导。由主讲教师统筹，掌握进度，发现问题，并及时总结提炼。

分组报告各自的调查成果，每小组 15 分钟。要求重点突出，有材料有分析，逻辑清晰，图文并茂。

5. 最终形成成果

以班级为整体，通过不断反复调查完善，以村落为单位，形成乡土历史文化调查研究报告集。三年内完成六册。

（二）"贵州简史"（开课时间：三年级春季学期）

本课程定位为田野史学特色课程群的基础理论课，重在增强学生对贵州地方历史与文化的了解和认知，为学生提供进一步学习和钻研的知识背景和分析基础。由此，贵州区域内横向层面的经济、政治、文化变迁是需要重点介绍和分析的内容。而在纵向上，"远古时代的贵州地域""先秦及秦汉时代的贵州""三国两晋时期的贵州""隋唐时期的贵州""宋元时期的贵州""明代的贵州""清代的贵州""民国时期的贵州"将是教学中需要主要关注的几个节点。

理论课程的性质决定了本课程在教学过程中主要以课堂理论教学为主，同时辅以适当的实践教学。理论教学以教师讲授、学生参与讨论为基本实施方式，实践教学则以历史文化场馆参观、实地调研等形式展开。

课程考核成绩以百分制计算，由平时成绩与期末成绩构成，平时成绩占课程总成绩的 50%，期末成绩占总成绩的 50%，两者合计即为课程学习成绩，60 分及格。期末成绩考核方式和要求：考试。

（三）"贵州方志研修"（开课时间：三年级春季学期）

1. 课程定位

本课程为课程群基础课，旨在培养贵州方志整理与研修的专门人才，有利于地方历史文化遗产的传承和保护，帮助学生了解家乡的文化，培养学生建设家乡的热情与积极性。

2. 课程目标

了解贵州明、清、民国时期的旧志，认识旧志的价值以及新志编修的重要意义；能够对旧志和新志的得失进行评议，掌握旧志整理与新志编修的基本方法；具备为地方文化传承和建设服务的基本素养。

课程内容和要求

序号	教 学 内 容	能力要求（教学目标）	学时安排
第一讲	明代贵州方志评议	熟悉现存明代贵州方志的基本情况，能够对相关志书的得失进行评议	2
第二讲	清代贵州方志评议	熟悉现存清代贵州方志的基本情况，能够对相关志书的得失进行评议	8
第三讲	民国贵州方志评议	熟悉现存民国贵州方志的基本情况，能够对相关志书的得失进行评议	6
第四讲	贵州旧志的整理	熟悉旧志整理工作的主要项目，能够参与旧志整理实践	10
第五讲	贵州新志的编修	熟悉新志编修的基本要求，能够对新志进行评议，具备参与新方志编修的能力	6
合　　计			32

3. 课程实施和建议

本课程课堂讲授和实践并重，辅之以自学、课堂讨论、提问、作业等方法；课堂讲授实行启发式，力求做到少而精，突出重点，并注意将培养和提高学生分析问题和解决问题的能力放在重要位置；学生分小组选择一本贵州旧志的部分内容进行校释并交流心得，教师总结其得失。

4. 评价方式

课程考核成绩以百分制计算，由平时成绩与期末成绩构成，其中平时成绩占课程总成绩的 60%，期末成绩占总成绩的 40%，两者合计即为课程学习成绩，60分及格。平时成绩考核方式和要求：认真听讲，做好笔记；积极参与课堂讨论和实践，较好地完成课程作业。期末成绩考核方式和要求：考查。要求学生完成一篇5000字以上的关于贵州方志评议的论文或校释成果。

5. 教学资源

周鼎：《贵州古旧文献提要目录》，贵州历史文献研究会，1996年。利用多媒体课件、多媒体素材、电子图书，丰富教学资源。

6. 参考书目

陈琳：《贵州省古籍联合目录》，贵州人民出版社，2007年。

张新民：《贵州地方志论纲》，贵州地方志编纂委员会，1985年。

张新民：《贵州地方志考稿》（上、下），比利时根特大学出版社，1993年。

《中国地方志集成》（贵州府县志辑）（PDF）。

专业期刊《中国地方志》。

（四）实践训练课程内容与设计

实践训练课程分别是"乡土教材编修""村寨志编撰""乡镇志修撰""家谱修撰""贵州文物调查研究""历史文化视频制作""贵州历史文化数据库建设"，属于选修课程，每门课程2学分。课程性质是实践训练课，老师基本不做理论教学，主要是研读资料，梳理以往的乡土教材、村寨志、乡镇志、家谱、文物志，或者拍摄历史文化小视频，或者整理寒暑假和毕业实践调查报告，或者进行数字化加工。每年都安排在我校的暑期第三学期开设，集中一个月内完成，不同专业不同年级可以根据自己的兴趣自由选修。考核方式：由学生自由选择项目，组建小组，合作完成，整理出实践成果或调查报告。

（五）教学研讨与教学反思

第一，关于课程的"两性一度"的研讨与反思。

2018 年 6 月 25 日和 2020 年 7 月 3 日，负责人两次召集团队成员，就课程教学的改革内容、方法和成效进行评估。经过自我反思，我们认为：本课程群的设置基本合理，分为基础课程和实践训练课程两个板块，基础课又有基本知识、基本理论方法的合理设置，实践训练课主题凸显，可操作性强，功能区分明显，教学推进顺畅有序。整个课程设计具有高阶性、创新性、挑战度。

"高阶性"：要能够运用已有知识，进行乡土教材、村寨志、乡镇志、家谱、文物志的整理与编修，完成历史文化视频拍摄，撰写与整理实践调查报告，实行历史文化资源数字化加工。这已经不是简单的知识记忆与平移，而是从无到有的创造。而且需要小组合作，从资料搜集到加工整理到书写理论方法及规范的运用，实质上是知识与能力素质的有机融合，培养了学生解决复杂问题的综合能力和高级思维。

"创新性"：主要是课程内容着重于对既有知识方法的运用，又能够满足社会大众的需求。比如家谱修撰，既要有丰富的历史文化知识积累，更要有符合现实社会家族历史文化传承发展的时代性和社会性的探索。历史文化数据库建设和历史文化视频制作，让学生理解数字化的专业发展路径，拓展数字科学与传统人文知识的联结方式。而且都是采取互动开放的教学模式，没有固定框框套套的约束，学生可以放开手脚，具有探究性和个性化。

"挑战度"：老师的教学内容和方式是从故纸堆到鲜活的社会现实人转变，亲自带领学生从事田野工作，需要通过积累素材，在实践中边学边教，及时总结教学经验，尤其是具备面向社会需要的传统人文知识转换能力；而学生不是简单记忆知识就能够完成学习任务，也必须通过合作来实现从无到有的创造。这对老师和学生都是新的任务和挑战。

第二，教学团队不断总结完善教学改革思路与方法，发表系列教改论文，编写课程教材。课程群总负责人叶成勇撰写完成《田野史学指归》，交给西南交通大学出版社，已签订出版合同。团队成员从不同角度，对教学内容、教学实施过程和学生实践进行及时的总结，开展教学反思，撰写了系列教学改革总结论文，展开广泛交流。现列表如下。

序号	教改论文题目	作者	发表刊物（《贵州民族报》）
1	田野史学人才培养的"民大模式"	郭国庆	2018 年 9 月 21 日 B2 版
2	村志修撰是历史系人才培养的重要环节（一）（二）	毛威	2018 年 10 月 19、26 日 B3 版
3	清末民国时期贵州乡土教材编撰的启示	廖孟迪	2018 年 11 月 23 日 B3 版
4	赋予乡土历史文化调查人文关怀	田文	2018 年 11 月 30 日 B3 版
5	在"西樵田野教学"里的实践与反思	毛威、廖孟迪	2018 年 11 月 30 日 B3 版
6	田野史学的"第二课堂"	叶成勇	2019 年 3 月 15 日 B2 版
7	田野史学是对历史书写转型的回应	陈念念	2019 年 3 月 29 日 B2 版
8	浅谈大学生田野调查实训课的安全教育与管理	白林海	2019 年 5 月 17 日 B2 版
9	田野史学之学术缘起——基于贵州民族大学实践的思考	叶成勇	2019 年 6 月 28 日 C2 版
10	田野史学"综合实践教学体系"建设刍议（上）（下）	毛威、廖孟迪	2019 年 7 月 26 日、8 月 09 日，C2 版
11	浅谈编写贵州少数民族村寨《村志》的基本要求	李凌波	2019 年 10 月 11 日 B2 版
12	让学习回归田野——贵州民族大学民族学与历史学学院课程实践活动侧记	段祖婷	2019 年 11 月 22 日 B2 版
13	用田野实践提升史学专业学生学习能力	袁本海	2020 年 3 月 20 日 B2 版
14	地方文献整理与调查视阈中的历史文献学教学	郭国庆	2020 年 5 月 21 日 B2 版
15	走出书斋：历史学田野调查与学科教学的思考（一）（二）（三）（四）	田文	2020 年 7 月 15 日、7 月 24 日、8 月 12 日、9 月 11 日，B2 版

第三，课程设计存在的问题与不足。

各课程考核目标围绕"两性一度"仍需要进一步明晰，由于是以小组形式完成学习任务，考核指标应进一步细化、科学化。各课程的关联度联系不够紧密，特别是实践课程横向互通不够，在乡土教材、村寨志、乡镇志、家谱、文物志、历史文化视频拍摄、实践调查报告撰写与整理、历史文化资源数字化加工之间兼容性不明显，相互促进、互为补充的整体效应未能完全达到。另外，实践训练课程由于受到新冠肺炎疫情影响，2020 年度完成不够理想，且由于经费短缺，无法深入开展田野调查，以班级为单位整体推进难度很大。

四、教学内容和教学方法改革

第一，以课程实践教学、假期调查汇报与学年论文写作、毕业实习、毕业论文写作为中心环节，开展"全程渐进式实践教学"。

这种"全程渐进式实践教学"，包括课程实践教学、年度寒暑假家乡历史文化调查与汇报、传统村落调查与地方文献整理为中心的毕业实习、以田野调查或地方文献为第一手资料的毕业论文写作与答辩。课堂实践教学→学年度实践实习→毕业实习→毕业论文写作是一个实践教学系统工程，需要发动学生参与，亲自实践，以培养其自主创新能力。以上四个方面和环节是有机的整体，从课堂实践教学到实习到毕业论文写作，层层铺垫，不断递进，目标明确，途径可行，切实有效。贯穿的基本理念是：以实践教学为突破口，打通四年本科教学全过程，分阶段分步骤层层推进，切实尊重学生的主体地位，紧扣培养应用型人才和服务地方文化建设的宗旨，真正实现历史学专业特色发展和优势发展。自 2013 年以来，学生以地方史和民族历史文化为选题，通过田野调查获取第一手资料撰写论文，比例分别为 18%、46%、91%、51%、75%、85%、83%。特别是自本课程群建设实施以来，这个比例都稳定在 80% 左右。

第二，与地方合作开展实践教学和新乡土人才的培育，探索形成了传统村落历史文化研究的"五个一"建设模式。以贵州传统村落为实践调查点，实施"一馆一志一谱一片一教材"建设。一馆，即社区博物馆；一志，即一本村寨志（包含图集）或旧志点校；一谱，指一部新家谱或年谱；一片，指一部乡土历史文化纪录片；一教材，指一本乡土教材。我们简称为传统村落历史文化研究的"五个一"模式。在此基础上，还将在历史地图集和数据库建设上做进一步探索。近几年来，"五个一"模式渐趋成熟，历史学专业师生与长顺县、关岭县、晴隆县、贵安新区马场镇、务川县、花溪青岩镇、榕江县、福泉市、台江县等各级政府合作，通过调查实践，搜集资料，已撰写近1000万字的调查资料、拍摄数万张图片、录制百余小时的视频、制作百余张拓片。通过系列实践教学，形成了系列成果，主要有乡土教材3本，即《马场风采》（2015）、《走进马路》（2015）、《思南板桥》（2017）；方志校注一部，即（光绪）《平越直隶州志校注》50余万字（2019）；村寨志18本，即《贵安新区平寨村志》（2015）、《花溪区龙井村志稿》（2015）、《思南县板桥村寨志》（2017）、《榕江摆贝村志》（2018）、《榕江小丹江村志》（2018）、《榕江八蒙村志》（2018）、《榕江怎东村志》（2018）、《安龙坡云史志》（2018）以及台江县10本传统村落志稿（2019年）；调查报告集17本，即《贵安新区马场镇历史文化调查报告》（2015）、《长顺县马路乡历史文化调查报告》（2015）、《贵安新区高峰、夏云历史文化调查报告集》（2017）、《贵安新区夏云历史文化调查报告》、《贵安新区白云历史文化调查报告》（2019）以及2015—2018级历史学与文博学专业的年度调查报告集。另外，完成"贵州历史文化教学资源库"素材采录万余条。

第三，通过实践教学，使师生具有更加合理的历史观、文化观和人文精神，有效助成学生世界观、人生观、价值观的良性发展。

凭借历史学的历史文化根底、人文视野、通识智慧和认知能力，综合调查分析活态社会，挖掘民族优秀传统文化、红色革命遗迹、革命人物事迹、家族人物励志故事、家规族训，感知良好社会风尚、参与丰富多彩的民族文化节日活动，并提出合理建议，可以形成合理的历史观和文化观。通过观察研究，价值评估，进而慢慢形成文化自觉。田野史学实践过程中具有重要的人文精神。从多维度去理解历史，去理解人类历史的多样性，特定条件下人的合理选择和合理存在，这本身就是一种人文性。田野史学追求君子务本之学，以仁义为重，负重致远，田野工作贯通着读圣贤书与行万里路的入世精神。我们要让学生明白：第一，人的生命是高贵的，人是天地万物中最高贵的一种生物；第二，生命是有使命的；第三，这个使命需要经过艰难的过程才能达到。这也就是北宋张载讲的"四为"命题。田野史学的人文追求是要回归格致诚正，修身齐家。通过格物致知，正心诚意修身，悟天地本然大道。在田野实践中，跟活态社会互动，领悟到历史的本质、人生的意义和人存在的根本价值。

五、教学资源建设

（一）"贵州历史文化教学资源库"平台建设初见成效

依托"贵州历史文化数据库建设"教学，邀请图书馆的龚剑老师及其团队负责，在我校图书馆主页上的"贵州世居民族文献数字图书馆"开设子库"贵州历史文化教学资源库"平台，把教学成果加以数字化保存。目前已完成对 2012 年以来历届本科生搜集的贵州民族历史文化素材万余条，素材类型包括图片、录音、视频，选择完整的有代表性的近 5000 条上传。

（二）围绕田野系列调查报告会和"贵民大历史系"微信公众号，建成开放互动的第二课堂展示平台

利用周末和暑假小学期，按班级分组集中举办持续的田野调查报告会。报告会包括寒暑假期调查汇报、课程实习汇报、年度实习汇报、毕业实习汇报、实践课题专项汇报等，老师们集体亲临指导与点评，学生之间提问交流，使报告会变成一种开放互动的第二课堂教学模式。这种模式以学生调查、写作、表达、分析、多媒体运用的能力培养为中心，融调查、专业知识运用、资料整理、考核评估为基本环节，使老师之间、师生之间、学生之间共处一室，围绕专业问题和实践调查内容展开多向互动交流，形成一种开放的信息交流平台，既突出学生的主体性，又充分发挥老师们的集体指导。

"贵民大历史系"微信公众号是在负责人叶成勇的指导下，由 2015级文博学、历史学专业学生创建的，及时传达教学团队的教研活动及学生的专业实践活动，使师生之间能够进行专业知识搜集整理传播与学习交流的重要平台。公众号自 2016 年 9 月创建以来，经过四年多的实践，形成了相对稳定的框架和行文体例及规范，共计上传百余篇报告，内容涉及田野调查、学术报告、教学研讨、人才培养模式探讨等。

通过田野调查报告会和"贵民大历史系"公众微信号两大平台，自觉应用数字化交流传播手段，基本建成了历史学第二课堂信息交流互动平台。这极大地发挥了学生的主体性，切实开动了学生的头脑，有助于培养学生的动手能力、合作精神和认真踏实的学习态度，在师生互动中培养学生发掘记录整理传播历史文化的基本技能和方法，合理评估并发挥其价值，使学生形成一定的文化自觉、文化担当和文化批判精神。

六、课程模式的特点及其创新意义

（一）本课程建设的特点

田野史学课程群建设经过十来年的发展，尤其是在近三年取得了快速的发展，已经趋于成熟，对其特点概括如下。

第一，充分尊重学生自主性，发挥学生积极性，切实培养学生的专业实践能力。实践训练课程可以自由选择，让学生动手动脑，在实践中培养团结合作精神。学生主动选择课题，独立完成学习任务，从设计课题到寻找资料，再到实施完成课题目标，老师及时跟踪。学生在实践中提出问题和解决问题，老师进行方法指导，协助解决问题。主要让学生掌握乡土教材、村寨志、乡镇志、家谱、文物志的编修体例和方法，学会拍摄历史文化小视频，掌握田野调查方法和撰写实践调查报告，进行初步的历史文化资源信息的数字化加工。学生完全可以根据兴趣，选择其中的某两项两完成。

第二，打破学科专业界限，实行跨学科互补，强化新文科的思维。除了发挥本系老师的专业长处，还坚持开放的建设模式，在全校范围内选择优质师资。比如"历史文化视频制作"邀请具有丰富视频制作经验的赵室玉老师负责，"贵州历史文化数据库建设"邀请图书馆的龚剑老师及其团队负责，并在图书馆的网页上开设"贵州历史文化教学资源库"平台，把教学成果加以数字化保存。与此同时，打破专业界限，在历史学、文博学两个本科专业同时同步推进，实行平行班级教学和比较评估。通过教学反思发现，相对于历史学专业，文博专业学生思维活跃，实践主动性和能力提升明显，但在基础知识运用和理解深度上，不如历史学专业。通过这种比较，教学设计不断调整，更趋于合理。特色课程群的跨学科和专业的教学实践，完全打破了原来狭隘的基于历史文献和书本的知识性传授方式，使得学生和老师在教学资源、学习方式、考核方式等方面更加具体而多元。

第三，分阶段分课程教学与总体规范化推进相结合，以实践成果作为考核主要方式，突出人才培养的实际效果。整个课程群设计既有理论方法的层面，十门课程中，"贵州简史""乡土历史文化调查""贵州方志研修"为历史学与文博学专业共同的必修课程，与专业基础核心课程互为补充；又考虑学生知识积累程度，而实行分步教学，重在拓展通识课的基本知识和理论方法，兼顾理论方法的课堂教学和实践教学。更为重要的是，课程群设计时包含了充分的实践环节，形成了从大一到大四的"全程渐进式实践教学"培养模式，这是一种整体推进和层次递进的过程。这种模式已经完全突破了狭隘的课堂，走向了开放的多元的互动模式，升华为"田野史学第二课堂"。

第四，改革方案切实可行，以专业实践为抓手，以明确可靠的成果产出为目标，实现了人才培养与服务社会的双赢。本课程群在培养目标方面特别提出三条：一是"具备调查搜集整理并向社会传播、普及地方历史文化知识的能力"；二是要求"熟悉贵州及周边地区民族文化和历史文化，科学合理评价并发挥其价值"；三是"具有一定的社会文化自觉、文化担当和文化批判精神，并主动参与社会文化建设"。为了实现以上目标，我们打通课堂与田野、室内实践与室外实践，打破本科生与研究生教学壁垒，以实践教学为总抓手，一切以提高学生综合素养为中心。通过与地方合作，以撰写村寨志、点校方志、编修文物图志、修撰家谱、创建社区博物馆等方式，来落实培育符合当代贵州社会文化建设需要的新乡土人才，同时实现服务地方文化建设的使命。

（二）本课程建设的创新意义及其价值

第一，以田野史学为基本理论的教育教学理念与方法创新。以田野史学为基本理念，坚持课堂课程教学与实践教学相结合，以传统村落调查研究为切入点，搜集整理乡土历史文化，培养服务地方社会文化建设的应用型人才。这为历史学新乡土人才培育寻求到了一条可行的路径，形成了基于系统的田野史学课程教学体系的乡土人才培育模式，为地方高校的历史学专业人才培养提供了有益的参照。

第二，基本形成了系统的田野史学特色课程群和相配套的实践教学手段，实现了历史学应用型人才培养模式的重大转变，达到了培育新乡土人才的目标。以特色课程群建设、"全程渐进式实践教学"与传统村落历史文化"五个一"建设为抓手，三位一体，探索出了以保护传承贵州优秀民族历史文化为核心的实践教学与人才培养模式。特色课程群和实践教学互为表里，相互促进，通过实施"五个一"来实现历史文化的保护与传承，真正把新乡土人才的培养落到了实处。

第三，有效地把专业实践教学、科学研究与服务地方社会文化建设结合起来，实现了历史专业特色发展与服务地方文化建设的双赢。找到了历史学走出书斋，服务社会的有效路径。充分发挥我校地方史民族史学科特色和优势，调整教学计划、改进教学方式，重点围绕贵州历史文化的特点和当前社会文化建设的需要，坚持史学基本理论方法与区域社会史民族史研究紧密结合。开放办学，主动与地方合作，发挥历史文化研究团队和学生集体调查研究的优势，实现了服务地方与教学科研双赢。

第四，以田野调查、文献整理和汇报会为核心的"第二课堂"为着力点，真正把培养学生的实践能力和创新精神落到了实处。以学生为主体，激发学生的创造精神，讲求实效，不走形式。发挥学生的主体性，让学生动手、动口、动脑、动脚，亲自调查、亲自撰写报告、亲自汇报，并完成调查汇报材料的数字化转化。

七、成果的推广应用

2017 年 6 月，榕江县人民政府委托历史系，通过实践调查，2018 年 7 月撰写完成小丹江、摆贝、八蒙、怎东四个传统村落志。

2017 年 12 月，南京晓庄学院历史学专业三位教师来历史系就田野史学的理念和实践教学模式展开交流。

2018 年 12 月 14 日至 17 日，参加在福建福州举办的历史学类虚拟仿真实验教学项目建设研讨会暨第一届全国高等学校历史学实验室建设联盟学术年会。本团队由郭国庆带队，李浩、袁本海、工晓辉、金德谷、白林海、高照晶、赵室玉及图书馆龚剑、程亚飞等 10 位老师参会。会上郭国庆老师作"田野史学人才培养的'民大模式'"汇报，赵室玉老师作"民族文化视频制作实践教学实例"汇报。两位老师应邀所作的大会主题发言，对贵州民族大学"田野史学"人才培养模式进行了全方位的展示，得到了与会专家的好评。北京大学郝永胜教授指出贵州民族大学的人才培养接地气，做实事，有地方特色，值得推广和借鉴。会后南通大学、鲁东大学等地方院校主动与我们探讨田野史学人才培养教学经验，希望加强合作和交流。

2019 年 8 月，与台江县文化局合作，完成 10 个传统村落的调查，撰写村寨志 10 册。

2019 年 9 月 11 日，《贵州都市报》A16 版"文化周刊"以"民大学子要为百年村寨编史立传"整版报道了本课程建设中实践教学环节的部分成果。

我们的田野调查工作得到了广大村民的欢迎，一些乡村有识之士甚至写信与我们交流田野调查中的发现。课程建设的溢出效应尤为明显，学生实践成果显著。近三年来，学生参与课程学习 200 多人次，产出大量调查报告、村寨志，积累上万条数字化素材。师生在报纸上发表与课程实践相关的文章 45 篇，开展实践成果汇报会 20 余次，100 余人次，在微信公众号上传各种成果 46 余篇。

附录二　田野史学的发展历程

一、从一个人开始

　　田野史学若从其中的思想和各种材料的积累说起，则有十多年的历程，至少最早可以追溯至 2007 年。若要从接触田野工作到今日，应该从我在 1999 年暑期的实践算起。

　　20 多年前的 7 月，我还是历史学专业大二的学生，那时我的母校贵州民族学院团委组织赴雷山县的"三下乡"支教活动，我报名参加了，但没有被选中。因为太想参加，就跑去找团委书记张鹏程，他被我的言行所感动，居然应允，于是我作为"编外成员"有幸参加了在雷山县望丰乡三角田村的支教活动，到了县城我才被确认为正式成员。此活动从 7 月 18 日至 8 月 9 日，主要是动员村里的苗族群众来当地小学。我们在教室里教他们识字，像给小学生上课一样。我们的学生就是当地的农民，很少有人识字。我们四位（张力、魏家琦、吴春花和我）分班授课，采用扫盲教材，一干就是 22 天。老乡们每天起得很早，上山干了一趟活才回去吃饭，吃饭后又才来学校。我们早上大概是 9 点半上课，下午 4 点下课，完全是为了方便群众的生活安排。这是我人生中很有意义的时光，融入真实社会的开端。我们住在学校教室里，几张课桌拼成床就睡了，清晨一起来，门口经常有一小堆蔬菜和水果，原来是老乡们一大早从家里捎来悄悄放的！我们除了教书，还随三角田小学的李老师上山打猎物、割草、砍柴，还被请去老乡家里吃饭喝酒，了解了很多真实的社会现象和文化生活方式，群众生活的困窘随时刺激着我的心灵。整个过程，我都写了日记，回来后还写了一份关于当地社会发展状况的调查报告，被历史系评为三等奖。没有老师指导，也没有人要求这样做，只能算是一种完全的自娱自乐。20 多天的支教经历让我真切地感受了异民族文化的独特魅力，也萌芽了朴素的面向大众的社会责任意识。

2002 年我考取中央民族大学研究生，修习考古学专业。我的导师杨楠教授给我开了"民族考古学理论方法"这门课程，让我阅读汪宁生、李仰松、宋兆麟、童恩正等先生的著作。他们比较关注边疆民族地区的民族志资料，还亲自做过调查，结合考古资料和历史文献解决了不少学术问题。有了本科阶段在贵州民族学院历史系学习历史学和民族学的基础，加之支教过程中对苗族社会文化的初步观察和理解，我很快就对民族考古学产生了浓厚的兴趣。那时正值我国"非典"疫情暴发，学校停课，我用很长时间写了《关于民族考古学研究的几个问题》和《文献所见云南古代葬俗的考古类型学分析》这两篇作业，比较系统地梳理了民族志方法及其在考古学中的运用，这种努力影响了我的学术走向。不过，由于我毕业论文的选题是战国秦汉时期金沙江流域的石构墓葬研究，当时虽然做了一些田野调查，参加了几座墓葬的发掘，但主要还是依靠已有的考古资料，完全按照考古学的方法进行研究。而民族考古学的自觉运用要等到我 2010—2014 年在完成国家社科基金课题时才得以渐渐实现。

值得特别提及的是，研究生阶段的 2003 年 9 月至 2004 年 1 月，在导师的帮助下，我有幸参加了北京大学考古文博学院在陕西周原遗址的考古实习活动，得到了徐天进、雷兴山、孙庆伟三位老师的指导，接受了严格系统的田野考古学训练，完成了我所发掘探方的出土资料整理和报告撰写。这次考古学田野工作对我非常重要，它直接影响了我的取向，使我认识到田野资料的获取需要一整套理论方法，田野工作本身就是一种研究，而且必须在系统全面获取田野资料基础上做独立的研究。这是我提出田野史学最重要的积累。当时，我还去北京大学历史系、中文系旁听了中国上古史、古文字学、古典文献学的课程，极大地拓宽了知识面，尤其对中国上古史产生了深厚的兴趣。

2005 年我硕士毕业后，回到母校民族文化学院工作，被分到民族学专业教研室。这要感谢石开忠老师在我当初硕士入学时给予的帮助，是他找到时任校长吴大华教授给我签了一份毕业后回母校工作的定向协议书。工作后，我最初的教学任务不是历史学和考古学的专业课程，而是时任院长龙耀宏教授给我安排的"大众文化学"和"民族民间文化保护工程概论"两门选修课，他亲自为我选教材，提供参考资料。我也很认真地备课，并连续三年为民族语言文学专业开课。后来又为民族学专业讲"民族考古学""博物馆学""田野调查方法"等。现在回想起来，正是那时在专业课之外的杂而新的课程，反倒逼着我认真备课，力求讲好。这无意中促使我在田野调查内容和方法上有很多积累，而且自觉地在考古学、民族学和民俗学田野工作中加以融合，也更加能够体悟到历史文化和民间文化的多样性，进而自觉地尊重文化的差异性。当然，后来我也给历史学专业讲"考古学通论""中国古代史""中国历史文选""史学导论""西方史学史"等。我在历史学专业 2008 级、2009 级、2010 级中设"文物民俗学"这门课，并亲自讲授，实际上很多知识和思考就是从前面跨专业课程教学中来的。这些课程教学让我从更宽大的视野去理解历史学科的内涵与教学任务之艰巨，思考专业的建设和教学改革。特别是"田野调查方法"和"史学导论""西方史学史"课程各自的知识体系和思维方式在我心里长时间浸润发酵，潜化为一种理论与实践的双重累积，并努力加以糅合。

2006 年我再次考入中央民族大学，师从杨楠教授，攻读博士学位。除了在本校上课，又到北京大学考古文博学院、历史系、中文系和清华大学历史系听了很多课程，比如"古文字学""商周金文研究""说文解字研读"等。去外校听课是自硕士阶段以来的常例，只是后来更为主动自觉了。

在上述各方面的积累的同时，我有机会在 2007 年 7 月带领民族学专业 10 名学生至天柱县石洞镇做乡土历史文化调查。这也要非常感谢龙耀宏教授的安排，这是我第一次比较自主地、有计划有目的地带领学生开展田野工作。我为此做了充分准备，拟定调查提纲、计划和分工，力求全面系统调查。回来后我认真撰写了调查综述，深化对调查内容所反映的地域社会历史文化发展特点和变迁规律的认识。自此以后，每年都至少有一次田野经历，每次在田野工作的时间逐年增多。随着资料的增加和走过的地方不断扩大，我了解到很多社会发展的真实性、人们的思想和观念以及大众的各种需求呼声，思考越来越多。当下社会的情景为什么如此？各地文化特性的形成有何历史渊源？历史学与民族学能为乡村社会做些什么？特别是每次都带着学生，想得最多的是历史学人才培养方式如何改进，历史学教育如何才能更有意义、更有效果。

2009 年我博士毕业不久，受石开忠老师之命，忝为历史系主任，一直至今。其间常至我系首任系主任侯绍庄先生家里，向他请教教学科研和专业学科建设的问题。他强调马克思主义史观，比较自觉地运用考古资料和田野调查资料来研究中国古代土地制度和贵州民族史，希望我强化历史学专业"三基"的系统训练，能够通过教学科研双促进的方式，真正解决关于贵州历史的重大学术问题。这样，我对上述问题的认知和出路的寻求就更加急迫了，田野工作也越加被重视起来。更为重要的是，历史系是我的受业启蒙之地，于我有母育之恩。侯绍庄先生是历史系实际上的开创者，造就了良好的学术风气。我们一个班 37 人，有幸成为他最后一批学生。他给我们讲"史学概论"和"贵州史专题"。毕业时，或许是同学们畏惧他的严厉，结果只有我一个人去找先生作为我的毕业论文指导老师，于是我就成为他在大学指导的最后一位学生！先生以 95 分的谬赞引导我步入学术之门。

2009—2011 年，我经常带着学生去看望先生，受其影响颇多，印象最深的是先生的文人傲骨和学问家精神。先生晚年行动很不便，导致饮食消化不良，但思维非常敏捷，还在研究《诗经》"二南"问题。一直警醒我不断努力。我的博士论文是关于黔西滇东战国秦汉时期的考古遗存研究，毕业时送给先生一册，请他老人家批评。不意他在论文的绪言部分做过详细的批阅，除了纠正文字的错误，还有几处写着"有理"两个字。我明白这是先生在鼓励我，后来我才知道，先生总在别人面前说我的好。哎，只可惜，2011 年 11 月 19 日，78 岁的先生匆匆而去了！他老人家一手经营起来的历史系，在我们毕业的第二年（2002 年）已经改换门庭了，只勉强保留了历史学本科专业招生，2006 年停招一年，师生因此离散。到我来接手时，历史学专业老师走的走，转的转，只剩下 7 位老师，而且有两位马上要退休。在先生生命最后的历程里，大概是充满了绝望，但知道我博士毕业以后负责历史学专业的工作时，又总是对我抱有希望！可惜先生没有等到我闯出一条重振之路，就离我们而去了。若先生还健在，看到今日之历史系，不知作何评价？

田野史学的学术理念和实施方案，固然是在不断的教学实践与田野调查中逐步萌芽发展和完善起来的，但也深刻地打下了贵州民族大学历史系的烙印，即自创建以来一直注重田野调查和地方文献整理，专注区域民族历史文化研究。20 年来，我一直受恩于历史系的培育，受恩于指引我走上学术之路的侯绍庄先生和杨楠教授，田野史学离不开两位恩师的鼓励和期待，我也在继承和开拓两位老师的教育理想和学术精神。可以说，没有贵州民族大学历史系的积淀，就没有田野史学的产生，没有田野史学也就没有今日之历史系。我只是发挥了从转换到转化的作用而已。

二、一起走过的路

现在，我要不厌其烦地列举我们一起走过的田野工作经历。这既是记录，也是总结，更是一种坚持。

2007 年 7 月，带领 2005 级民族学 10 位本科生至天柱县石洞镇 13 个村开展为期 7 天的侗族历史文化普查。

2007 年 10 月国庆节期间，带领民族学专业 4 人至开阳禾丰乡调查非物质文化遗产。

2008 年 7 月，带领 2005 级历史学 46 位本科生开展为期 10 天的毕业实习，先在贵州省图书馆抄录整理明清时期贵州地方史志，后对花溪高坡苗族历史文化进行实地调查，赵奉军老师参加指导。

2009 年 7 月，带领民族学研究生杨丹和民语专业本科生舒彩芝至岑巩县思旸镇调查非物质文化遗产。

2010 年 1 月，带领 2007 级民族学 6 位本科生至岑巩县大有乡进行为期 6 天的文化遗产调查。

2010 年 4 月至 5 月，利用周末带领 2007 级民族学本科生至花溪燕楼乡调查，以完成"民族田野调查方法"实践教学。

2010 年 7 月，安排 2007 级历史学 32 位本科生开展为期 10 天的毕业实习。先至省图书馆抄录整理贵州地方史志，然后与郭国庆老师带领学生至高坡做实地调查。

2010 年国庆节期间，带领 2008、2009 级历史学、民族学 5 位本科生至遵义海龙屯、正安谢坝乡调查。

2011 年 4 月至 5 月，利用周末分组带领 2008 级历史部分学生至花溪党武、孟关调查，以完成"文物民俗学"实践教学。7 月，与郭国庆、袁本海老师带领 2008 级历史学 38 位本科生开展为期 12 天的毕业实习。先在学校抄录整理《清史稿》有关贵州资料，然后至安顺市大西桥镇鲍屯和九溪进行历史文化调查。

2012 年 4 月至 5 月，利用周末，带领 2009 级历史学部分学生至花溪周边地区调查，以完成"文物民俗学"实践教学。

2012 年 7 月，与郭国庆、袁本海、赵泽光、李浩等带领 2009 级（1）（2）班分别开展为期 14 天的毕业实习。先是两个班集中在贵州民族大学图书馆抄录整理贵州地方史志，然后与地方政府合作，分别至长顺、关岭两县做 7 天实地调查。

2013 年 1 月，带领 2010 级历史学 6 位本科生至从江县洛香和黎平肇兴做为期 7 天的侗族历史文化调查。

2013 年 7 月，与郭国庆、袁本海等带领 2010 级 37 位本科生和 1 位中国少数民族史硕士生（孙海静）开展为期 14 天的毕业实习。先在贵州民族大学图书馆校勘整理前几届学生抄录的地方史志资料，然后赴贵安新区湖潮和党武两个乡进行抢救性历史文化实地调查。

2013 年 8 月，应晴隆县文广局邀请，与袁本海老师带领 2010 级学生贺鑫鑫、杨培飞、潘春、韩基凤、杨莹至该县长流乡调查，为期 12 天。

2013 年 9 月至 10 月，利用周末分组带领 2011 级历史学全体至花溪区麦坪乡调查，以完成"文物民俗学"实践教学。

2014 年 7 月至 9 月，与郭国庆、袁本海带领 2011 级 28 位本科生开展毕业实习。先在贵州民族大学图书馆校勘整理前几届学生抄录的地方史志资料，然后赴贵安新区马场和长顺县马路地区进行抢救性历史文化实地调查，并与马场中学和马路中学合作，编修乡土教材。得到两中学的大力支持、配合和帮助。

2015 年 1 月，带领 3 名中国民族史专业研究生至榕江县进行为期 11 天的水族、侗族和苗族历史文化调查。在田野调查中惊闻继母徐氏因车祸离世，急回奔丧。

2015 年 4 月至 9 月，带领中国民族史研究生、历史学本科生至贵安新区马场镇开展调查研究。与郭国庆、袁本海、王晓辉等指导 2012 级、2013 级历史学 98 人毕业实习，至贵安新区马场镇、务川县龙潭村、花溪区龙井村等地进行历史文化调查。同年申报文博本科专业成功，并主动担任班主任。

2016 年 4 月至 5 月，带领 2014 级历史学学生深入贵安新区高峰镇进行历史文化地毯式调查。

2016 年 7 月，与袁本海、郭国庆带领 2013 级 30 名学生至北京参观考察学习。带领 2014 级 20 名学生至思南县板桥镇开展调查，撰写村志、拍摄纪录片等，以完成两项国家级大学生创新训练项目的指导，2018 年 5 月结题。其中，"传统村落调查与村志修纂"项目成果为《思南板桥村寨志》，获优秀等次；"传统村落调查与乡土教材修撰"项目成果为《思南板桥乡土教材》，为合格等次。

2016 年国庆节期间，带领 2015 级研究生陆庆园和 2016 级研究生田文、杨先依、刘媛至贵定县城隍庙、阳宝山调查，传拓碑刻。

2017 年 1 月 10 日至 14 日，与杨春艳老师带领 2013 级历史学专业崔桂芳、杜寿星、李永利、毛威至榕江县调查搜集碑刻资料。

2017 年 2 月 16 日至 22 日，再次带领 2014 级 20 名学生，研究生田文至思南县板桥镇开展调查，以撰写村志、乡土教材。

2017 年 8 月 1 日至 25 日，与杨春艳等带领 2015 级历史学、文博专业 20 人至榕江小丹江、摆贝、八蒙、怎东调查，为各村撰写村寨志。研究生毛威、杨小松分别带队，全程指导。

2017 年 11 月 20 日，带领毛威、廖孟迪、李林照、刘媛、田文 5 位研究生至安顺学院，参加屯堡研讨会。

2018 年 1 月 2 日至 9 日，与孔维增、金德谷、杨春艳、何慧琳、张文艳 5 位老师，带领 2015 级文博专业 10 名学生，至南京、杭州、上海参观博物馆，每晚对参观内容展开研讨。

2018 年 1 月至 2 月，安排 2015 级文博专业 22 名同学分赴榕江小丹江、剑河昂英、镇远辽家坳开展田野调查，撰写或完善村寨志。安排 2015 级历史学 15 人再赴摆贝、八蒙、怎东调查，完善各村寨志。其中郭国庆老师带队至小丹江和昂英；辽家坳村由吴大旬教授带队，并负责资金；金德谷博士参与指导。

2018 年 1 月 10 日至 25 日，受地方邀请，带领 2015 级文博专业 6 人至安龙县钱相镇坡云村调查布依族历史文化，撰写村志，拍摄纪录片。

2018 年 10 月，由郭国庆、李浩、袁本海、张文艳带领 2016 级历史学、文博专业 12 人赴威宁县兔街镇，开展为期 5 天的民族文化资源调查。

2018 年 7 月，利用驻村之便，带领研究生田文、毛威、廖孟迪和 2015 级历史学龙世英等至镇远县辽家坳调查。田文自 3 月即进入调查，至 9 月返校，以翔实的调查资料撰写硕士毕业论文《镇远县辽家坳村历史文化变迁研究》，获评阅专家和答辩委员好评。

2018 年 10 月至 11 月，为完成由杨春艳老师负责的"乡土历史文化调查"这门课程的实践教学，组织 2017 级历史学 61 人分组至安顺西秀区黄蜡乡 5 个村和刘官乡 5 个村开展历史文化调查，2017 级文博学专业 59 人至贵阳市乌当区 10 个村开展历史文化调查。杨春艳、郭国庆、袁本海、金德谷、才佳兴、孔维增、王晓辉、高照晶、张文艳、白林海、周永健等 11 位老师分组带队指导。

2019 年 1 月，与郭国庆、白林海老师一起指导 2016 级历史学 10 名同学分组赴镇远县舞阳镇魏家屯村和三都县高硐村，进行为期两周的调查。

2019 年 8 月 1 至 22 日，组织 2017 级历史学文博学专业及中国民族史研究生和文博专硕研究生共计 69 人，分赴遵义播州区和台江县 11 个村落开展调查，撰写村寨志。杨春艳、郭国庆、袁本海、金德谷、才佳兴、李浩、王晓辉、白林海、高照晶、周永健 10 位老师分组带队指导。

以上只是主要的部分，还有不少遗漏。

三、艰难的求索

我们是先有实践，在实践中发现问题，再去探索出路，而不是先有理论假设，再去求证。我们没有受到西方学术模式的明显熏陶，倾向于自己探索，走出一种比较中国化的教学与研究路径。

从 2007 至 2014 年，在缺乏外力帮助，远离学术界影响的孤独而封闭的条件下，我们经历了漫长的无学术目的而只顾带着学生审寨子找资料的阶段，朦胧地意识到民间的很多资料需要抢救。这个时间段我们主要是积累资料，每年走一些地方，缓慢地走过，主要的收获是指导学生在第一手调查资料的基础上，写出了几十篇毕业论文，以及上百篇关于各地区各种历史文化和民族文化的调查报告。这些毕业论文中的优秀者有的已经在 2018 年我和郭国庆主编，由贵州人民出版社出版的《田野史学理论与实践》上发表出来，也有的在《贵州世居民族文献与文化研究》辑刊上刊载。调查报告则装订成册，作为历史系宝贵的教学科研参考资料。

2011 年是个真正的起点。经过几年的跨专业教学、跨学科学习，我开始尝试在历史学专业探索新的课程改革和设置。首先就是修改教学培养方案，果断地把过去的"贵州民族关系史"改为"贵州简史"，以扩大对贵州历史文化的发展演变的认识，从 2010 级历史学开始。又在 2011 级历史学专业课程中增设"田野调查方法"，两年后，这门课改为"乡土历史文化调查"，与"贵州简史"教学相配合，努力实现基于贵州多民族历史文化的基本知识教学与实践教学的统一。以上两门课程分别于 2013

年 3 月和 2014 年 3 月开展教学，都是由我亲自讲授。现在，"贵州简史""乡土历史文化调查"与"方志研修"是田野史学特色课程群的基础核心课程，是对历史学核心课程体系的有效补充，发挥了转化应用书本基本历史知识的作用。2011 年，我申报了校级教学改革项目"历史学实践教学探索"，核心就是开展贵州地方志资料整理和乡土历史文化调查。同年暑期带领 2008 级 38 人分两个组至安顺大西桥镇鲍屯和九溪两个地点集中调查，时间短但效果明显，几位学生都写出了很好的调查报告和毕业论文。

2012 年，由于 2009 级历史学有两个班共 112 人，遂把两个班的学生各自以 5～6 人为一组进行分组，被安排到两个不同的县，分别在全县范围内以乡镇为单位开展调查。结果下来，我们意识到大范围大兵团式短时间调查效果不明显，老师无法陪伴指导，学生参与度虽高，但时间短，调查很不深入。

接下来的 2013 年，安排 2010 级毕业实习时，鉴于人数少，只有 37 人，我毅然选择在刚刚建立的贵安新区范围内的湖潮和党武两个乡镇内展开。按照 5～6 人分组后，一个小组负责一个行政村的调查，时间延长到 10 天。这次调查有很多新的发现，为贵安新区开发保留了不少历史文化资料。当年 11 月，我主持国家民委教改项目"民族历史文化调查与乡土教材编撰"，试图通过田野调查把历史学实践教学、人才培养和学术探索综合于一体。

2014 年暑期，与马场中学和马路中学合作，校方领导同意我们在这两所学校免费吃住 25 天。于是我把 2011 级历史学 28 人分两个大组，分别对两个中学所在乡镇范围内开展系统调查，撰写调查报告，在调查资料基础上与中学老师一起合作编修乡土教材。效果很明显，既有调查报告，又有对调查资料的升华，并运用于乡土教材之中。这两本乡土教材曾被两个中学分别作为校本教材使用。为了巩固这个教学改革成果，当年在制定 2014 级培养方案时，增设"乡土教材概论"。年底，我在《贵州民族大学学报》上发表《田野史学视野下的史学人才培养模式探索》，及时对既有的工作进行梳理总结和反思，正式提出"田野史学"这个概念。

几年下来，我没有好好休息几天，都是在围着学生转，忙碌与急蹙日甚一日，几次在田野中几乎晕倒！这几年我坚持写详细的工作日记，经常通过日记总结反思各种教学得失与问题探索。我们最大的自觉是要真正培养人才，必须进行课程体系改革，"乡土历史文化调查""贵州简史""贵州方志研修"与"乡土教材概论"等的开设是必要的，也是有效的。我们摸索到了强化田野调查理论方法训练的程序，实现了田野实践课程化与实践教学课程化，使得书本基本知识运用与田野历史文化调查真正形成互为促进的关系。田野实践训练和地方文献整理训练同时推进，互相促进，而且要在进校以后逐年有序地分层次推进，在课程中分小组安排实践操作和动手调查并汇报。这样，等到毕业实习做文献整理和田野调查时，学生因基本训练充分而能够深入，也信心十足。与此同时，我还进一步尝试要求学生对家乡进行调查，并作 PPT 汇报，作为课程实践训练的补充。从 2010 级开始，家乡历史文化调查的任务就固定下来，变成大一阶段的主要实践方式，重在培养良好的学习方法和态度，与人格养成并重。经过 3 年的探索完善，历史专业的实践教学培养模式基本定型：家乡历史文化调查（大一）—"乡土历史文化调查"课程实践教学和田野调查（大二）—以室内文献整理和传统村落实地调查为核心的毕业实习调查（大三）—毕业设计与论文写作（大四）。这是一个连续的、渐进的推进和强化过程，为后来提炼出田野史学第二课堂"全程渐进式实践教学"奠定了基础。

总结第一个阶段，主要问题有三：一是经费严重短缺。我申报的两个教改项目总经费加起来不到 2 万元，这么多学生，仅车费都不够。即使算上每届学生实习经费，每人只有 200 元，只能勉强够往返车费。好在 2012 年历史学申报为学校重点学科，从 2013 年起每年支持 5 万元，3年后结束。为了把学生带去做田野调查，我想尽一切办法，到处寻求帮助，与地方政府和学校合作，请他们给我们安排吃住，我们自己解决往返交通费用，保证学生至少有一个星期的毕业田野实践。此种经历感悟实在太深，此不细言。二是阻力大。不少学生和部分老师不支持做田野，不理解历史学专业为什么要做田野调查；就连学生在调查基础上写毕业论文，有的老师都持反对态度；学生参与度不高，勉强参加调查；带队老师缺乏经验，难以胜任指导学生调查的工作，只能与学生一起，边学边调查边总结；老师带队下乡无报酬，还要自掏腰包，又要肩负安全责任风险。三是缺乏对外交流。我们对外界的相关工作进展、经验教训和学术推进基本不了解，完全靠自己摸索，因此步子很慢，经历了很多曲折。

四、转　机

到了 2015 年，事情一下子出现了转机。

这一年，文博专业开始招收本科生，这是贵州省文博专业人才培养的一次全新尝试，在自己的大学培养本土的文博人才！为了探索历史学与文博专业的协调发展和优势互补，我坚持田野史学的理念，抱着试一试的态度，与素昧平生的地方人士联络后，居然与贵安新区马场镇政府达成一项合作协议。我明确提出了在马场镇平寨村实施文化建设的"一馆一志一片一教材"方案，政府对此很认可，支持我们 8 万元经费。从 5至 9 月，我和 2012 级历史学 6 位学生和 1 位研究生在村里前前后后待了4 个月。但由于我们是第一次与政府实质性合作，没有经验，做到一个多月后，发现经费完全不够。我们在村民王辉忠家中住了几个月，他知道我们的困难后，只象征性地收了我们 1000 元的住宿费。而吃饭则是借用平寨村村委食堂，自己购买食物加工。更为严重的问题是，建博物馆的经费在协议中没有明确，政府分管领导说已经包含在内了，只能由我们承担，而且还要求我们对全镇各村开展全面调查。不过好在政府能够提供调查时在各村的食宿条件。为了完成好任务，我不得不把 2013 级历史学本科生 48 人全部召集回来，奔赴马场镇各个村开展定点调查，又特别选 5 位同学至花溪青岩镇龙井村调查，撰写村志。这算是提前完成毕业实习。这些经费实在没有办法，只好找到时任贵州民族大学副校长杨昌儒教授，他欣然从民族学学科经费中拨出 5 万元支持我们（实际上只用了 4 万多元）。

后来在民族学申报一流学科时，这个项目和成果还派上了用场。

我们这个项目实际上是一次主动请缨，旨在探索真正通过田野调查把学术研究与人才培养、服务社会和传承文化结合起来的路径。但经历了太多的磨难，实施过程中几乎到了崩溃的边缘，个中事由，一言难尽。我从中感悟到了太多，真正地磨炼了意志，拓展了胸襟，也收获了被认可的喜悦。非常感谢以王辉忠为代表的乡亲们的支持，几位学生的坚持与付出，还有杨昌儒副校长的及时解围。这个项目的实施，促成了田野史学"一馆一志一谱一片一教材"实践方案的基本成型。撰写的《贵安新区平寨村志》15万字，是我亲自组织编撰的第一本村寨志；编修的《马场风采》成为我们的第一本成熟的乡土教材，其体例模式被民族学专业李天翼教授吸收过去，继续在其他地方推行完善。研究生王韬同学全程参与，我指导他依据田野调查资料撰写了毕业论文《贵安新区平寨村历史文化变迁研究》，还有我和郭国庆、袁本海指导的相关的几篇本科论文，深入地挖掘当地布依族历史文化的内涵。而村落博物馆的建设实践，完全是一种全新的做法，为我们创建文博专业完成了基础性准备。同时完成全镇的历史文化资源普查，形成近30万字的报告集。可以说，我们做到了把论文写在大地上，写在社会需要的地方。

2015年12月，我成功申报贵州省教改项目"基于民族地区博物馆建设的文博专业实践教学探索"，进一步通过田野调查来强化历史学与文博专业的融合发展和优势互补，打通历史学专业的基础性和文博专业的应用性。总之，2015年是一次爆发式突破，核心就是实施"一馆一志一谱一片一教材"的模式。在这个基础上，2016年6月我在《教育文化论坛》上发表《田野史学与新乡土人才培育模式刍议》，及时加以总结和提升。至此田野史学的理念和实施方案基本定型下来。

随着这个思路，我和郭国庆、袁本海、金德谷、杨春艳等一起商讨，在历史学与文博专业设置公共课程，包括"贵州简史""乡土历史文化调查""方志研修""乡土教材编撰""乡镇志编撰""村寨志编撰""家谱修撰""贵州文物调查""历史文化视频制作""历史文化数据库建设",共计 10 门。其中"贵州简史""乡土历史文化调查""方志研修"是基础性课程,主要是完成贵州历史文化基本知识、文献整理和调查方法的理解与掌握;"乡土教材编撰""乡镇志编撰""村寨志编撰""家谱修撰""贵州文物调查"则是具体的面向社会的运用,直接对接社会需求;"历史文化视频制作""历史文化数据库建设"重在新技术手段的实践,探索文化遗产的数字化保护与传承发展。这些课程就是为了保证田野史学"全程渐进式实践教学模式"和"一馆一志一谱一片一教材"建设方式的具体落实,是联结和打通人才培养和服务社会的关键所在。基于以上成果,2016 年 11 月,我们成功申报贵州省教改项目"历史学专业综合改革试点"。2017 年 7 月,又成功申报贵州省一流课程"田野史学特色课程群"项目。2017 年 10 月,基于田野史学理念和成果申报的文博专硕点,获教育部批准,实现了自 2015 年文博专业招生后的跨越式发展。2017 年主持横向课题"榕江传统村落志丛编"项目。同年主持福泉市档案史志局委托横向课题"《平越直隶州志》校注"项目。2019 年 9 月,贵州省第一届文博专硕 25 名学生入学,2020 年招生继续稳定发展。今年我们还完成了一流课程的总结汇报,获优秀等次。与此同时,我们主动融入全国学界,派出老师和研究生至中山大学历史系学习交流,带领全系老师参加全国高校历史学实验室建设会议,介绍田野史学的理论和方法,得到很多学校的响应和认可。南京晓庄学院等学校历史学专业老师专程来我校展开学习交流。

经过漫长持续的努力,我们积累了宝贵的经验。一是充分信任学生,发动学生,与学生同甘共苦,一起摸索。由于没有现成的模式可参照,一切都是在实践中慢慢积累总结,教学相长。很多想法和路子都是受学生启发,或者是学生身上出了问题,再针对问题去找答案。二是充分发挥老师的长处,尽可能求同存异。只要是以人才培养为中心,什么形式都可以包容,把老师和同学们置于一个个具体的问题场景之中去讨论交流，教学相长，让不同老师的专业长处和思维特点充分释放，形成开放的师生学术研讨氛围。三是把教学、科研和人才培养与服务社会真正有机结合，多头并进，把学术写在大地上，把成果留在人间，把人才培养融进社会需要之中。

五、新的拓展与挑战

从 2015 至今，短短的 4 年时间里，我们收获了很多，不断地获得了学校、老师们和社会各界的认可，我由衷地感到欣慰。在磨炼中，我们的团队越来越强，支持者和参与者越来越多。郭国庆、袁本海、金德谷、周永健、杨春艳、白林海、才佳兴、王晓辉、高照晶、陈倩、王朝阳、史达宁、孙洁等人不断融入，贡献了很多专业智慧和田野经验。

但是，田野史学的事业才初见成效，越发展，面临的问题越多，我更感到危机重重！有人问我田野史学到底是什么，田野史学与田野考古学有什么区别，学理上如何界定，田野史学有没有形成真正的成果，田野史学特色课程群如何建设得更为有效。

这些问题实质上是更深层次的理论问题。这促使我不断思考，有意识地与研究生展开反复互动与对话争鸣，还发动一些研究生参与讨论和深入辩驳，并写出文章发表。2018 年和 2019 年我们曾经举办过"记录的历史与历史的记录""田野史学与历史记录""历史书写与服务社会文化建设"三次学术沙龙，虽然到场的人不少，但真正有批判性、启发性的观点不多。为了及时传达田野史学实践的成果，展示学理上的思考和争鸣，我们编辑出版《田野史学理论与实践》，计划每年一册，汇集老师和学生们的论文。又与贵州民族报社合作，在《贵州民族报》开辟"田野史学"专栏，师生多角度、多层次、多形式呈现田野史学的理论与实践。这两个举措应该说取得了较好的效果。2018 年 9 月以来，我集中撰写了关于田野史学的系列小文章，其中《田野史学的学术追求与实施方案》

和《田野史学的学术缘起》被中国社科网转载，还有的文章被知网收录。这些小文章围绕学术研究、人才培养、服务社会与文化传承展开，核心是历史学专业人才成长中如何实现时代担当和文化自觉。

为了更好地回应以上问题，除了对实践经验的总结，我们更加自觉地去吸收中国古代的史学思想，特别对《史记》太史公自序中的史学思想做了深入的研读，对刘知几《史通》、郑樵《通志》、章学诚《文史通义》做了系统的研读。又受贵州大学张新民先生及王进、张明两位老师的影响，认真研习王阳明《传习录》，把田野史学与致良知结合起来思考。同时广泛借鉴西方的史学理论和思想，涉猎社会学、人类学的理论方法。面对当前国内外史学研究的状况和处于急剧变革中的中国史学，明确提出：田野史学的学术追求是记录和书写活历史，以利于大众良知良能的自觉、优秀传统文化的传承和现代文明观的培育。这个追求就是在践行史者的根本职责，融史家笔法、史学著述与时代精神于一体，在传承中革新，坚守史者的书写之道；不是封闭的史家独唱，而是面向当下活态社会开放的多学科兼收并蓄；需要实践精神与学术理论的交汇互动，是象牙塔内教育与学术的学问思辨，也是服务社会、传承文明的志据依游；是人文取向和科学理性的结合；是立功的抱负、立言的张扬与立德的内化。这个比田野调查和实践教学内涵要丰富得多，要用更多的实践和智识去开拓。大的国际国内形势，更加有利于我们的发展，我们也应该更加积极主动去回应我们这个时代的文化需求与心灵关切。

当然，我们并不是只追求被关注，重要的是，学生们在这个理念下收获了什么，实现了什么，自觉到了什么，还有什么需要改进和发展。直至今日，推动大学历史学教学改革和人才培养一直是我们的初心。我们的教师是多学科背景的，至少有历史学和民族学两个方面，而我们没有真正意义上的历史学研究生教育，只有中国民族史和文博专硕研究生，从而构成了差异性很大的师生群体。包容不同背景的老师和学生个性化发展，又能够充分参与田野调查工作，这或许是一种独特的优势，田野史学越来越受益于这种优势。我们面对的绝大多数是本科生，这些学生基本上都是贵州本省人，基础比较薄弱，甚至有的少数民族学生书面语言书写还有障碍。但他们都有乡邦情怀，毕业后绝大多数都是留在省内，主要是回到地方工作，这是最大的现实。

当前，我们的重心是在服务社会文化建设的基础上建设好田野史学特色课程群。要真正打造有效的人才培养体系和高水平的服务社会的人才队伍，师生们要在课程建设上勠力同心，细化课程设计、丰富实践方式、深化学术内涵。虽然我们师生的学术研究选题和资料绝大多数都是基于对田野的观察和思考，但仍不能离开大历史和传世文献，要自觉地在大历史和小历史中转换。田野工作固然帮助我和我的同事们、学生们走上了多学科融合的开放的学术道路，但远不是个人的学术实践，而是师生之间共同切磋、相互勉励、相互启发的教学相长的过程。田野史学是因时代需要而起，为塑造人才而起，没有固定的形态，永远需要开放，向年轻的学子和活态社会开放。我们伴随一批批的年轻学子成长而成长，田野史学一定会在师生共同的开拓中生生不息。这是我们共同的时代使命——新时代的致良知！

通过融入、记录和书写活历史，来推动大众良知良能的自觉、优秀传统文化的传承和现代文明观的养成，这是田野史学人才培育的要义。我们作为教育者，最大的价值就是培养人才，对教育的自觉探索要贯穿到课堂和活态社会之中。尤其是田野实践教学极为关键，完全需要一套全新的模式和理念，即开放包容的学术研讨方式和师生关系。教人如扶醉人，要清醒地意识到田野史学对师生而言都是一场革命性推进。田野史学的开展对老师们有相当大的挑战性，综合能力要求更高，乐教善教、学问思辨行、动忍增益、探索精神、创新思维、管理能力、面向社会的服务精神样样不可缺少。学术成果都是暂时的，学术也只是个人的思考，一时代有一时代的学术，只有培养人才方能不断进步。所以我们要以教育为首要，个人学术为次要。田野史学这条道路，是从千辛万苦中走出来的，兼顾了从实创新与理论提升，坚守的是理想主义的教育信念，是继承了孔夫子到朱熹到王阳明到陶行知的路径。我们深知其中的艰难与苦楚，但这就是教育本身。没有理想就没有教育，没有对理想的坚守，便不会有真正的教育。因此，可以说没有田野实践教学的成功，就不可能真正实现田野史学的人才培养目标。

诚挚地期待更多的人来关注教育，对我们的田野史学予以真诚的批判和指正。

后 记

　　自 2010 年以来，笔者在贵州民族大学历史系陆续探索开设田野史学特色课程，核心是"乡土历史文化调查""村寨志编撰""家谱修撰""乡土教材编撰"等课程，本书是在课程讲义基础上修订完成的。因此，本书定位为非严格的学术专著，是面向历史学类的本科生和研究生的实践类课程教材。但愿这本教材能为新史学的教育教学与人才培养，提出自己的问题意识和路径探索。考虑到学生学习的需要，我尽量避免抽象的学术化的表达，故语言比较浅近，或许这更有利于史学专业教育教学工作的推进。

　　10 余年来，我们负重前行，促成了田野史学在贵州民族大学这个特殊环境里的诞生，并在艰难困苦中前行，一步步成长。现在借此机会，好好回顾总结，以便于学界了解我们。2017 年 5 月，我开始撰写《田野史学指归》，后来被派往镇远县金堡镇辽家坳村任第一书记，实地驻村扶贫三年有余（2018 年 3 月至 2021 年 5 月）。三年多来，我经常往返于偏远乡村与大学校园，在深居于象牙塔的青年学子与劳作于乡野的父老乡亲之间变换我的角色，思想与思维跳跃反差很大，在教书育人与基层服务之间不断地产生奇妙的联想。既识田野之物，又求诗书之旨，既品评古人古事，又悟对今人今事，这虽然耽误了很多时间，耗费了大量精力，但反而让我有更多时间深度融入民众生活，有绝佳的机会站在人民之中，反观自省，沉淀升华。这使我更加相信田野史学的活水源头在现实活态社会，对中国历史学科时代使命的认知也更为清晰。

如果说，这本书有前后贯通的一个想法，那就是历史学如何继承中国的史学传统，突破西方的学术模式，为社会大众的文化需求服务。围绕这个总的问题，我不得不对历史真实性、历史学本质、史学人才培养、历史学与社会大众互动、历史知识生产与运用等理论问题做出判断。这是我的出发点和核心问题意识，是我10余年来苦苦思索和田野实践从不自觉到自觉的求索。虽然经历了10余年的思考与行动，但写来写去，越到后面就感觉触及的问题太多，很难说清楚，特别是理论问题的探讨显得力不从心。比如：历史与文化的关系到底如何理解，历史真实性与文化意义如何寻求，历史文化系统该如何呈现，怎样吸取历史书写的西方学术模式与中国传统模式，让史学走向大众。至于历史学的理论，连同人类学、社会学关于历史与文化的思考，古今中外已经非常丰富了，我的一点点思考是无比的渺小而微不足道。本书如果有那么一点意义，都离不开对前贤智慧的参考。

我提出田野史学，旨在通过融入群体生活的学习研究方式，把握区域性活态社会的历史文化系统，来理解历史的古今与天人关系，助力新型乡土社会建设；主张在新的时代里，历史学人要有返本归真的自觉性，秉承大历史精神与真现实关怀，不断走出书斋，面向活态社会（乡村与城镇社区），融入民众生活之中，自知知人，自觉觉他，自立立人。我们特针对性地提出围绕志、谱、馆、纪录片和乡土教材展开新乡土实践，即"五个一"模式。志主要是全面调查、整理、挖掘和书写乡土历史文化；谱主要是以家谱和人物年谱为核心，书写传承家族历史文化与人物事迹；馆主要是保存乡愁记忆，提供节庆文化和婚丧活动的活态传承空间；纪录片和乡土教材则意在通过现代信息化方式，扩大人们对乡土历史文化的感知与认知，增进民众文化自信和文化自觉。这种方案在过去5年里已经不断丰富，实践证明，田野史学关于新乡土实践的"五个一"模式完全可以融入国家乡村振兴战略。这是基于乡土活态社会历史文化底蕴，建设新乡土社会的有效举措，也有利于在专业人才培育中发挥历史理性、理解历史本质、发展历史思维、改进历史书写、承新历史文化。其中有多少源自中国经史子集的传统，又有多少受到了西方文化人类学和社会学影响，还有多少受惠于前贤往迹与今人时论，我实在说不清楚。我感觉比较明确的一点是，读书做学问一定要有入世精神，渗透进人世生活与个人经历的学术，比书斋里面的论理来得更真实可靠，因而更可亲可近。这么多年来，我在读书究理上的所学所行、所思所悟、所言所论，渐渐地自觉到了一个点：现代学术只是工具理性的外延、知人论世的器用，可以求真而难以至善，可以知新而难以至诚，可以下学而难以上达。若能以良知来规训学术，经下学而求上达，或可以实现真善与智诚兼修。这不仅可以为我们带来不灭的灵光，也是汇通内外古今天人的不二法门。此番謇论，若或暗与世势合者，必引以为快意。

南宋史学家郑樵说："酒醴之末，自然浇漓。学术之末，自然浅近。九流设教，至末皆弊。"章太炎先生又谓："前修未密，后出转精。"当今学术既有之末弊与后出转精，清浊激荡，良莠不齐。本书中对既有的各种批评，也存在明显的末弊，恳请读者指摘批驳，而若有后出转精之微义，也请读者稍加留意。

我要特别感谢一起奋斗的团队成员，我们是一群热爱真理的读书人，热爱教育的教书匠，我们崇尚正直，敬业乐群，珍视友谊，我们是互帮互学互敬互促的大家庭。我要真诚地感谢一批批学生陪伴着我们一起走过，没有他们，我们就是孤家寡人；没有他们，我们就会变得卑微僻陋，更会失魂落魄。我要感谢我们的王林校长，他从教务处长到校长，一直关心并支持着我们的成长。我尤其要感恩养育我们的这块土地和土地上的人民，没有土地的厚德载物，就没有山之高与水之灵；没有先民们世世代代的辛勤劳作和创造，我们的田野史学就是无本之木、无源之水；没有父老乡亲们朴实的激励和真诚的接纳，我们就不知道和谁说话，甚至不知道我们如何才活得有正义。永远和劳动人民在一起，与劳动人民同呼吸共命运，是我们师生努力的最根本动力。

这里还需要说明一点。2020 年 7 月 13 日，在书稿交给出版社后，根据编辑要求修改本书时，才了解到宁波大学钱茂伟先生 2015 年出版的《中国公众史学通论》，通过其书的目录和内容介绍可知有很多内容与本书有内在的关联。按照钱先生的观点，我们的田野史学应该是中国公众史学的一种实践方式，因此感觉无比亲切，又很激动。在没有完整阅读的情况下，不敢做过多的评述，只是在个别地方略有引述。希望保持我们自己独立思考的东西，以能够与钱先生对话。

最后，本书的出版，得益于西南交通大学出版社黄庆斌先生的慧眼举荐，更是凝聚了郑丽娟女士的大量心血。郑女士编校工作极为认真细致，又极有耐心，这让我十分感动，其严谨的学术态度和非凡的学识眼界，使我受益匪浅。在此，对他们艰辛的付出深表谢忱！

叶成勇

2021 年 5 月 12 日